研究成果受到兵团高校优势特色学科建设项目和中央支持地方高校改革
发展资金部省合建学科项目资助

经济管理学术文库 • 经济类

增收致富导向下
特色小镇建设与金融资源配置研究
——以新疆为例

Research on Construction and Financial Resource Allocation of
Characteristic Town under the Guidance of Increasing Income and Getting Rich:
A Case Study of Xinjiang

孙志红／著

经济管理出版社
ECONOMY & MANAGEMENT PUBLISHING HOUSE

图书在版编目（CIP）数据

增收致富导向下特色小镇建设与金融资源配置研究：以新疆为例/孙志红著．—北京：经济管理出版社，2022.12

ISBN 978-7-5096-8866-3

Ⅰ.①增…　Ⅱ.①孙…　Ⅲ.①小城镇—城市建设—关系—区域金融—资源配置—研究—新疆　Ⅳ.①F299.274.5 ②F832.745

中国版本图书馆 CIP 数据核字(2022)第 248872 号

组稿编辑：曹　靖
责任编辑：郭　飞
责任印制：黄章平
责任校对：蔡晓臻

出版发行：经济管理出版社
（北京市海淀区北蜂窝 8 号中雅大厦 A 座 11 层　100038）
网　　址：www.E-mp.com.cn
电　　话：(010) 51915602
印　　刷：唐山玺诚印务有限公司
经　　销：新华书店
开　　本：720mm×1000mm/16
印　　张：12.75
字　　数：236 千字
版　　次：2023 年 3 月第 1 版　　2023 年 3 月第 1 次印刷
书　　号：ISBN 978-7-5096-8866-3
定　　价：88.00 元

前　言

特色小镇是城镇化建设的新载体，也是区域经济增长的新极点。新疆拥有丰富且独特的光热、土地、动植物、矿产、旅游等自然资源，具有发展特色小镇的先天优势。自 2016 年 7 月中华人民共和国住房和城乡建设部公布第一批特色小镇名单以来，新疆已有 14 个小镇入选特色小镇，特色小镇建设为新疆全面增收致富及经济稳增长提供了重要途径，打造地区特色小镇有利于地区增收致富和地区经济建设；同时，通过金融支持特色产业发展带动小镇增收致富，实现特色小镇健康发展。本书对增收致富导向下新疆特色小镇建设发展规划、建设障碍、建设路径及金融资源配置在特色小镇建设过程中发挥的作用进行探讨，旨在促进特色小镇产业升级、优化地区金融资源配置、加快新疆地区增收致富。

本书主要对新疆特色小镇的相关情况进行介绍。首先，从建设规划、产业布局、金融资源配置、基础设施建设、经济发展及切实存在的问题、对策建议六方面介绍色力布亚镇、可可托海镇、乌兰乌苏镇、北泉镇等个别已批准小镇的发展现状；从产业发展、技术发展、人力资源发展、投融资等经济发展四方面介绍先拜巴扎库尔班镇、安宁渠镇、尼雅镇、乌鲁克镇、半截沟镇、西吉尔镇、冲乎尔镇等个别潜在特色小镇的发展现状。并基于色力布亚镇、北泉镇、七个星镇、古勒巴格镇和草湖镇等已批准特色小镇具体的调研数据，建立结构方程模型探讨居民投融资便利性、居民福祉、小镇环境和政策发展对特色小镇振兴的内在影响关系，发现投融资便利性对居民福祉有促进作用，居民福祉对小镇振兴有直接的促进作用，间接印证了开发企业、金融机构和当地居民的三方博弈结果——只有各方均积极参与不以牺牲环境为代价的小镇建设才能实现社会效益最大化。研究具有代表性的生态旅游型、资源禀赋型、特色产业型特色小镇的建设规划，其中，旅游型特色小镇建设时应注重深度挖掘旅游资源的唯一性、科学规划旅游资源并按功能进行合理分区、加强小镇居民文化素养的培养等要点；农业资源禀赋型特色小镇建设要注意空间布局的全面性、保证产业资源和基础设施合理分区、保护生态环境、依托深加工农产品打造特色品牌等要点；特色文化产业型特色小镇要注重充分挖掘小镇特色文化资源、促进西部文化资源优势转变为产业优势、发展民族特色物品产业、延伸文化产业链等要点。针对每种类型特色小镇分别从已批准特色小镇和潜在特色小镇中各选一个（生态旅游型：那拉提特色小镇、尼雅小镇；资源禀赋型：乌尔禾特色小镇、乌鲁克镇；特色产业型：色力布亚特色小镇、安宁渠小镇）进行具体的建设规划分析。

其次，对已批准和潜在特色小镇状态的划分。从经济发展、产业形态、文化及环境等方面选取了14个潜在特色小镇，从多方面对潜在特色小镇的整体发展状况进行分析发现，其整体发展势头良好，具体表现在：潜在特色小镇的经济发展呈上升趋势、金融发展总体也呈上升趋势、企业利润逐年增长、人力资本水平逐年提高等方面。参考相关政策关于特色小镇的培育要求和相关学者关于特色小镇投资潜力评价的研究，结合特色小镇建设的成功案例，从小镇招商引资等经济现状、金融便利化程度、交通等服务便捷程度、产业开发优势四个方面构建潜在特色小镇的潜力水平评价体系，运用熵值法对各潜在特色小镇所在县2013~2017年的县级数据处理以测度潜在特色小镇的潜力水平，发现2013~2017年14个小镇所在的县级潜力水平排名波动较小，但小镇潜力水平在时间维度上有所差异。其中，和静县、泽普县、疏附县、尉犁县和托里县在五年间的潜力水平呈波动下降趋势；奇台县、洛浦县、于田县、皮山县、布尔津县、博湖县、木垒县、乌鲁木齐市高新区和民丰县总体潜力水平呈波动上升趋势。特色小镇的潜力水平在很大程度上取决于其经济基础。不同的特色小镇的规划目标不同，经济发展较慢的特色小镇的规划目标为实现增收致富、培育特色产业、加强城镇设计、加强顶层设计等；经济发展较快的特色小镇的规划目标为优化产业布局、建立宜居环境、优化配套设施服务、激活体制机制等。

再次，对金融支持特色小镇建设的方案探讨及特色小镇建设的障碍分析。金融支持特色小镇建设的方式主要有四种：财政资金、政策性金融、PPP和商业性金融，在潜在和已批准特色小镇中分别选取增收致富先拜巴扎镇和乌鲁克鹿角特色小镇，将它们作为代表性小镇设计相应的金融支持方案：先拜巴扎镇的金融支持方案主要是财政融资为主导配合财政专项资金和商业融资模式的多元融资模式；乌鲁克鹿角小镇则是以政策性银行提供金融支持为主的多元化融资模式。按照经济发展水平选取相近水平省份的具有可比性的特色小镇进行对比：选取了贵州省郎岱镇和云南省沙溪镇与新疆的塔吉克民族乡小镇和乌帕尔镇进行对比；选取了海南省博鳌镇和广东省古竹镇与新疆的那拉提小镇进行对比。经分析发现，新疆地区特色小镇建设具有产业特色趋同、产业结构单一、基础设施不完善、文化未充分挖掘、人才稀缺、资金不足等障碍。

最后，对金融支持特色小镇建设的路径分析及政策支持体系建设。借鉴国内外经验，结合新疆地区实际情况，指出可以通过增加普惠金融分支机构数量、提供小微企业服务专区、推广手机银行、发展农村商业银行、出台普惠性货币政策等普惠金融方式；给予贷款贴息和税收优惠、提供专项发展资金、实行绩效考核政策等财政政策方式；增设设备抵押贷款、特色项目贷款、贸易贷款、消费贷款、创业担保贷款等差异化担保贷款方式；开发产业链引资模式、发行债券、PPP、政企合作等多元化融资方式使金融支持与产业扶持相结合，推动增收致富状态特色小镇的基础设施建设、产业培育、就业增加和交通便利，进而实现特色小镇增收致富。可以通过财政资金补贴、税收政策跟踪问效、普惠性减税降费、股权投资基金、创业投资基金等财政政策方式；设立专门信贷审批部门、研发产业链融资类信贷产品、优惠信贷利率及期限等差异化信贷政策方式；政府发行项目建设专项债券、企业发行融资类企业债券、设立国家融资担保基金及私募股权投资基金、吸引天使投资、资产证券化等多样化融资方式；境外人民币投资、P2P 贷款、设立多样化金融机构等多元金融服务主体方式使稳增长状态下的特色小镇延长特色产业链、实现特色产业培育升级，促进特色小镇经济稳增长。特色小镇的蓬勃发展离不开国家及相关部门出台的支持政策，为促进特色小镇的培育及发展，相继形成了立足特色禀赋，坚持梯度创建；壮大特色优势产业，扶持打造优势项目；强化组织领导，保障土地资源完整的特色小镇建设政策支持体系，也形成了充分发挥金融配置作用，增加支持规模；鼓励金融机构倾斜政策，拓宽融资渠道；加强项目建设和管理，给予差异化信贷支持的金融资源有效配置小镇建设政策支持体系。

从产业选择、发展和演化的角度对新疆特色小镇建设的探索，丰富了地区特色小镇建设理论。通过特色小镇建设实现地区增收致富，为实现偏远地区增收致富提供了新的路径借鉴。根据特色小镇建设的理论基础、模型和实现路径的研究，提出了新疆特色小镇建设与金融有效配置的实现路径。不同于其他省域特色小镇建设，新疆特色小镇建设和金融有效支持对国内其他地区发展具有带动与示范作用，对实现我国西北边陲增收致富、经济稳增长产生深远的影响。特色小镇建设的金融支持政策有助于引导金融资源得到合理配置，满足特色产业发展的资金需求，带动各地居民积极投身参与增收致富建设，创造财富，实现增收致富，也为实现社会和谐稳定提供了良好的契机。

目　录

第一章 导论

特色小镇既是城镇化建设的新载体，也是区域经济增长和实现共同富裕的新极点。特色小镇的建设为各地区经济稳增长和居民的增收致富提供了重要途径，打造地区特色小镇将有利于地区经济建设。本书在介绍研究背景及研究价值的基础上，总结归纳了金融支持特色小镇建设助力地区经济稳增长的相关研究，并从研究团队自身及外部两个角度分析研究的可行性及创新点。

第一节 研究背景

一、全国范围内打造特色小镇背景

“一带一路”倡议为我国实现经济稳定增长、对外开放不断扩大提供了政策支持。随着我国经济的增长，城镇化趋势也在不断增强。特色小镇作为推动城镇化趋势的载体，近年来也在不断发展。国外的早期研究已经表明加强小城镇建设对一个国家的城市化发展有较强的推动作用，美国、澳大利亚以及一些欧洲发达国家多年的实践证明了这一点。

作为现代城镇化发源地的欧洲，其特色小镇与其他地区相比数量较多，且发展类型更具有多样性。欧洲的特色小镇大多以具有旅游功能的小镇为主，依据不同的产业基础可将其进一步划分为以下三类：第一类是以制造业和农业为主，同时具有旅游功能的小镇，像施华洛世奇的产地奥地利、盛产鲜花的普罗旺斯等；第二类是以特色产业为主，如英国剑桥镇是以大学为主的特色小镇；第三类是以旅游文化为主，像法国的戛纳、依云等。除依据其特色对小镇进行建设外，还考虑到区位条件等多方面因素，充分利用各地的区位、资源及文化优势，突出小镇特色，完善特色小镇发展体系。

欧洲特色小镇建设，对我国具有极强的借鉴意义。2016 年 7 月，中华人民共和国住房和城乡建设部（以下简称住房和城乡建设部）、中华人民共和国财政部（以下简称财政部）、中华人民共和国国家发展和改革委员会（以下简称发展改革委）联合发布《关于开展特色小城镇培育工作的通知》（建村〔2016〕147 号），标志着全国范围内开展特色小镇的培育工作正式开始。培育特色小镇的目的是推动那些由于体制机制等原因发展受限但自身具有潜在优势特色小镇的经济发展，同时通过特色小镇发展带动周边农村地区居民就业。

我国特色小镇建设要在充分利用其现有优势和国家政策扶持的基础上挖掘其发展潜能。目前我国特色小镇依据发展特色大致分为：新型产业、生态旅游、资源禀赋等类型。截至 2019 年 10 月，新疆已有 14 个特色小镇，涉及旅游、历史文化以及特色产业等多个类型。

在特色小镇初期的建设规划中，要先对小镇进行全方面的分析，依据其自身的原始优势，确定主要的发展方向，导入特色产业进行创新型发展。与我国其他地区相比，新疆特色小镇城镇化水平较低，中心城市功能发挥的局限性更大。新疆特色小镇建设需要避免陷入盲目跟风、建设目标不清晰、同质竞争等误区，在特色小镇建设过程中要充分考虑其产业基础，要注意先策划后规划，明确发展目标，还要注意深入挖掘小镇的特色。

新疆的经济发展相对比较落后，因此新疆在建设特色小镇的时候更要抓住机遇，做好规划，依托政策加快建设。根据住房和城乡建设部特色小镇名单，2016 年公布的名单中有乌兰乌苏镇、色力布亚镇、可可托海镇以及北泉镇。新疆生产建设兵团（以下简称兵团）所属城镇在内的克拉玛依乌尔禾镇等 10 个小镇也出现在了 2017 年公布的第二批特色小镇名单中。然而由于特色小镇建设的复杂性，资源的利用及金融资产的配置仍存在很多问题，本书将对新疆特色小镇建设及其金融资源的有限配置进行探讨。

二、新疆各地增收致富与特色小镇发展背景

增收致富是实现全面建成小康社会的主要途径。新疆七地州的部分地区存在先天发展条件不足、公共服务设施不足及发展相对滞后等原因，致使增收致富难

度较大。经济发展相对滞后就是因为缺乏产业的带动，乡村振兴靠的是产业兴旺，进入新时代，增收致富工作也有了新思路，增收致富不能光靠给钱，更重要的是要带动全民共同参与，根据当地特色产业因地制宜地发展，从而打造出特色小镇，这才是增收致富的正确之路。科学对镇、区发展进行规划，进行各类资源整合，完善道路建设、给排水、环保等基础设置，加入区域特色元素，以产业开发带动城镇化建设的思路，建设新疆各地特色小镇，以经济增长加快城镇化速度，推动特色小镇与相关产业融合发展、增收致富、禀赋资源有效利用等方面形成鲜明特色，助力当地人民致富，助力当地产业发展。

2020 年新疆已实现全部脱贫，为实现增收致富奠定了坚实的基础。通过发展当地的特色产业，延伸产业链提高附加值、提供更多的就业岗位，吸引更多的优秀人才，从而实现长效稳增长，已成为广大增收致富干部和群众的共识和努力目标。

经济发展相对落后就是因为缺乏产业的带动，乡村振兴靠的是产业兴旺，进入新时代，增收致富工作也有了新思路，欠发达地区人员共同行动，才是新时代增收致富的正确之路，需要因地制宜地与当地特色产业相结合打造出特色小镇。

灿烂的文化有的显露于繁华城区，有的藏匿于相对偏远的山村。新疆不仅拥有青山绿水的自然风光，还拥有特色鲜明的建筑、服饰和精美的少数民族手工艺品以及各种瓜果。得天独厚的资源优势和民族文化，需要发展新的模式来带动当地的发展。为了响应国家新型城镇化发展战略，通过建设特色小镇对镇区发展进行科学规划，整合各类资源禀赋，配套建设道路、给排水、环保等基础设施；建设传统文化艺术场馆，彰显少数民族文化元素，实现以产业开发带动城镇化的建设，以经济增长加快城镇化的速度，合理利用资源、大力宣传民族文化、整合周边的产业，用特色小镇带动新疆的外来消费，通过提高就业率和当地居民收入，推进增收致富工作顺利进行，促使特色小镇在相关产业融合发展、增收致富、资源高效利用等方面形成鲜明特色，助力当地人民群众致富，助力当地产业快速发展。

三、新疆各地经济稳定增长背景

新疆各地的经济发展离不开国家一直以来的大力扶持，国家重视新疆经济发展，并不断出台政策促进其经济稳定发展。自 2010 年以来，多个部门在国家政策引导下纷纷出台相关规定促进新疆各地相关产业的发展，带动新疆的地区经济发展。2010 年，全国对口支援新疆的倡议被提出，大力助推了新疆实体经济发展。新疆维吾尔自治区也积极响应国家号召，抢抓丝绸之路经济带机遇，出台了一系列配套措施，通过电商、数字经济、招商引资等不断促进自身经济发展。根据自2010年以来国务院及新疆维吾尔自治区人民政府公布的扶持政策信息整理汇总得出表1-1，在国家政策扶持下，实现了新疆地区经济不断稳定增长。

表1-1 自2010年以来新疆维吾尔自治区经济发展的相关扶持政策

	发布日期	标题	来源
国家出台相关政策直接扶持新疆经济发展	2010年5月24日	民航局出台16条有力措施促进新疆民航事业发展	民航局
	2010年5月25日	文化部：三方面支援新疆文化事业和文化产业发展	新华社
	2010年5月27日	林业局将加大对新疆特色林果产业发展扶持力度	新华社
	2010年5月31日	国家旅游局将重点支持新疆发展旅游	新华社
	2010年9月2日	商务部多举措支持新疆商务事业发展	新华社
	2010年11月17日	我国大力推动西藏和新疆助学贷款业务发展	新华社
	2011年8月30日	农业部：加强渔业援疆　助力新疆渔业跨越式发展	农业部
	2012年6月19日	国土资源部建立用地快速审批通道支持新疆发展	国土资源部
	2012年8月7日	交通运输科技援疆行动成新疆交通发展重要保障	交通运输部
	2014年6月25日	体育总局：汽摩中心积极支持新疆汽摩运动发展	体育总局
	2017年5月17日	跨境人民币业务创新助力“一带一路”和新疆经济发展	天山网
	2017年12月25日	旅游产业打造新疆经济发展新引擎	天山网
	2020年11月25日	中国人寿践行责任　助推天山南北换新颜展宏图	新华社
	2020年11月26日	新疆分行营业部3亿元邀您共赴“昆仑之约”	新华社
国家“对口援疆”政策通过各省市带动新疆经济发展	2010年9月3日	中国中医科学院将对口扶持新疆维吾尔医医院发展	新华社
	2010年9月20日	全国法院援疆工作有力推动了新疆法院全面发展	新华社
	2010年11月11日	上海市签百亿元大单投资扶持新疆喀什产业发展	新华社
	2010年11月28日	广东援疆：“广东速度”助力新疆生产建设兵团农业发展	新华社
	2011年9月14日	食品药品监管局：“智援”新疆发展民族医药产业	新华社
	2013年1月24日	19个援疆省市共同推进新疆旅游业“提速”发展	新华社
	2013年11月2日	天津发展龙头产业支援新疆维吾尔自治区牧民增收	人民日报
	2015年11月20日	近5年落实资金15879.53亿元招商引资为新疆经济发展注入新活力	新疆日报
	2015年12月25日	我区与民生银行合作500亿元支持新疆实体经济发展	新疆日报
	2018年7月27日	中石油将在新疆投资超过1500亿元助力新疆经济发展	天山网
	2019年9月1日	旅游援疆带热南疆旅游	天山网
	2020年6月16日	高质量扶贫再放大招！济宁组织社会力量对英吉沙县贫困村结对帮扶全覆盖	人民网
	2020年10月23日	福建援疆助新疆牧民定居兴业	新疆日报
	2020年11月25日	徐州消费援疆：降温不降热度，这个冬季火起来！	新华社

续表

	发布日期	标题	来源
自治区积极响应国家号召，出台相关政策促进自身经济发展	2014 年 5 月 2 日	新疆兵团干部职工：要为新疆稳定发展做出更大贡献	新华社
	2014 年 5 月 25 日	新疆经济社会发展步入快车道：有速度　有质量　有创新	新华社
	2014 年 5 月 30 日	乌鲁木齐海关助力新疆发展建“丝路经济带”黄金通道	海关总署
	2017 年 10 月 11 日	新疆金融业多点发力支持实体经济发展	新疆日报
	2018 年 4 月 19 日	银行业推动新疆经济向高质量发展转型	天山网
	2018 年 4 月 26 日	34 项具体举措支持新疆实体经济稳中求进高质量发展	天山网
	2018 年 10 月 12 日	聚焦新疆工作总目标　推动经济高质量发展	天山网
	2018 年 11 月 14 日	新疆电商发挥优势为经济发展添动能	天山网
	2019 年 1 月 11 日	新疆为经济高质量发展注入新动能	天山网
	2019 年 1 月 23 日	新疆出台 28 条措施支持民营经济发展再上新台阶	天山网
	2019 年 3 月 15 日	加快供给侧结构性改革　推动新疆经济高质量发展	自治区农业农村厅
	2019 年 7 月 1 日	新疆 40 个重点项目开工聚焦经济高质量发展民生改善	天山网
	2019 年 9 月 25 日	新疆交通跑出高质量发展“加速度”	新疆日报
	2020 年 9 月 23 日	旅游兴疆引领新疆经济高质量发展	新华社

第二节　研究意义

一、促进特色小镇产业升级

在理论上，特色小镇建设本质是主导产业的选择，因此，特色小镇的建设需要借鉴产业发展理论，从产业选择、发展和演化的角度来探索民族特色小镇的建设，对于丰富地区特色小镇建设理论具有一定的意义。

在实践中，基于新疆自身的产业特点、旅游文化资源和生态环境的优势，特色小镇逐渐成为推动集群产业发展的有效载体。特色小镇通过高端和新兴产业促进生产要素、人才、技术和资金等高端要素集聚，形成了完备的产业链条和配套的基础设施，为地区特色小镇产业升级与发展提供了借鉴思路。

二、优化地区金融资源配置

特色小镇建设的金融支持政策有助于引导金融资源向增收致富产业兴旺发展地区转移，商业银行、政策性银行、保险公司、农村合作金融机构、互联网金融机构等在特色小镇地区设立分支机构开展普惠金融业务，使地区的金融资源得到合理配置，提高了金融机构资金运转效率，保障金融机构资金运营安全，满足特色小镇建设进程中地区的资金需求，实现更有保障的增收致富。

三、加快新疆增收致富

本书系统性地提出了以特色产业、特色手工业、特色旅游、电商增收致富等为基础建设的新疆特色小镇和全方位的增收致富新模式，为实现增收致富提供新的路径借鉴。实现特色支柱产业建设的特色小镇与增收致富的互推作用，带动各民族积极投身参与增收致富建设，创造财富，为实现社会和谐稳定提供了良好的契机。

第三节　研究现状

一、新疆经济建设研究现状

新疆处于偏远地区，其经济问题引起学者的广泛关注。农业发展上欠发达地区存在规模效应不强、产品增值率低、科技含量不高、核心竞争能力差等弱点（高志刚和刘伟，2016）。自改革开放以来，国家相继制定了西部大开发、兴边富民行动、对口援藏等政策，实行经济增长优先发展战略，地区大力发展资源密集型产业，但其经济发展内生增长动力不足，高度依赖政府投资和政策扶持，呈现出典型的外生增长型特征。西部大开发战略实施以后，地区整体经济发展水平有所提升。但总体来看，经济发展政策具体内容需要不断完善，财税政策需要不断合理化、自然资源政策规定需要进一步调整、自主发展经济政策相对较少（王杰，2017），经济发展水平落后于全国平均水平，金融发展落后在一定程度上制约了地区经济增长（郑长德，2007）；部分地区经济增长主要依靠资源消耗和外来投资，劳动效率和资本利用效率有待提高（郑长德，2010；严红，2017），收入偏低问题较严重，不同地区之间发展水平差异较大（文峰，2010），不发达县（市）数量远大于发达县（市）数量，且县域之间的经济差异不断扩大（代敏等，2017）；新兴市场参与主体缺乏竞争力，无序竞争现象比较普遍，在产城融合发展模式中，社会协作意识较匮乏，旅游产业集聚与城镇化发展的融合程度较低（秦兆祥和张薇，2018）。

地区经济发展水平的提高离不开科学的经济发展方式。科技先导型的工业经济发展方式是助推地区经济发展，实现增收致富的重要举措（刘鑫，2012）。为建设相对落后地区经济，各地区在尝试经济发展模式和途径方面选择各异，要有针对性地制定经济政策，注意强调发展机会平等，建立现代化产业体系，完善基础设施建设，注重人口发展战略的科学性，着眼于教育文化事业的发展，实现地区经济内生性增长和可持续发展（郑长德，2010；黄健英，2016；代岑颖，2017）。为了克服部分地区自身相对封闭的区位环境劣势，实现地区经济的跨越式发展，张睿和杨建红（2017）指出西藏要发挥地缘优势，注重与周边地区的横向经济协作，将地缘优势转化为经济优势；新疆西北部地区借助自身地缘优势、自然资源优势、口岸优势等选择“轴带模式”，发展天山北坡和边境经济发展带，发挥经济带周边辐射作用（宋耀辉和王宁，2019）。

地区经济发展过程中会受到多方面因素的干扰，对其制约因素的研究分为定性研究和定量研究。定性研究方面，经济欠发达地区经济发展受到自然地理环境、资金支持、教育投入、市场开放等正式制度因素的制约（林桂英，2007；宋耀辉和王宁，2019），非正式制度因素也是地区发展的影响因素，非正式制度是人们自发形成的并被无意识接受的行为规范，具有内生性和持久性的特点，表现在重土难迁、市场参与意识薄弱等方面（张细移，2006；李红梅，2008），而丁建军等（2008）认为社会资本也就是非正式制度不只是制约地区经济发展的主要因素。在定量研究方面，学者从实证分析的角度探讨制约西部地区经济发展的因素：单德朋和郑长德（2018）使用空间 EG 指数细分行业空间集聚指数，发现技术水平、产品生命周期、工资水平等制约因素的向好促进偏远地区经济建设；徐杰和朱承亮（2018）在考虑资源环境约束时，地区市场化水平及能源利用效率的提高有助于提升偏远地区的经济效率，产能结构恶化和贸易依赖程度增加会降低地区经济效率，丰富的旅游文化资源和地理文化的独特性是我国部分欠发达地区的特色优势，具有重要的开发和利用价值。地区发展文化旅游业在一定程度上能够解决地区剩余劳动力的就业问题（李霞林，2005）；文化旅游创意产业能有效地促进特色文化传承、旅游产业协同发展及地方经济结构转型升级（尹贻梅和鲁明勇，2009；吴海伦，2016）；加强特色文化合作交流，促进团结与社会稳定（刘晓春，2016）。但产生的非物质文化遗产遭到破坏，民俗文化和庆典活动世俗化和商业化、失去其传统内涵等问题（安颖，2006），在一定程度上影响地区文化保护及旅游产业的发展。

发展特色地区生态旅游产业，要尊重文明民俗习惯和文化特色，转变部分偏远地区落后的发展观念（许毅和柳文，2004；李先伦等，2016），将现代化发展策略与资源优势结合，发展特色优势产业，形成原创优势和自主知识产权（韦复生，2011；张睿和杨建红，2017），构建多层次、科学合理的旅游产业体系，提升旅游产业链的竞争力，促进地区经济发展（李先伦等，2016）。此外，政府要制定相关条例和制度，依法进行旅游业开发，充分发挥政府的宏观调控能力，积极引导和规范旅游市场行为，鼓励当地村民积极参与旅游景区建设（王海燕等，2018），统筹旅游、产业和资金资源，在地区培育新兴产业和地方经济增长点（秦兆祥和张薇，2018）。

在地区文化生态旅游产业建设中，特色村寨或建设的发展方式取得了显著成效。发展特色经济是主要方向，只有做到人无我有、人有我特、人特我优，才能在竞争中脱颖而出（朱玉福等，2016）。建设特色小镇是地区增收致富的一个重要路径。根据区位条件、资源优势、民族文化选择不同的主导产业，以政府为主导，激发特色村寨发展活力，实现地区增收致富（李忠斌和郑甘甜，2015；吴碧波和张协奎，2019）。特色村寨建设中要完善代表性传承人保护机制，以民俗活动为主的“五个一”文化乡村旅游整合开发模式是解决传承人文化传承和维持生计两难选择的最好办法（赵兴国和张东强，2018）。

通过对欠发达地区经济建设的文献进行搜索、分类和分析讨论，发现相关研究主要集中在经济发展现状和发展模式、影响经济发展的因素、经济发展与生态文化旅游之间的关系。从发展现状来看，我国偏远欠发达地区经济发展水平有所提高，但与发达地区相比仍存在一定差距；从发展模式来看，相关研究都强调应因地制宜制定科学的经济政策和跨越式发展战略；从影响因素来看，自然地理环境、金融支持、科教投入、市场开放程度是制约该类地区经济发展的重要因素；从偏远欠发达地区经济发展和生态文化旅游的关系研究方面来看，地区丰富的旅游文化资源促进文化合作交流和民族团结，生态旅游业的发展有助于实现增收致富，而特色村寨和特色小镇的发展是旅游产业发展和地区经济增长的重要途径。

二、金融资源配置与特色小镇建设研究现状

金融资源是流动性最高的生产要素，在加速生产要素集聚、促进经济增长方面发挥着重要作用。我国学者白钦先（2001）从基础、中间、高层三个角度探讨金融资源。金融资源导向配置对不同行业产生不同影响（Carlin 和 Mayer，2003），Restuccia 和 Rogerson（2008）指出金融资源错配会影响经济全要素生产率，甚至影响经济增长（田树喜和白钦先，2012）。我国金融资源数量增加，但配置效率较低，部分行业存在有效投资不足与产能过剩问题（林毅夫等，2010），我国金融资源配置倾向间接融资方式（田树喜和白钦先，2012；李宛聪和袁志刚，2018），金融资源在空间分布上呈集聚趋势，经济发达地区金融资源集聚较为密集（周凯和刘帅，2013；朱映惠，2017）。

特色小镇建设以产业为核心，以项目为载体（卫龙宝和史新杰，2016），依托都市圈资源要素，增强集聚辐射功能，为经济转型升级提供发展空间和有力支撑（马斌，2016）。特色产业是小镇支柱产业（Kirsty，1999；Graham 等，1995），主要有现代农业、休闲旅游、传统文化等产业方向（邓慧博，2017）。农业特色小镇依托农业，以服务地方经济、农业农村现代化和增加农民收入为目标，形成“农业生产+”建设模式（张颖举和程传兴，2019），日本、韩国通过“一村一品”运动，发展劳动密集型精品农业，打造地方品牌，提高特色小镇魅力①。

赵华（2017）、厉新建等（2018）认为文旅型特色小镇建设关键是要挖掘“特色”资源价值。我国旅游型特色小镇最多，对新型城镇化及乡村振兴有推动作用（徐虹和王彩彩，2018），能解决地区发展问题（朱宝莉和刘晓鹰，2019），Robert（2015）通过对比美国和英国旅游小镇，指出政府加大对旅游投入力度会促进小镇旅游业发展。然而，依托旅游资源进行小镇建设，却存在产品结构单一、文化内涵缺乏、可持续发展后劲不足等问题（陈宇峰和黄冠，2016）。

我国历史文化型特色小镇数量次之，悠久的历史、独特的生态环境以及深厚的文化底蕴是其特点，有着较高的社会、历史、文化和经济等价值。受市场需求影响，我国文旅型特色小镇迅速发展，尤其是北京古水北镇、浙江乌镇西栅等小

① 资料来源：《2018 中国特色小镇发展报告》。

镇。国外文旅型特色小镇较为著名的是奥地利萨尔茨堡特色小镇，将音乐、电影与现代建筑结合起来，最大限度发挥文化资源价值①。康养型特色小镇以健康养生为核心，将养生与养老结合，实现全龄化健康养老模式（朱嘉磊，2019）。运动休闲特色小镇围绕运动休闲产业，集聚技术和制度要素，助力地区经济发展（张雷，2018）。

张颖举和程传兴（2019）发现，特色小镇建设过程存在特色产业不突出、地方参与度低、市场活力不足、人才及资金短缺等问题。同时特色小镇的行政资源配置体系受到等级化行政管理体制制约，市场化投融资机制还未形成（高树军，2017）。

特色小镇产业发展和基础设施建设需要大量资金投入，对金融服务要求较高，但特色小镇发展过程中存在资金投入不足、资金利用效率低等问题，因此，金融支持特色小镇建设作用就彰显出来。金融资源为特色小镇发展注入动力，通过创新特色小镇融资模式、提高金融服务质量，促进资源有效配置，对特色小镇持续发展具有重要意义。特色小镇是中国新型城镇化发展的产物，国外没有特色小镇这一说，对国外许多独具特色的小镇研究多以案例呈现。国内关于特色小镇的研究多集中于特色小镇传统资源配置方式、特色小镇融资模式、金融支持特色小镇建设等方面。

美国城市化建设采取市场主导型融资模式，通过相对发达城市金融带动落后农村金融（唐鹏，2016），小镇建设资金主要由联邦政府、地方政府及开发商共同承担（王晓雅，2013）。美国格林威治小镇是闻名世界的“对冲基金之都”，税收优惠、超高网速为对冲基金发展奠定基础（张译心和周宇斌，2017；任嘉浩，2018）。澳大利亚城镇化建设采取城市建设基金、基础设施投资基金和房地产基金模式（胡海峰和陈世金，2014）。英国温莎小镇通过政府资金吸引社会资本参与小镇建设（晓诺，2007；王晓雅，2013），吸引风险投资资金发展产业项目（曹骏杰，2018）。法国城镇建设采用农村金融合作社形式提供投资补贴（唐鹏，2016），格斯拉小镇用政府资金支持“世界香水之都”建设（赵芮，2018）。日本城镇化建设资金来自政府投资或财政投资（胡海峰和陈世金，2014），日本、韩国农业特色小镇以精品农业和文化产业为着力点，通过财政支持城镇基础设施建设（任嘉浩，2018），借助农业协会提供农村金融和信用业务（孙红和张乐

① 资料来源：《2018 中国特色小镇发展报告》。

柱，2016）。

特色小镇传统金融资源配置方式主要有政府财政资金、银行信贷（金虹，2018），主要通过市场化方式支持公共服务领域建设，降低政府管理成本（梅世文，2017）。由于政府财政承债能力有限、银行信贷融资门槛较高，传统融资方式不能满足特色小镇新型产业在风险投资、股权投资等方面的需求，特色小镇融资面临困难。

在特色小镇融资模式探索中，国内学者主要集中研究 PPP 模式（刘泉钧，2017），当前财政和金融政策不再支持以地方债为依托模式，推行 PPP 融资模式缓解地方政府偿债压力①。PPP 模式将政府资本和社会资本耦合联动，为特色小镇建设提供资金保障（张奥婷等，2018）。金虹（2018）指出，采用 PPP 模式为旅游特色小镇基础设施项目进行融资，实现风险、收益一体化。“PPP+ABS”模式在帮助特色小镇获得融资的同时还可以提供退出渠道，企业可借助高于自身信用等级的证券化产品发行，来推动特色小镇项目资金流转（林海，2017）。此外，通过发行地方政府债券，促使资金支持特色小镇建设，防范地方政府债券风险（金虹，2018）。PPP 是目前农业特色小镇建设较为适宜的融资模式②。

在金融支持特色小镇建设研究中，有学者发现特色小镇在导入产业时，需要产业基金作支撑，重点投向示范带动作用强的项目③，三河市文化产业投资基金对特色小镇整体规划、资金筹集、项目投资负责，推动特色小镇产业结构升级（姜杰，2017）。邓慧博（2017）指出特色小镇通过股权众筹形式融资，短期内降低中小、科创企业付息压力。企业主导融资模式是解决特色小镇融资窘境较成熟方式（谭荣华和杜坤伦，2018），完善中小微企业融资体系，促使公司与金融机构增进合作，建立多层次、多渠道贷款渠道，分散金融风险，为特色小镇入驻企业提供专业融资、供应链整合等服务（梅世文，2017）。

在我国特色小镇案例分析中，徐梦周和王祖强（2016）以梦想小镇为案例，分析特色小镇建设引导民间资本向科技、产业资本转化，为企业金融服务体系建设提供经验。四川省在特色小镇金融支持方面提出“产业+金融”发展模式，提升资金利用效率（谭荣华和杜坤伦，2018）。玉皇山基金小镇在发展私募经济基础上，强调资本对实体经济的支持，实现互利共赢发展④；在全国特色小镇建设

①②③ 资料来源：《2018 中国特色小镇发展报告》。

④ 徐军．以金融激发创业创新成数效应［N］．中国改革报，2016-04-27.

中，基本上把旅游产业作为重要领域（林峰，2017），浙江省乌镇“戏剧+旅游”模式在资本市场关注和引导下，成为全国著名戏剧小镇（任晟姝和曾薇佳，2019）。

综上所述，国外学者最早开始研究金融资源概念，主要从配置效率、方式、空间效应等角度研究金融资源配置。学者对特色小镇建设研究主要以定性分析为主，基于调查和数据的计量分析相对较少。国内对特色小镇金融支持研究以融资模式为切入点，其中 PPP 融资模式研究较多，其他金融支持形式有资产证券化、债券、产业基金、私募股权基金等。从大多数研究来看，欧美国家小镇金融支持经验对我国金融支持特色小镇发展具有重要参考价值。

三、特色小镇建设与经济稳增长研究现状

特色小镇建设助力增收致富，带动地区经济增长。经济增长是国家或地区发展的基础，偏远欠发达地区尤其是地区经济增长问题是政府关注重点（郑长德，2003）。众多学者对地区经济增长影响因素及路径进行探讨发现，实现地区经济增长关键在于发展地区特色产业（李俊杰和马楠，2017）。特色小镇建设通过助推特色产业发展，带动地区经济增长（盛世豪和张伟明，2016）。金融发展程度低（郑长德，2007）、习俗陈旧（田钒平和王允武，2010）、教育水平落后（蒋辉等，2008）严重制约地区经济增长（郑长德，2007）。增加科技投入（柳劲松，2009）、提高人力资本水平（李秀芬和姜安印，2016）、完善交通基础设施（孙娜等，2019）均能促进地区经济增长。综合考虑经济增长影响因素，学者对地区经济增长路径也有较多探讨。制度创新（李泉，2002）、人力资本积累（杨云，2006）、习俗变革（田钒平和王允武，2010）、能源开发（陈祖海等，2015）、优势产业培育（张千友和王兴华，2011）等均能转变地区经济增长方式，促进地区经济增长。

特色小镇建设对经济增长的影响。特色小镇建设本质是产业选择问题（苏斯彬和张旭亮，2016）。特色小镇既可以通过原始资源挖掘“特色”，也能借助新兴产业培育“特色”，创造创新创业生态圈，提升产品附加值（张凯娟，2016）。特色产业培育可带动就业和消费（唐刚，2019）。以特色产业为载体的特色小镇建设推进新型城镇化转型（曾江和慈锋，2016）、促进区域城乡协调发展（盛世豪和张伟明，2016）、引领乡村振兴（王景新和支晓娟，2018），是实现经济高质量发展新平台（唐刚，2019）。

四、文献述评

对现有关于偏远欠发达地区经济建设的研究进行回顾发现，特色小镇建设是推动地区旅游产业发展和地区经济增长的一种重要途径。特色小镇建设提出后，学者对影响特色小镇建设的因素（金融发展促进特色小镇建设）及特色小镇建设的影响（特色小镇建设助推增收致富和地区经济增长）进行了探讨。我国偏远欠发达地区的发展现状可以看出其经济发展水平还有较大的提升空间，自然地理环境、金融支持、科教投入、市场开放程度是制约少数地区经济发展的重要因素。在金融支持特色小镇建设方面，以 PPP 融资模式的研究居多，探索多元化的金融支持特色小镇建设，能够促进资源有效配置，从而解决特色小镇在发展过程中存在特色产业优势不突出、资金投入不足、资金利用效率低等问题。以特色产业发展为基础的特色小镇建设推动了增收致富工作的开展，强化了增收致富效应。特色小镇建设和增收致富政策的综合效应有力地促进了地区经济发展。但是鲜有学者以新疆为研究范围，以地区特色为主线，融合特色产业、金融资源空间配置等内容，对集多重功能于一体的特色小镇的建设开展多维度的研究。因此本书将从以下几个方面展开深入研究：①以新疆特色小镇建设为研究对象，探讨地区特色小镇建设的理论意义和现实意义。②基于新疆当地优势资源，考虑其金融发展严重滞后、金融资源不足现象，探讨特色小镇建设路径及金融资源的有效配置。③研究建设以民族特色产业为核心的新疆地区特色小镇，探索新的经济增长极，促进经济稳定增长。

第四节 创新之处

一、研究对象创新

本书以新疆特色小镇建设为研究对象，通过文献研究，系统地梳理了特色小镇建设的理论基础、模型和实现路径，通过研究提出了新疆特色小镇建设与金融有效配置的实现路径。不同于其他省域特色小镇建设，新疆特色小镇建设和金融有效支持对国内其他地区发展具有带动与示范作用，对实现我国西北边陲增收致富、经济稳增长具有深远的影响。

二、小镇建设发展规划创新

增收致富导向下新疆特色小镇建设发展规划具有创新性。第一，明确了新疆具有特色产业发展潜力较强的小镇；从产业发展、技术发展、人力资源发展、融资等多个维度分析其建设特色小镇的可行性。第二，增收为导向下以具有发展潜力的特色产业为核心，积极推进项目落地，以产业链思维规划特色小镇，在此基础上规划其金融资源配置方案。第三，致富导向下特色小镇建设构建实现多产业联动发展与升级，突出龙头企业主体地位，加强基地型、创新型项目和现代服务业项目实际运行，强化小镇产业特色，在此基础上规划其金融资源配置方案。

三、金融资源配置特色小镇建设模式创新

本书基于新疆当地优势资源，考虑其金融发展严重滞后，金融资源不足现象，探讨特色小镇建设金融资源的有效配置，是对以往关于特色小镇建设模式的创新。

第二章　金融支持特色小镇建设理论

本书的研究理论主要分为特色小镇建设相关理论、金融资源配置相关理论、金融支持特色小镇相关理论、特色小镇建设促进较发达地区经济稳定增长相关理论以及欠发达地区增收致富相关理论五个部分，其中特色小镇建设相关理论为本书研究新疆特色小镇建设及规划奠定了基本的理论基础，包括田园城市论、分工理论、共生理论、精明增长理论、生产要素理论等。金融资源配置相关理论、金融支持特色小镇相关理论主要是从金融作为外部力量对小镇的支持角度展开的，主要包括金融抑制理论、信贷配给理论、金融深化理论和金融约束理论等。特色小镇建设促进较发达地区经济稳定增长相关理论涉及精明增长理论、产业集聚和产业生态位理论。欠发达地区增收致富相关理论包括增收致富理论和可持续生计理论。

第一节　国外特色小镇相关理论

国外特色小镇相关理论发展较早，早在古希腊时期，亚里士多德就在其著作《雅典政制》中对158个城邦政制宪法进行比较，比较研究理论开始萌芽。此后比较研究法先后经历了形成阶段、发展阶段和成熟阶段，衍生了一系列与此思维方式相关的学科，如比较社会学、比较人类学、比较教育学、比较经济学等，这些新兴学科的出现，表明比较法是一种重要的研究分析方法，已在社会科学研究中有广泛的应用。将国内外、各省份的特色小镇进行比较研究，可以总结特色小镇的开发经验，吸取各地的独到之处，从而对本地特色小镇的建设有所启发。因此，必须根据地方条件，打造某种有地方经济文化特色的“新型块状经济”的结构化空间，才能够有效推进新高端经济要素的再集合。在特定的新空间进行空间再生产和整合创新，是特色小镇建设创新的新思维，一窝蜂地追赶，结果只能是背离初衷。

1662 年，英国学者威廉·配第在其著作《赋税论》中提出，土地为财富之母，而劳动则为财富之父和能动的要素，即土地和劳动力作为两大生产要素在生产过程中发挥着至关重要的作用，甚至决定了生产价值最终能否实现，这就是著名的“生产要素二元论”。之后亚当·斯密将生产要素理论进一步完善，着重强调了资本要素对生产价值的作用，认为商品的价格总是由资本、劳动、土地三大要素构成。而对于本书来说，其中土地要素的借鉴之处在于建设特色小镇要求能够调控好土地资源，制定适宜的土地政策以支持土地要素在各个部门的分配和使用，促进小镇经济的发展。

1776 年，亚当·斯密在其著作《国民财富的性质和原因的研究》中对起源于柏拉图和色诺芬分工观点的分工理论进行了深入分析。首先，他认为分工是指工人单一分散地从事某一项特定工作，而之所以会产生这种现象，最主要的原因是人们的“交换倾向”。其次，从分工的作用来看，第一，分工可以提高劳动效率，每个人各司其职，专注于自己的工作，会大大缩短劳动时间，提高生产效率；第二，分工促使了机器的发明，促进了生产力的发展以及科学技术的创新；第三，分工也具有一定的局限性，如人们局限于比较单一的操作和劳动，可能会对人的智力、体力造成摧残，也会丧失一些可贵的品质。最后，分工理论不仅对人类的社会劳动具有重要的影响，对经济增长也发挥着重要的作用，随着交易效率的不断提升与改进，劳动分工也会不断地演进，这也对特色小镇的发展提供了一些启发，特色小镇的产业选择应该建立在更为宏观的协作视角下。

城乡一体化早在 19 世纪中期就成为西方国家社会经济发展的主流，城乡一体化理论是指城市和乡村打破二元化结构，通过产业、项目等有效的沟通渠道使资源要素合理地流动和配置，从而加快我国城市化发展的理论。该理论的提出源于我国城市乡村拥有不同的资源配置和各自独立发展的二元结构。城乡一体化涉及经济、政治、文化、生态环境等各个方面，如在经济方面，城乡一体化是为了使经济资源在城市和乡村之间自由合理地流动，达到劳动力分工优化、布局合理、发展协调的目标。我国培育及建设特色小镇的目标是统筹城乡发展，推动城乡一体化进程，属于城乡结合统筹发展模式。

19 世纪 80 年代，欧洲学者德贝利首次提出了共生理论，他认为共生为两个不同的生物共同生活在一起，很明显该观点是从生物学领域进行探讨的，认为共生理论即不同的生物体共同居住、互相受惠，形成一定的亲密、稳定的合作关系，之后有学者进行了更深程度的探讨，将其引入经济学、城乡规划等社会学科，使共生含义获得了补充和发展。本书主要借鉴城乡规划领域的共生理论，即在城市和乡村之间会存在着一个相对独立却又包含多种功能的区域，该区域被称为“中间区域”，本书的研究对象特色小镇即是该理论的中间区域，利用政策优势，依托特色产业和项目，起到了为城乡沟通、良性发展的中间作用；最后达到乡村共生，充分发挥乡村产业和农民的作用，就近解决失业问题，降低失业率，实现乡村内部的平衡发展。

1898 年，为了缓解城市化发展带来的交通拥挤、生态环境恶化以及住房结构不合理等问题，英国社会学家埃比尼泽·霍华德在其专著《明日的田园城市》中首次提出田园城市理论，并将其定义为一种设法将城市和乡村联结起来，建设一个既具有城市的自给自足功能又兼有乡村良好的生态环境的田园城市，致力于推动城乡一体化的城市规划思想。这类田园城市包括以下特点及作用：第一，规模较小，但可以满足城市自给自足的功能；第二，田园城市的规划思想为现代社会的土地利用提供了思想及实践借鉴，在实践中，其美好的规划理念固然重要，但是田园城市合理规划土地，规范城市选址的实践是更为重要的示范，同时为特色小镇的建设及规划提供了一些启发，例如：特色小镇能否建在城乡接合部，利用城市和乡村各自的优势，发展特色产业和项目，助推特色小镇的培育及建设？特色小镇的土地规模能否模仿田园城市？如果设定土地规模较小的话，土地承载力是怎么样的？可以承接的产业和项目数量和质量呢？这些问题都是基于特色小镇对田园城市思想及经验的借鉴提出的，值得我们思考。

20 世纪 30 年代，希尔和汉森提出生命周期理论，生命周期是指一个生命从出生、成长、发展到衰老、死亡的整个过程。这个概念最早兴起于生物学领域，现已被广泛应用于经济管理、社会、科技等领域，在这些领域中生命周期理论主要作为管理、决策、预测等目的而存在。针对本书特色小镇发展的主题，其应用价值主要体现在两方面：一方面，特色小镇发展最重要的产业形式是其特色产业和项目，而一个产业或项目是有其明显的生命周期的，在不同的阶段有不同的特点和规律，探索特色产业、项目的发展周期及特征有助于充分发挥其最大的优势和活力，根据产业目前最实际的状况制定出完整有效的发展规划，以完善特色小镇的产业组织形式及项目建设；另一方面，在制定特色小镇土地规划时，可以参考生命周期理论，针对土地建设的各个阶段特征合理规划土地，包括制定土地利用类型规划、土地政策、土地审查及监督等。

1994 年，美国学者霍兰提出了复杂适应理论，主要反映主体在和环境的交互影响中遵循一般刺激，且能够根据自己的行为效果修改规则以更好地适应环境。随着特色小镇数量的增多，一些发展过程中的问题也显现出来，而复杂适应理论能够在一定程度上解释现状所遇到的复杂的城镇现象。有学者以该理论为依据，制定了以下原则：第一，特色小镇作为一种复杂的系统，是动态变化的。第二，承认现阶段经济环境的“新奇多变”。第三，社会经济系统是复杂的。第四，特色小镇的经济组织所呈现的复杂结构是由主体变异性、主动适应性和相互作用“涌现”导致的。因此，在评价特色小镇发展水平时可以参考这些原则，好的特色小镇是由下而上生成的空间和产业组织，差的特色小镇往往是人为规划、政府花大力气进行财政补贴建成的；好的小镇是具有共生性的，它能弥补主城的缺陷，发挥“三修”的功能；小镇特色越多，就越能形成多样化的空间、多样化的产业模式，越能产生非常好的生态和经济效益。

第二节　金融资源配置相关理论

金融资源配置是金融活动的最终目标，只有金融资源配置有效率，才能实现金融和经济的可持续发展。金融资源合理配置也是特色小镇可持续健康发展的保障，因此需要特别关注特色小镇的金融资源配置，本书介绍了金融抑制论、信贷配给理论等金融资源配置的代表性理论。

20 世纪 30 年代经济危机的出现导致政府干预主义盛行，政府通过管制利率及汇率、干预金融机构活动等手段影响金融体系的发展，但 70 年代全球经济都处于滞胀状态。1973 年，斯坦福学者 Ronald Mc Kinnon 和 Edwards. Shaw 先后在其专著《经济发展中的货币与资本》和《经济发展中的金融深化》中根据发展中国家的经济情况提出了“金融抑制论”，即发展中国家的金融发展水平普遍较低，为了追求经济的快速发展，政府通常会采取利率管制等措施控制金融资产价格及金融工具的调控领域和方向，短期来看对一国经济发展具有一定的引导性，但从长远来看这势必会造成金融资源流向政策引导的领域且多集中于国有企业，而一些资金短缺的行业只能借助非正常渠道进行融资，导致民间借贷、地下钱庄等非正规金融机构快速发展，从而为政府管理金融机构增加了难度，也造成了银行等金融机构的资金供求不平衡，金融市场价格的发现机制和监测功能失灵，整个金融体系扭曲甚至崩溃，对经济增长起到强烈的阻碍作用。因此 Ronald Mc Kinnon 和 Edwards. Shaw 提出为了解决 20 世纪 70 年代金融发展落后和经济滞胀的现象，应鼓励发展中国家减少金融管制，根据自主调节机制促使金融资源发挥调节经济的作用，促进经济合理增长。

信贷配给现象最早由亚当·斯密提出，之后研究者逐渐深入探讨，形成了新凯恩斯主义的信贷配给理论，但由于信贷配给理论内容庞杂，学术界至今仍没有统一的定义，基于本书特色小镇建设获得信贷资金的特殊性，认为信贷配给是指在相对确定的利率环境下，信贷市场上的贷款供给和需求出现错配或者不均衡的现象。具体表现为，在金融市场不完善、信息不对称、政府过多干预等问题影响下，出于信息劣势的商业银行在进行贷款时更多地偏好于政策扶持的国有企业和大型企业，使国有企业持有大量资金而部分中小企业和个体户等弱势群体却由于融资难融资贵的问题，面临经营困难甚至破产。

第三节　金融支持特色小镇建设理论

一、金融支持及相关理论

金融支持一般是指金融支持政策或体系，主要体现在金融对实体经济的作用上，可以是对某一产业、技术、项目的支持，也可以是政府有针对性地对某些企业的金融支持，同时也包括了金融产品、工具、市场进行创新和发展以推动某一领域的进步和革新。

特色小镇的发展需要大量的金融资源，单靠政府是无法满足其资金需求的，因此需要更加关注金融支持对特色小镇的推动作用，本书选取了金融深化理论、金融约束理论等有代表性的理论进行阐述。

金融深化理论源于 Ronald Mc Kinnon 和 Edwards. Shaw 对发展中国家的政府

管制过多造成金融资源不合理配置、金融体系扭曲以致经济增长缓慢甚至负增长的现象提出质疑，通过建立模型发现，经济的快速增长有利于储蓄和货币资产的增加，且经济增长越快，人们越倾向于将资产形式维持或转化为储蓄。鉴于此，Ronald Mc Kinnon 和 Edwards. Shaw 主张实行金融深化政策，即政府应当放开对金融的管制，使金融市场自主调节利率和汇率等工具的价格，以实现经济的合理增长，最终达到金融发展和经济增长的良性循环。该理论对本书的指导意义在于，特色小镇建设过程中势必要进行资金的筹措以及项目投资，如果能达到金融深化发展的状态，特色小镇的发展将会更加协调。

金融约束理论是一种介于金融抑制和金融深化之间的理论，20 世纪 90 年代，Thomas Hellmann 在《金融约束：一个新的分析框架》一文中提出金融约束理论。他认为政府不应实行完全的金融深化，应该根据市场的变化，建立完备的动态监测机制，对金融市场进行一定程度的干预。但该理论与金融抑制论不同，金融抑制论中政府作为参与主体并赚取利益，而金融约束理论中政府只是外部监管机构，并不进行利益分配；与金融深化理论相比，金融深化要求政府完全放弃金融管制，而金融约束则鼓励政府适当管制，以更好地发展金融深化。这一理论为特色小镇的金融支持指明了方向，政府在特色小镇建设时可以将金融约束理论作为理论指导，有选择性地指导金融资源的配置和金融支持的范围、方向及行业领域。

二、特色小镇与金融支持的关系

特色小镇和金融支持两者相互促进、共同发展，金融支持对特色小镇的促进作用集中体现在健全特色小镇的融资服务体系、提高资源利用效率、完善社会保障体系三方面，特色小镇又可以反过来为金融支持提供实验平台、促进金融资源高效配置、完善金融结构，积极推动金融支持发展。特色小镇和金融支持之间的作用机理如图 2-1 所示。

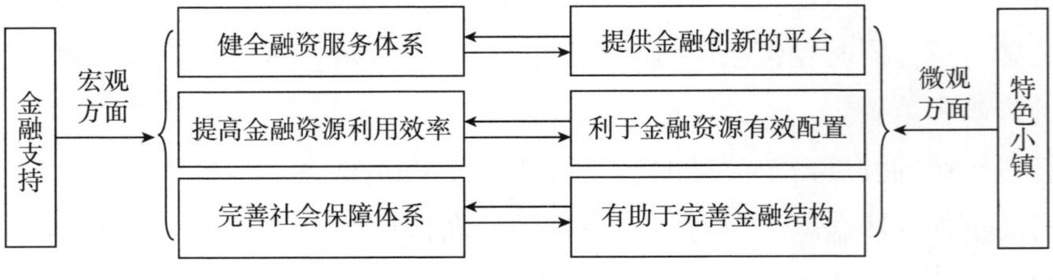

图 2-1　特色小镇与金融支持的作用机理

金融支持对特色小镇的促进作用主要体现在融资服务体系、金融资源利用效率、社会保障体系等方面。首先，健全融资服务体系，特色小镇的长足发展需要吸引优势企业和项目，仅靠政府资金帮扶无法解决企业和项目的融资问题，而金融支持可以帮助小镇完善融资服务体系，发挥社会资本、金融机构等各方力量，降低融资成本，促使特色产业和项目获得长远发展。其次，提高金融资源利用效率，获得充裕金融支持的特色小镇在投资时面临更少的资金顾虑，倾向于采取更理性的投资策略，进而可以实现良好的经济效益，吸引社会资本参与投资，促使金融资源充分配置，提高金融体系的运作效率。最后，完善社会保障体系，特色小镇建设遵循“以人为本”的发展理念，充分发挥金融市场中各主体的优势为特色小镇提供金融支持，可以促进特色小镇建设及其社会保障体系的完善。

特色小镇也促进了金融支持的发展。首先，提供金融创新平台，通过总结分析特色小镇建设投融资阶段遇到的问题，可以补充金融产品、丰富金融工具、完善金融体系、更好地发挥金融支持作用。其次，促进金融资源有效配置，拓宽金融资源边界，推动金融资本的优化配置。最后，帮助完善金融结构，特色小镇是打破城乡二元结构的主要承载区，其发展势必会推动农村金融的蓬勃发展，进而完善金融结构。

第四节 特色小镇建设促进较发达地区经济稳定增长相关理论

一、精明增长理论

精明增长理论是指充分利用土地资源以防出现“城市蔓延”现象，最终使经济、社会、生态达到协调统一的城市规划理论。“二战”后尤其是20世纪90年代，美国耕地流失、失业人口增加、城市发展空间不足等问题突出，精明增长理论应运而生，经历了兴起、快速发展、成熟阶段。2000年成立的“精明增长联盟”制定了四大目标，分别是：第一，要谨慎开发土地资源，统筹分布与改造各功能区；第二，努力发展城市和乡村改造区，完善基础设施等；第三，制定相应政策保护耕地及重要景观地区；第四，统筹规划提高居民生活幸福感，避免郊区蔓延。在精明增长理论的指导下，特色小镇设立时应综合考察该地的土地特征、生活状况及发展模式，确保该地是适合培育特色产业与项目的；此外，政府应加强小镇建设的政策与制度保障，避免土地资源的浪费和居民认同感的下降；最后应借鉴精明增长理论的评估体系并结合我国国情评估特色小镇的发展水平，促使小镇更好地发展。

二、产业集聚理论

1990 年，Michael Porter 在《国家竞争优势》一书中提出产业集聚理论，他认为，产业集聚是相同产业由于存在着资源共享、专业化分工、共同合作的机理，而在某一特定地理区域不断聚集或高度集中的产业资源优化理论。在强烈的竞争环境下，产业集聚促使企业之间通过技术分工与合作降低成本、提高生产力水平，生产力水平是一国经济发展的主要标志，即产业集聚效应会间接影响我国经济增长。

上下游产业集聚引起的人口、经济集聚效应推动了特色小镇的兴起，浙江省入选前两批创建名单的 79 个特色小镇多半以产业经济为导向。以产业经济为导向，在为产业发展配套的同时，会带动该小镇的旅游、消费、教育、经济等发展，如以云计算、大数据、互联网金融为龙头产业的云栖小镇，该镇仅 2015 年就实现了涉云产值近 30 亿元。特色小镇产业的集聚不仅带动了当地的经济发展，也推动了农村城镇化和城乡一体化，因此，以产业兴而不止步于产业，才能为特色小镇带来全方位的、可持续的发展。

三、产业生态位理论

产业生态位理论是生态位理论和产业经济理论的有机结合，不同的物种或产业在生态环境下处于特定的相对位置，这些相对位置会出于某些原因形成机理关系，生态位即相对位置和机理关系。产业生态位为产业初步形成、发展成长、成熟等各个阶段提供了可依赖的环境，特色小镇应充分运用产业生态位理论，发展不同的产业，使其相互作用推动整个小镇的经济发展。

第五节　可持续生计理论

可持续生计理论起源于20世纪七八十年代西方学者对发展中国家低收入问题的研究，该理论致力于引导低收入人口实现增收致富及发展。可持续生计指一个完整的能够有效应对压力和打击或可以迅速从中恢复，或者可以在保持或提高自身能力和资产的同时不损害自然资源的生计维持系统。20世纪末，英国国际发展部对可持续生计作了进一步的定义，其将生计资产划分为社会、自然、物质、人力和金融资本，并说明了相互之间存在的互动关系。同时认为，有效的生计策略会引起多种生计成果，包括收入和福利增加、脆弱性降低、食物短缺改善、自然资源有效利用等。进入21世纪，我国需要深化发展可持续生计理论以解决如何保证增收致富成效的可持续性等问题，特色小镇在发展过程中应注重结合实际情况整合资源，寻求可持续发展道路。

第三章　新疆七地州特色小镇建设的资源禀赋与经济现状

新疆自古以来就是一个多民族聚居的地区，新疆资源丰富，发展潜力巨大，不仅有丰富的光热、土地、动植物、矿产、旅游等自然资源，还有技术、资金、文化等日益完善的社会资源，旅游、文化、矿产、城市化的发展潜力巨大，地理位置独特，交通设施日趋完善。近年来，新疆的发展不断加快，增收致富卓有成效。新疆丰富的自然资源和社会资源为特色小镇发展奠定了坚实的基础，清楚认识到新疆资源禀赋和经济发展现状对特色小镇建设有重要的意义。

第一节　新疆特色小镇建设的资源禀赋现状

新疆是一个多民族聚居的地区，多民族并存的特殊现状形成了多样性和特殊性的新疆文化，各民族大团结、大交流，向着共同的目标努力，极大地促进了新疆各民族文化和经济的快速发展。新疆经济、文化的发展和进步离不开其独特的地理位置和优越的资源条件，新疆拥有丰富的自然资源和社会资源，在地区经济发展中发挥了很大的作用。

一、新疆自然资源现状

自工业革命之后，拥有丰富自然资源的国家在技术推动下得到了快速的发展，自然资源是一个地区或国家经济发展中最原始和最基础的物质基石，尤其对一个国家或地区发展初期的原始积累起着关键性作用，同时丰富的自然资源也是人类生存和发展的基础，有助于推动科技进步和社会发展。新疆的自然条件独特，自然资源丰富，其丰富的光热、土地、生物及矿产资源为其生产生活和经济发展提供了广阔的空间。

（一）新疆拥有得天独厚的光热资源

新疆年平均日照时数和全年太阳辐射量均位居全国前列，其日照时间较长，昼夜温差很大，十分有利于农作物的生长。昌吉州水土光热资源丰富，盛产棉花、小麦、大麦、玉米、番茄等50多种高效优质农作物，也是全国重要的制酱番茄、商品棉、酿酒葡萄、商品粮的生产基地。吐鲁番市的葡萄和博州的枸杞也是两种典型利用光热资源盛产的农作物。吐鲁番市的葡萄远近闻名，主要是因为其封闭的盆地地形，云层稀薄，气温较高，有着丰富的光热资源，条件得天独厚，盛产葡萄、哈密瓜以及其他瓜果、蔬菜、农作物。博州精河是新疆的枸杞之乡，枸杞色泽鲜亮、颗粒饱满，因其枸杞日均光照长达15小时，使植物光合作用更充分，丰富的光热资源、独特的气候和地理环境造就了精河枸杞的独特品质。

（二）新疆拥有十分辽阔的土地资源

新疆幅员辽阔，土地类型多样，人均拥有土地量较多，为各地区发展带来了许多可能。伊犁州土地资源丰富，其中耕地面积达3000多万亩，已耕种天然草场3亿多亩；土壤种类多样，有冰沼土、山地潮土、褐色森林土、栗钙土、黑钙土等，其中冰沼土存在于积雪遍布的山巅；山地潮土主要在雪线以下，适合成为夏季牧场；褐色森林土是森林资源的根基；栗钙土和黑钙土多处于山麓缓坡地带，最适合春秋放牧。喀什地区土地资源丰富，土地面积约占新疆土地面积的1/2。克州的草场面积达5000多万亩，其中就有很著名的玉其塔什草原，它是克州境内最大的草原。巴州东西和南北最大长度为800余千米，面积达48.27万平方千米，是我国陆地面积最大的地级行政区。

（三）新疆拥有物种繁多的动植物资源

新疆有种类多样的动植物资源，具有很大的开发潜力。其中克州有244种鸟类，珍稀动物资源较为丰富，国家一级、二级、三级保护动物分别有2种、9种、14种。克州植物种类多达190种，还有高山、盆地、戈壁、荒漠、高原等多种生态类型。药用植物在我国历史中源远流长，喀什地区有甘草、党参、麻黄、雪莲等10多种珍贵药用植物，伊犁州出产近700种药用植物。药用植物在我国中医药发展中占据很重要的地位，具有开发利用价值。森林资源是动植物资源中很重要的一种，伊犁州有着全疆75%的山地森林活立木，其储蓄量达105亿立方米，是自治区主要的木材产区。此外，克州的无花果品种和吐鲁番市的500多葡萄品种在新疆动植物资源中也占有一席之地。伊犁州有3亿多亩良好的天然牧场，是新疆的牧业基地。在伊犁州也存在一些珍稀动物，如早已驰名中外的蒙古野马和马可勃罗盘羊等。特别地，喀纳斯自然保护区是我国仅有的西伯利亚动植物区系分布区，拥有种类繁多的野生动物。伊犁州特别注重生态环境保护，因此留存了许多珍贵的动植物资源，具有很高的经济开发价值和物种基因研究价值。

（四）新疆拥有丰富的矿产资源

新疆矿产资源种类齐全、储蓄量大、开发前景广阔，是我国矿产资源较为丰富的省份之一。新疆拥有铁矿、锰矿、铬矿等多种矿产资源，是发展钢铁工业所必需的矿产资源，还拥有轻工业发展所需的多种非金属矿产，新疆的钾盐、石盐和芒硝为化工业发展提供了基础资源。

（五）新疆拥有极为丰饶的旅游资源

新疆旅游资源不仅总量多而且种类齐全，全疆共有1000多处旅游景点，类型占全国的83%，而且具有独特的民族风情，新疆地区有发展旅游业的资源优势。巴州有国家级森林公园和旅游景区，其中5A级、4A级、3A级分别有1个、1个、2个。伊犁州的国家5A级、4A级、3A级、2A级旅游景区分别有2个、17个、16个、4个。克州主要的旅游资源有水体景观类和古城遗址类景观，有“黑湖”之称的喀拉库勒湖是一处最出名的景观，拥有“喀斯特地貌”的克姆孜苏泉华群属于岩溶地貌，为世人所罕见，还具有很高的科学研究价值，古城遗址中有5处被列为自治区文物保护单位。博州长期注重资源和生态保护，具有良好的人居环境和旅游业发展潜力，拥有国家级景区赛里木湖，先后拥有4个自治区级自然保护区和1个国家级重点风景名胜区，保护区和景区面积占全州总面积的18%。吐鲁番有数量众多、风格独特的古代烽燧遗址、商队、美食和建筑，著名文物景点高昌古城和交河故城成功入选世界文化遗产名录，其文化底蕴深厚、自然风貌独特、民俗风情浓郁、旅游资源景点（区）多，且比较集中，为发展旅游业提供了得天独厚的优势。

（六）新疆受限于水资源的稀缺

水是自然环境和社会环境中极为重要而活跃的因素，新疆丰富的水资源，是维系生态系统功能和支撑社会经济系统发展不可替代的基础性自然资源和战略资源。然而，新疆是典型的干旱气候区，降水稀少，南疆平原区最少。平原区地表径流不发育，存在大面积无流区。新疆的平均降水量和平均年径流量（以年径流深表示）低于全国平均值，也低于地球上同纬度其他地区。新疆年平均降水量在150毫升左右，且各地降水量相差较大。水资源的短缺是制约新疆工农业生产的主要因素。新疆最大的两条河流伊犁河和额尔齐斯河是多水区，虽然目前河水利用率很低，但是可以说明新疆水资源开发利用潜力大，若经过充分开发利用后，可基本解决水土空间不平衡的矛盾。

（七）新疆拥有独特的自然条件

由于天山能阻挡冷空气南侵，天山成为南北疆气候分界线，北疆属于中温带，南疆属于暖温带。北疆的平原区年平均气温低于10℃，平原区年降水量多在200毫米，冬季平原积雪一般在20~30厘米，最深可达80厘米。北疆虽然远离东部的太平洋，但却能接收到来自西方大西洋带来的最后一点水汽。特别是北疆西北部地区，受大西洋暖湿气流的呵护，草原林木丛生，自然环境优渥。南疆包括巴州、吐鲁番市、喀什地区、阿克苏地区等，南疆有大面积的沙漠，南疆的年平均平原气温为10℃~13℃，南疆平原区年降水量多在50~100毫米，冬季平原积雪在10厘米左右，最深可达20厘米。南疆被天山和昆仑山包围，导致印度洋暖流和大西洋暖流无法触及，大部分地区气候比较恶劣。

二、新疆特色小镇建设的社会资源现状

自然资源是社会经济发展的物质基础，对地区经济的发展起着重要的作用，在知识经济时代，知识也已成为地区经济发展的内在核心因素，劳动力、金融、技术、文化与政策的供给与支持也是新疆地区经济持续发展的重要因素。

（一）新疆劳动力资源现状

经济发展的三大要素是资本、技术和劳动，新疆整体的劳动力水平偏低，人口数量较低、高级知识人才匮乏、人力资源开发的不足等因素制约新疆社会和经济发展，本书接下来将从劳动力资源的数量现状、结构现状及从业现状三方面分析新疆地区劳动力资源现状。

新疆积极响应和实施国家智力援疆、人才援疆的项目，广泛吸纳人才，提高自身人才软实力。内地一些省市分别对口援助新疆各地区，实现了地、县两级和兵团师级干部人才援疆的全覆盖。此外，北京大学、对外经济贸易大学、江南大学等一系列内地知名高校也对新疆的高校进行援助，提供交换生机会，并援助许多教师来新疆各高校授课、开讲座等。内地的一些大企业也对新疆的企业进行帮扶援助，给予指导。

1. 劳动力资源的数量现状

2018 年，新疆人口总数为 2487 万人，2017 年为 2445 万人。由表 3-1 可知，克州、吐鲁番市和喀什地区的出生率均高于新疆的平均水平，地区的死亡率均高于新疆平均水平，只有克州的人口自然增长率高于新疆平均水平。总体上，新疆城镇和乡村人口比较均衡，但是克州、喀什地区、吐鲁番市城乡人口占比差距很大，尤其是克州，2018 年乡村人口占比达 77.45%。总体而言，地区可投入经济活动中的人力资源较为充足，其中伊犁州和喀什地区连续三年遥遥领先于其他地区的人口总量，分别排第一位和第二位；地区人口大量分布在乡村且人口的自然增长率较低。

表 3-1 2016~2018 年新疆人口构成

地区	年份	总人口（万人）	城镇人口占比（%）	乡村人口占比（%）	出生率（‰）	死亡率（‰）	自然增长率（‰）
新疆	2016	2398.08	48.35	51.65	15.34	4.26	11.08
	2017	2445.00	49.37	50.63	15.88	4.48	11.40
	2018	2487.00	50.91	49.09	10.69	4.56	6.13
克州	2016	60.29	22.21	77.79	19.17	7.09	12.08
	2017	62.06	22.78	77.22	47.64	10.57	37.07
	2018	62.45	22.55	77.45	19.66	8.21	11.45
博州	2016	47.75	41.12	58.88	10.74	5.25	5.49
	2017	47.54	41.44	58.56	13.38	10.05	3.33
	2018	47.85	42.17	57.83	11.13	8.00	3.13
昌吉州	2016	140.10	42.43	57.57	11.78	5.51	6.27
	2017	140.61	42.92	57.08	12.11	9.40	2.71
	2018	139.37	42.96	57.04	10.70	10.05	0.65
伊犁州	2016	466.20	41.67	58.33	13.68	5.41	8.27
	2017	461.71	43.33	56.67	15.21	11.78	3.43
	2018	458.26	41.63	58.37	13.48	8.88	4.60
巴州	2016	122.94	52.47	47.53	13.59	6.13	7.46
	2017	124.13	54.02	45.98	17.69	12.30	5.39
	2018	124.21	54.90	45.10	11.96	7.56	4.40
吐鲁番市	2016	63.26	36.94	63.06	16.38	7.62	8.76
	2017	63.73	36.39	63.61	19.54	11.02	8.52
	2018	63.34	36.20	63.80	13.43	11.82	1.61

续表

地区	年份	总人口（万人）	城镇人口占比（%）	乡村人口占比（%）	出生率（‰）	死亡率（‰）	自然增长率（‰）
喀什地区	2016	451.47	22.65	77.35	27.57	9.97	17.60
	2017	464.97	22.90	77.10	45.77	15.35	30.42
	2018	463.38	22.99	77.01	17.98	11.05	6.93

资料来源：《新疆统计年鉴》（2017~2019 年）。

2. *劳动力资源的结构现状*

从新疆人口年龄结构来看（见表 3-2），克州和喀什地区人力资源年轻化趋势明显，2018 年克州和喀什地区 0~17 岁的人口分别占 35.80%和 36.07%，18~34 岁的人口分别占 27.65%和 29.19%。2017 年克州和喀什地区 0~17 岁的人口分别占 35.92%和 36.79%，18~34 岁的人口分别占 28.13%和 29.22%。博州和昌吉州 2017 年 35~59 岁的人口分别占 41.73%和 42.47%，2018 年 35~59 岁的人口分别占 41.43%和 42.55%，中年人口在地区人力资源中所占的比重较大，且 60 岁以上的人口占比较其他地区最高，分别为 13.73%和 16.15%，人口老龄化问题较为突出。伊犁州、巴州以及吐鲁番市的人力资源分布较为均匀。总体而言，新疆人口老龄化的程度较低，人口总体结构较为年轻，比例比较均衡。所以可以对新疆人力资源实施适当的开发和培训教育，提高劳动力素质，可为新疆的发展提供大量的高质量人才。但是，由于受到自然条件、经济社会发展中基础薄弱等一些因素的影响，人力资源开发仍然存在许多问题。

表 3-2　2016~2018 年新疆人口年龄结构分布　　单位：万人，%

地区	年份	0~17 岁		18~34 岁		35~59 岁		60 岁及以上	
		人数	占比	人数	占比	人数	占比	人数	占比
克州	2016	20.52	34.04	17.74	29.42	16.80	27.87	5.23	8.67
	2017	22.29	35.92	17.46	28.13	17.21	27.73	5.10	8.22
	2018	22.36	35.80	17.27	27.65	17.64	28.24	5.19	8.31
博州	2016	9.58	20.06	12.24	25.63	19.78	41.42	6.15	12.88
	2017	9.64	20.28	11.69	24.59	19.84	41.73	6.37	13.40
	2018	9.60	20.06	11.86	24.78	19.83	41.43	6.57	13.73

续表

地区	年份	0~17 岁		18~34 岁		35~59 岁		60 岁及以上	
		人数	占比	人数	占比	人数	占比	人数	占比
昌吉州	2016	25.43	18.15	33.46	23.88	59.59	42.53	21.62	15.43
	2017	25.71	18.28	33.06	23.51	59.71	42.47	22.13	15.74
	2018	25.38	18.21	32.18	23.09	59.30	42.55	22.52	16.15
伊犁州	2016	112.65	24.16	123.35	26.46	174.14	37.35	56.05	12.02
	2017	113.00	24.48	119.59	25.90	173.93	27.67	55.19	11.96
	2018	112.12	24.47	115.62	25.23	174.12	38.00	56.40	12.30
巴州	2016	27.95	22.73	31.30	25.46	48.83	39.72	14.86	12.09
	2017	28.86	23.25	30.81	24.82	49.53	39.90	14.93	12.03
	2018	28.95	23.31	30.10	24.23	49.56	39.90	15.61	12.56
吐鲁番市	2016	17.11	27.05	16.76	26.49	22.46	35.50	6.93	10.95
	2017	17.59	27.61	16.45	25.82	22.73	35.67	6.95	10.90
	2018	17.52	27.66	16.03	25.31	22.86	36.10	6.92	10.93
喀什地区	2016	156.51	34.67	137.62	30.48	118.64	26.28	38.70	8.57
	2017	171.05	36.79	135.88	29.22	121.79	26.19	36.24	7.80
	2018	167.14	36.07	135.26	29.19	124.41	26.85	36.57	7.89

资料来源：《新疆统计年鉴》（2017~2019 年）。

3. 劳动力资源的从业现状

表 3-3 为 2015~2018 年新疆规模以上的工业企业从业人员平均人数，其中伊犁州、昌吉州和巴州的从业人数连续几年来均是最多的，分别排第一位、第二位和第三位，但是克州连续几年来规模以上工业企业的从业人员人数与其他地区相比一直都较低。伊犁州、昌吉州和巴州本身的经济基础较好，企业较多，从而带动的就业人员数量就会多。

表 3-3 2015~2018 年新疆规模以上工业企业全部从业人员年平均人数

单位：人

地区 \ 年份	2015	2016	2017	2018
克州	4411	3892	3872	2781
博州	9212	10064	10893	9771
昌吉州	95065	87402	82862	78573

续表

地区＼年份	2015	2016	2017	2018
伊犁州	89103	88603	91046	88852
巴州	53032	57791	58559	54403
吐鲁番市	25659	27928	34683	36051
喀什地区	19193	25651	23608	21522

资料来源：《新疆统计年鉴》（2016~2019 年）。

如表 3-4 所示，2018 年末新疆城镇非私营单位的就业人员数量中总数量最高的是伊犁州，其次是喀什地区，博州和克州相对来说较少。从失业率来看，伊犁州达 3. 26%，最小的是克州只有 1. 24%，博州失业率为 3. 20%，与该地区的总人数相比，博州就业状况有待改善。

表 3-4 2018 年末新疆城镇非私营单位就业人员 单位：人，%

地区	合计	国有单位	集体单位	其他单位	失业率
克州	67455	57408	170	9877	1. 24
博州	65036	52465	485	12086	3. 20
昌吉州	205340	94997	1574	108769	1. 49
伊犁州	570665	413400	4038	153227	3. 26
巴州	197315	132274	1565	63476	2. 37
吐鲁番市	98283	58524	727	39032	2. 97
喀什地区	266427	216299	1186	48942	2. 24

资料来源：《新疆统计年鉴 2019》。

（二）新疆技术资源现状

科学技术是第一生产力，通过把当代最新科技成果应用在那些潜在的可利用和可持续开发的生产力上，经过多次开发与应用转变为现实的生产力，从而对于当地经济的开发和发展具有巨大的潜力。新疆时刻未放松对科技的追求和研究，地区的科技发展近年来也加快了脚步并取得了诸多成果。

2018 年，克州规模以上工业企业科技活动情况，科研人员有 5 人，科研经费达 10. 4 万元，新产品开发项目有 1 项。博州 2017 年组织县市级、自治州级、自治区级、国家级科技项目分别有93项、89项、81项、2项，博州2018年规模以上工业企业中从事科研的人员为26人，科研经费达103.9万元，申请专利5件。昌吉州2017年建成国家级农业、高新技术、经济开发区各1个，国家级技术研究中心和技术产业基地各2个，承担自治区级科技项目25项。昌吉州2018年规模以上工业企业中从事科研的人员为705人，科研经费达33985.6万元，申请专利193件。巴州2017年承担自治区和自治州级科技项目分别有6项和46项，2018年规模以上工业企业中从事科研的人员为976人，科研经费达69892.8万元，申请专利685件。吐鲁番市2018年规模以上工业企业中从事科研的人员为712人，科研经费达24448.8万元，申请专利38件，获得授权的专利有21件。喀什地区2017年申请发明型、实用型和外观设计型专利分别有61件、268件和72件，总共401件，其中有229件属于个人申请。喀什地区2018年规模以上工业企业中从事科研的人员为45人，科研经费达495.2万元，申请专利7件。

（三）新疆金融资源现状

自党的十九大以来，新疆按照党中央的决定，加大金融支持实体经济发展的力度，用金融业带动实体经济的增长。党的十九届五中全会提出要建立现代金融财税体制，央行和外汇局秉持党的十九届五中全会精神，提出要推动金融双向开放，加快金融数字化转型，提升金融服务实体经济的水平。金融业提供的资金保障和支持成为新疆经济发展的加速器和稳定器。

除伊犁州外，新疆其他六大特色地区，2017年的各项存款余额相比2016年均有所增长，各项贷款余额也在增长，保费收入也在增加，其中昌吉州和喀什地区增幅较大，喀什地区存款增幅为12.18%，昌吉州为12.70%，博州增幅最大为16.05%；2018年克州和喀什地区各项贷款余额均有所下降，伊犁州的存款余额降低幅度较大，喀什地区存款余额也有所下降，各地州的保费收入均在增加，其中昌吉州的保费增长最快，增长率达14.99%，说明地区人民的收入普遍增加，地区的发展在不断推进（见表3-5）。

表3-5 2016~2018年新疆金融业及保险业基本运营情况

地区	年份	各项存款余额（亿元）	各项贷款余额（亿元）	保费收入（万元）	保费收入增长（%）
克州	2016	200.23	85.19	23100.00	5.86
	2017	223.20	116.67	30030.00	29.92
	2018	233.84	97.47	32568.11	8.44

续表

地区	年份	各项存款余额（亿元）	各项贷款余额（亿元）	保费收入（万元）	保费收入增长（%）
博州	2016	338. 11	190. 54	121900. 00	29. 40
	2017	392. 37	250. 74	143600. 00	17. 81
	2018	395. 25	278. 00	161675. 81	12. 62
昌吉州	2016	1246. 10	1033. 10	394000. 00	17. 20
	2017	1404. 39	1127. 69	448100. 00	13. 23
	2018	1415. 40	1231. 37	515248. 74	14. 99
伊犁州	2016	2272. 80	1602. 09	687500. 00	16. 90
	2017	1630. 98	1204. 17	382900. 00	21. 63
	2018	1580. 30	1216. 94	—	—
巴州	2016	1150. 24	655. 50	341100. 00	16. 60
	2017	1277. 80	799. 14	417000. 00	22. 26
	2018	1354. 00	819. 51	451774. 64	8. 34
吐鲁番市	2016	256. 40	171. 90	87000. 00	9. 50
	2017	294. 09	211. 99	103500. 00	21. 20
	2018	311. 38	223. 29	109265. 29	5. 59
喀什地区	2016	1470. 40	728. 10	251500. 00	24. 57
	2017	1649. 45	797. 51	287500. 00	14. 34
	2018	1649. 07	792. 36	321840. 18	11. 93

资料来源：《新疆统计年鉴》（2017~2019 年）。

金融服务为地区经济发展提供了保障，可以为企业提供贷款，也是居民存款和理财的渠道。2018 年新疆金融机构的数量共 3868 个，一级分行有 28 个，二级分行有 160 个，支行及网点数为 3557 个。金融机构数量从 2013 年的 3567 个增加至 2018 年的 3868 个，扩大了金融机构的覆盖面积。新疆金融机构的存贷款余额，历年来在不断增加，各项存款余额由 2010 年的 8870. 72 亿元增加至 2018 年的 22011. 49 亿元，增长幅度为 148. 14%。各项贷款余额由 2010 年的 4973. 16 亿元增加至 2018 年的 18203. 14 亿元，增长幅度为 266. 03%。由 2010~2018 年新疆住户的存款情况可知，住户存款余额是在逐年攀升的，由 2010 年的 3713. 47 亿元增加至 2018 年的 9381. 01 亿元，增长了 152. 62%。

新疆近年来的整体保险状况，保费收入在 2018 年达 577. 26 亿元，比上年增长了 10. 23%，其中财产保险的保费收入为 221. 61 亿元，人身险的保费收入为

355.65 亿元，保险密度达 2321.33 元/人，保险深度达 4.7%。

由表 3-6 可知，截至 2018 年末，新疆金融机构共有 3868 个，其中一级分行共有 28 个，二级分行共有 160 个；从业人员共有 69641 人，一级分行从业人员占比 9.09%，二级分行从业人员占比 20.49%；全国性大型银行有 1927 个，占比 49.82%，区域性中小型银行有 800 个，占比 20.68%；信托投资公司有 2 个，金融租赁公司有 1 个；资产管理公司有 3 个。

表 3-6　2018 年新疆金融机构和人员数量　　单位：个，人

项目	合计		一级分行		二级分行	
	机构	人员	机构	人员	机构	人员
合计	3868	69641	28	6332	160	14267
人民银行	69	3434	1	471	14	1727
银保监会新疆监管局	41	920	1	167	14	658
全国性大型银行	1927	35978	8	3436	94	10127
全国性中小型银行	274	7796	11	1957	28	1387
区域性中小型银行	800	11679	1	77	10	368
信托投资公司	2	454	—	—	—	—
金融租赁公司	1	111	—	—	—	—
资产管理公司	3	148	3	148	—	—

资料来源：《新疆统计年鉴 2019》。

2018 年，新疆保险机构共有 1944 个，其中总公司有 2 个，分别是中石油专属财产保险股份有限公司和新疆前海联合财产保险有限公司，自治区分公司共有 32 个，地区级中心支公司共有 248 个，县级支公司共有 758 个，营业部 5 个，营销服务部 899 个，保险机构的种类共有 33 种。

2019 年，中国人民银行乌鲁木齐中心支行根据新疆经济发展形势需求出台了《关于做好 2019 年新疆信贷政策工作的意见》及金融支持小微企业、涉农、增收致富三个领域的专项指导意见，引导金融资金“活水”向基础设施建设、涉农、小微企业、绿色金融、金融增收致富等领域流动。除了新疆自身的金融发展，对口援疆的 19 个省市和中央政府也为新疆提供了很多金融资源和资金支持。2020 年 9 月第三次中央新疆工作座谈会报告了关于中央支持新疆发展情况和全国对口援疆现状，2014 年中央财政给予新疆 2636.9 亿元支持，到 2019 年增加到 4224.8 亿元，年均增长率达 10.4%。19 个援疆省市投入的援疆资金到 2019 年已累计达 964 亿元，累计实施的援疆项目有 1 万多个，援疆资金用来加大基础设施

的投入，规划城镇建设、配套水电暖设施，建造安居房，加大对医疗、教育、卫生等与民生相关的项目投入，让新疆各族人民幸福地生活，解决他们最迫切、最根本的生活难题。

（四）新疆文化资源现状

新疆的文化资源非常深厚，因为有多个民族在这里定居生活，多样化的民族带来了多样各异的民族文化，这是中国其他省市所不能比的，是新疆独特的文化瑰宝。新疆历史遗留的独特文化和丰富的民族文化之间相互融合又独立特殊的存在，使新疆拥有了神奇迷人的文化魅力。

新疆文化资源主要包括民族文化资源、历史古迹遗址文化资源等。目前，新疆的每个民族都有其自身独特的历史文化，多民族分布格局使新疆文化具有多样性，各民族文化相互交叉和融合，如农耕文化和草原游牧文化既有交叉性又有自身的独特性，丰富了新疆文化类别，形成了兼收并蓄、波澜壮阔、多姿多彩的新疆文化。漫长的历史长河中那些光辉灿烂的文化可以体现在历史遗迹中，新疆拥有很多历史古迹遗址，如交河故城、楼兰古城、尼雅古城等，这些是新疆文化不可忽视的一部分。

（五）新疆政策资源支持

自 2016 年特色小镇提出以后，国家相关部门接连出台了许多关于特色小镇申报、规划、培育、建设要求、金融支持等多方面的政策或规划，各个地方也紧随其后，出台了许多关于特色小镇建设的政策，新疆通过出台特色小镇建设的相关政策，为特色小镇发展营造了良好的环境，将小镇建设推上一个新台阶。这些政策的出台，对于整个中国城镇化道路来说，是一个具有巨大影响力的举措，对新疆地区来说，这些政策的出台对特色小镇的建设提供了导向和支撑，对小镇建设提出了相关的要求，使小镇建设少走弯路，并且为小镇建设提供资金和人才的支持（见表 3-7）。

表 3-7　新疆特色小镇政策汇总

级别	时间	发布单位	政策名称
国家总体性指导政策	2016 年 7 月	住房和城乡建设部、国家发展改革委、财政部	《关于开展特色小镇培育工作的通知》
	2016 年 10 月	住房和城乡建设部、中国农业发展银行	《关于推进政策性金融支持小城镇建设的通知》
	2016 年 10 月	国家发展改革委	《关于加快美丽特色小（城）镇建设的指导意见》

续表

级别	时间	发布单位	政策名称
国家总体性指导政策	2016 年 12 月	国家发展改革委	《关于建立特色小镇和特色小城镇高质量发展机制的通知》
	2017 年 1 月	国家发展改革委、国家开发银行	《关于开发性金融支持特色小（城）镇建设脱贫促进攻坚的意见》
	2017 年 4 月	住房和城乡建设部、中国建设银行	《共同推进小城镇建设战略合作框架协议》
	2017 年 6 月	农业部	《关于组织开展农业特色互联网小镇建设试点工作的通知》
	2017 年 7 月	住房和城乡建设部	《关于保持和彰显特色小镇特色若干问题的通知》
	2017 年 12 月	国家发展改革委、国土部、环保部、住房和城乡建设部	《关于规范推进特色小镇和特色小城镇建设的若干意见》
	2018 年 8 月	国家发展改革委	《关于建立特色小镇和特色小城镇高质量发展机制的通知》
	2019 年 3 月	国家发展改革委	《2019 年新型城镇化建设重点任务》
	2020 年 9 月	国家发展改革委	《关于促进特色小镇规范健康发展的意见》
新疆地方性特色小镇政策	2016 年 8 月	新疆兵团	《新疆生产建设兵团“十三五”时期新型城镇化发展规划》
	2016 年 10 月	兵团发展改革委	《新疆生产建设兵团“十三五”规划汇编》
	2016 年 12 月	兵团发展改革委	《新疆生产建设兵团第一师阿拉尔市国民经济和社会发展第十三个五年规划纲要》
	2017 年 1 月	国家发展改革委	《西部大开发“十三五”规划》
	2017 年 6 月	财政部	《关于开展田园综合体建设试点工作的通知》
	2017 年 11 月	新疆维吾尔自治区	《关于加快推进自治州特色小镇项目建设方案》

三、新疆特色小镇建设的特产资源现状

新疆特产是基于新疆独特的地理环境和人文环境产生或发展而形成的具有地方特色的物产资源或社会行为资源，这样的特产资源优势赋予了新疆在我国向西开放中更多的责任，也为当地各类企业和商家发展外向型经济提供了新机遇。

（一）新疆拥有丰富的瓜果特产

新疆因其独特的气候和充足的光热资源，盛产多种瓜果，被称为“瓜果之乡”，从南疆到北疆，从城镇到农村，几乎到处都有果树和瓜田，吐鲁番市和喀什地区盛产 50 多个品种的葡萄；巴州库尔勒盛产驰名中外的“库尔勒香梨”，香

甜可口，水润甜脆，能满足你对梨的所有想象。阿克苏的冰糖心苹果、哈密的哈密瓜、喀什地区的巴旦杏都久负盛名。另外，新疆还盛产优质的酸梅、杏、石榴和鲜枣，无花果、核桃、巴旦木、葡萄干等各种干果。新疆的特色干果，有香甜的巴旦木，深受大众喜爱，营养价值也很高，核桃与扁桃、腰果、榛子并称为世界著名的“四大干果”。在一代又一代新疆各族人民的努力下，培育了许多新的瓜果品种，不仅种类多，而且产量大，堪称天然的水果博览馆。

（二）新疆拥有闻名的饮食特产

新疆的饮食很丰富，各种风味小吃荟萃于此，别具风格，从烤全羊到拉面，从酸奶到手抓饭，应有尽有。这里的烤全羊味道鲜美，肉嫩皮脆，手抓饭是款待宾客的上等美食。尉犁的烤全羊、布尔津的羊肉、沙湾的大盘鸡、新疆库车的馕、昌吉的椒麻鸡都是新疆正宗独特的美食，昌吉回族自治州呼图壁县的“老沙椒麻鸡制作技艺”还被呼图壁县列为非物质文化遗产。

（三）新疆拥有特色的农副特产

新疆农业在改革开放前后主要是以种植粮食农作物为主，随着土地改革及技术进步并结合现实因素，形成了以棉花为支柱产业，西红柿、辣椒、枸杞、水稻等多种种植作物并存的现状，以此提高新疆农业发展的竞争力。新疆的棉花品质优良，色泽好，品质高，经济产量高。新疆广阔的地域、丰富的农业资源、多样化的气候条件为特色农产品的发展提供了得天独厚的优势。兵团四师七十三团依托山清水秀、环境优美的伊犁河谷，在生产水稻上有着得天独厚的优势，其生产的大米得到了疆内外的一致好评。新疆的红枣也是新疆特有的地理产品，被称为“黄金寿枣”，味道纯正。精河的枸杞，颗粒饱满，色泽红润，皮薄肉厚，甘甜味美，而且产量高、品质好、药性强，在市场上十分抢手，是国内和东南亚一些国家备受推崇的营养珍品。

第二节　新疆特色小镇建设的开发程度

新疆是我国资源富集区，资源经过合理开发和利用才能产生更高的经济价值，把潜力优势转变为现实优势，有利于实现新疆地区经济稳定、协调、持续发展。

一、新疆特色小镇建设的能源矿产开发现状

能源是经济增长的基本驱动力，新疆能源资源十分丰富，因其品种多、分布广、储量大，成为全国重要的能源基地之一。2018 年，新疆焦炭生产量达 1674.42 万吨，原油生产量达 2647.39 万吨，天然气生产量达 321.85 亿立方米，水力发电量每小时达 245.90 亿千瓦，火力发电量每小时达 3037.35 亿千瓦。2018 年新疆规模以上工业企业消耗原煤 18779.91 万吨，消耗焦炭 991.37 万吨，消耗汽油 34127.28 吨，消耗电力 2189.24 亿千瓦时。能源的开发利用极大地推动了新疆的经济增长。

新疆地质构造复杂，矿产资源种类多且储量大，是我国矿产资源最为丰富的省份之一。2018 年新疆铁矿储量达 28.34 亿吨，铜矿达 981.54 万吨，锌矿达 2599.85 万吨，铅矿达 720.59 万吨，铝土矿达 55.26 万吨，丰富多样的矿产能源为新疆工业发展提供了有力保障。

二、新疆特色小镇建设的水资源开发现状

水是生命的源泉，农业和工业发展、生态系统平衡维持以及人类生存生活都离不开水资源支持，水资源的合理开发利用是可持续发展的要求。新疆属于内陆干旱区，其农业发展是以灌溉农业为主，农业用水量在总用水量中所占的比例较大。2018 年新疆地区总供水量和用水量均为 548.77 亿立方米，第一产业用水占比最大，为 89.45%，生态环境用水量为 30.5 亿立方米，生活用水为 12.67 亿立方米，人均用水量为 2226 立方米。

表 3-8 为 2018 年新疆水资源开发利用现状，从新疆七大特色地区用水组成来看，除了巴州，其余各州（市、地）农牧业灌溉等第一产业用水量均占用水总量的 85%以上，其中克州、博州、伊犁州和喀什地区的第一产业用水量占总用水量的比例达 90%以上。工业用水比重达 3%以上的地区只有昌吉州和吐鲁番市，生态环境用水比重达 3%以上的地区只有博州和吐鲁番市。博州、昌吉州和吐鲁番市地下水开发利用量占到总用水量的 30%以上。

表 3-8　2018 年新疆水资源开发利用现状　　单位：亿立方米

地区	地下水利用量	用水总量	一产用水量	二产用水量	生态环境用水量
克州	0.93	10.99	10.19	0.19	0.26

续表

地区	地下水利用量	用水总量	一产用水量	二产用水量	生态环境用水量
博州	5.42	15.13	14.18	0.12	0.52
昌吉州	18.25	39.67	35.27	1.81	1.09
伊犁州	3.16	50.12	46.88	0.77	0.52
巴州	11.11	53.34	41.06	1.33	10.00
吐鲁番市	6.80	12.62	11.07	0.50	0.66
喀什地区	19.58	106.84	102.76	0.62	0.60

资料来源：《新疆统计年鉴 2019》。

三、新疆特色小镇建设的土地资源开发现状

由表 3-9 可知，随着人口增加和社会经济的发展，对土地资源的需求和利用程度均在日益增加，土地资源合理开发和利用是经济可持续发展的关键和核心问题。相较于 2017 年，2018 年新疆七大特色地区的耕地面积均在增加，伊犁州的耕地面积最大，为 177.87 万公顷；其次是昌吉州，耕地面积为 74.22 万公顷；克州的耕地面积最少，为 5.71 万公顷。伊犁州和巴州 2018 年耕地面积增长率达 3%以上。

表 3-9　2017~2018 年新疆耕地面积　　单位：万公顷

地区	年份	耕地面积	年份	耕地面积
克州	2018	5.71	2017	5.55
博州	2018	18.77	2017	18.67
昌吉州	2018	74.22	2017	74.05
伊犁州	2018	177.87	2017	169.15
巴州	2018	37.91	2017	36.66
吐鲁番市	2018	5.87	2017	5.81
喀什地区	2018	71.00	2017	69.38

资料来源：《新疆统计年鉴》（2018~2019 年）。

四、新疆特色小镇建设的城市基础设施开发现状

由表 3-10 可知，城市基础设施建设能体现一个城市及地区的便利化程度，能反映城市或地区的现代化发展水平，完善的城市基础设施对新型城镇化建设具有重要意义。2018 年新疆七大特色地区的中心城市用水普及率和燃气普及率全在 90%以上，其中阿图什市、昌吉市和喀什市已完全普及；巴州的库尔勒市、克州的阿图什市和喀什市的人均城市道路面积均在 30 平方米以上，博州的博乐市的人均城市道路面积最小，为 9.81 平方米；人均公园绿地面积在 15 平方米以上的城市只有阿图什市和喀什市，伊犁州的伊宁市人均公园绿地面积最小，为 9.63 平方米，其公园绿地建设还有待加强；排水管道密度较大的城市主要有博乐市、伊宁市和库尔勒市。

表 3-10　2018 年新疆城市基础设施开发现状

地区	城市	用水普及率（%）	燃气普及率（%）	人均城市道路面积（平方米）	人均公园绿地面积（平方米）	排水管道密度（千米/平方千米）
克州	阿图什市	100.00	100.00	33.90	16.84	4.96
博州	博乐市	100.00	90.75	9.81	10.76	10.35
昌吉州	昌吉市	100.00	100.00	19.42	12.03	3.16
伊犁州	伊宁市	92.86	99.81	21.38	9.63	12.63
巴州	库尔勒市	98.39	99.71	42.19	12.37	7.82
喀什地区	喀什市	100.00	100.00	30.79	23.30	3.95

资料来源：《新疆统计年鉴 2019》。

第三节　新疆特色小镇建设的发展潜力

新疆独特的地理位置、特殊的气候条件、多样的民族文化和丰富的自然资源，为未来经济和社会发展奠定了坚实的基础。新疆的旅游、能源、文化、城市

还存在很大的发展潜力，有待进一步开发和利用。

一、新疆特色小镇建设的旅游发展潜力

新疆拥有丰富多样的旅游资源，在这里可以体验国外多种类型的旅游，像美国的沙漠公路、俄罗斯的原始森林、西亚北非的民族风情以及欧洲乡村的林间别墅等都变得触手可及。喀纳斯是中国唯一的北冰洋水系的自然保护区，属于国家5A级旅游景区，生态良好，风景如画，有着亚洲唯一的瑞士风光；伊犁草原位于伊犁河谷内，由多个草原组成，其中有世界四大草原之一的那拉提草原，属于亚高山草甸植物区，“驼铃响叮当，雄鹰展翅飞”，能满足游客关于美丽风景的所有想象，舒服而惬意；南疆的塔克拉玛干有着全世界最好的两条沙漠公路，沿线的绿洲在茫茫的黄沙中显得特别独特和别具风情；在新疆可以不出国门就感受到异域风情，喀什老城给人带来一种犹如在地中海小城行走的感觉，悠闲而舒适，令游客流连忘返。新疆绝不应只局限于国内，而应该站在世界的高度吸引全球游客，打造出世界级的美丽新疆。

二、新疆特色小镇建设的文化发展潜力

新疆传媒发展拥有很大的前景，新疆拥有中国规模较大，播出语种、频道最多的省级电视台，有着多达15个频道的电视台，有自成体系的主持人、明星和电视节目制作团队，主要以汉语、维吾尔语、哈萨克语在全疆播放。新疆的传媒发展不应该局限于新疆本地，而应该致力于做成辐射整个中南亚的传媒中心。此外，新疆的影视发展也具有很大的前景，首先新疆拥有非常充足的日照，非常适合摄影，而且地域广阔，自然景观极其丰富，有沙漠、绿洲，可以省去大量的搭建场景的成本；这里人力资源成本也相对低廉，而且民族风情浓厚，美女如云。新疆是一块绝好的宝地，可以发展为中国新的好莱坞大本营，这样新疆既可以加强与中亚、南亚的文化交流，也可以向内地推销异域风情。

三、新疆特色小镇建设的城市化发展潜力

城市数量在一定程度上可以体现一个省份的发展状况，新疆目前只有4个地级市，其中克拉玛依还是单一的能源城市，城市比例明显偏低，这与其经济战略地位严重不符。新疆想要崛起必须要有几个足够分量的大城市。目前最有潜质的有伊宁、喀什、库尔勒和石河子。

伊宁是伊犁哈萨克自治州的首府，也是东西陆路交通的要冲，地理位置优越，具有对外开放的条件，是全国向西开放重要的商埠，此外还是我国西部边陲的一座美丽的花园城市。伊宁未来应该依靠其自身的地理位置优势，加大教育的投入，建设多所高质量的高校，接收留学生，既可以向外传授汉语学习，又可以促进自身的发展，努力建成中亚的教育中心。喀什是南疆的一座城市，少数民族比例高达98%，所以民族风情浓厚，有着丰厚的文化底蕴，同时也是我国最西边的一座城市，有6个国家一类的口岸，与5个国家接壤，具有明显的区位优势。喀什主要发展商贸流通业，并且也被认定为经济特区，所以未来要努力建设成为辐射中亚的商贸流通中心。库尔勒是进出南疆的必经之地，也是南疆最大的一座城市，农副产品资源比较丰富，有充足的水资源，虽然背靠着塔克拉玛干大沙漠，但是又有着博斯腾湖、孔雀河、罗布泊等丰富的水态资源，是新疆难得的水态城市。天山北麓的石河子是共和国最年轻的城市之一，是由兵团人一砖一瓦建立起来的“戈壁明珠”城市，是被联合国誉为“最适合人类居住的城市”，现在的石河子拥有一系列国家级高新技术园、高新技术工业园，未来的石河子要抓住科技这个优势，争取发展成为新疆的硅谷，早日升级成为地级市。

四、新疆特色小镇建设的能源发展潜力

新疆的能源资源比较丰富，具有“中国国家能源战略基地”的地位，能源发展有巨大的市场。新疆的天然气、煤炭和其他矿物资源的总储量占中国能源储藏量的20%以上，占中国矿物储藏量的首位；新疆的风能和太阳能资源在全国排第二位，而水电储量排第四位；新疆煤、油和气分别占全国储量的38.0%、21.5%和23.3%；新疆油的总储量为234亿吨，气储量大约13万亿立方米，占中国整个陆地燃气资源的23.3%。地理学家认为，新疆的油气勘探在中国所有省份中最具潜力。水电资源的储藏量是38178.7兆瓦，占全国水电储量的5.6%。新疆的太阳能资源也十分丰富，年日照能量为5430~6670兆焦耳/平方米，年日照时间为2550~3500小时。新疆的年日照强度比中国同纬度的其他地区和长江流域高15%~25%，丰富的各类资源使新疆具有发展可再生能源的潜力。

第四节　新疆特色小镇建设的区位现状

新疆有独特的区位优势，处于丝绸之路经济带核心区位，这已经成为新疆的“金字招牌”，新疆与8个国家接壤，国家级和省级口岸分别有15个和12个，除此之外，新疆交通建设进入大跨越、大发展阶段，公路、铁路、机场、口岸等十分方便。

一、公路交通

喀喇昆仑公路连接巴基斯坦伊斯兰堡和喀什，经过红其拉甫口岸。吐乌大高速公路途经吐鲁番市、乌鲁木齐，全长共283.3千米，它的建设使首府乌鲁木齐同南北疆的联系更加方便和顺畅，对提升乌鲁木齐及周边地区的社会经济有重要的作用。和硕库尔勒高速公路以服务巴州地区为主，全长有92.4千米，为巴州地区提供了便利的出行服务。乌奎高速公路途经昌吉市、呼图壁县、石河子市和沙湾县，为沿线地区群众的出行带来了便利的交通方式。麦喀高速公路是新丝绸之路的一部分，对带动喀什地区的经济发展，促进内地与中亚、欧洲之间的合作具有重大意义。京新高速（G7）是世界上穿越沙漠最长的一条高速公路，全长达2768千米，途经北京、河北、山西、内蒙古、甘肃、新疆。除此之外，还有吐和、连霍、奎塔、奎克、喀伊和库车等高速公路，有216国道、217国道、218国道、219国道、312国道、314国道、315国道，塔里木沙漠公路、阿拉尔—和田沙漠公路等，公路交通非常便利。

二、铁路交通

库格铁路全长1240千米，是连接青海省格尔木市和新疆库尔勒市的铁路。哈罗铁路保障哈密成为“西煤东运”的主战场，满足运力需求，保障哈密成为“西电东送”的输出口。精伊霍铁路是精河—伊宁—霍尔果斯之间的铁路，经过21个沿线车站，是一条连接中亚地区的交通大动脉。奎北铁路是北疆地区一条重要的铁路干线，始发奎屯站，终至北屯市，长达468.5千米，年货运能力可达2000万吨，可以巩固北疆国防。兰新高铁于2014年12月全线开通运行，横穿甘肃、青海和新疆三个省份，极大提高了货运能力，尤其是向外输送新疆的煤炭，已经提升到3亿吨，还有利于内地的工业品更大规模地输送进新疆。此外还有兰新铁路、哈额铁路、新藏铁路、南疆铁路、喀和铁路、和若铁路、北疆铁路、乌准铁路等，新疆的铁路发展越来越完善。

三、机场交通

新疆乌鲁木齐地窝堡国际机场位于首府乌鲁木齐，属于民用运输机场，截至2019年，共有184条客运航线、2条货运航线，客运和货运吞吐量在不断提升。石河子花园机场外观设计融入了军垦文化，它的投入使用方便了新疆各地州和周边省份群众的出行，可以为乌鲁木齐地窝堡国际机场提供备降服务。喀什机场距离喀什市中心10千米，是新疆第二大空港。此外，还有克拉玛依机场、伊宁机场、库尔勒机场、博乐机场、哈密机场等，机场出行交通越来越方便，同时也减轻了公路和铁路交通的压力。

四、口岸交通

新疆一类已批准的边境口岸共有17个，是在1973~1997年开放的，其中航空口岸和陆地边境口岸分别有2个和15个。在15个陆地边境口岸中，与蒙古毗邻的有4个，与哈萨克斯坦毗邻的有7个，与吉尔吉斯斯坦毗邻的有2个，与巴基斯坦毗邻的有1个，与塔吉克斯坦毗邻的有1个。详细的边境口岸信息如表3-11所示。

表3-11　新疆一类已批准的边境口岸

口岸所在地区	毗邻国家	口岸名称	开放时间
乌鲁木齐市	国际	乌鲁木齐机场	1973年
阿勒泰地区	蒙古	塔克什肯	1989年
阿勒泰地区	蒙古	红山嘴	1992年
昌吉州	蒙古	乌拉斯台	1992年
哈密地区	蒙古	老爷庙	1992年
伊犁州直属	哈萨克斯坦	霍尔果斯	1983年
博州	哈萨克斯坦	阿拉山口	1992年
塔城地区	哈萨克斯坦	巴克图	1992年

续表

口岸所在地区	毗邻国家	口岸名称	开放时间
阿勒泰地区	哈萨克斯坦	吉木乃	1992 年
阿勒泰地区	哈萨克斯坦	阿黑土别克	1992 年
伊犁州直属	哈萨克斯坦	都拉塔	1992 年
伊犁州直属	哈萨克斯坦	木札尔特	1992 年
喀什地区	国际	喀什机场	1993 年
克州	吉尔吉斯斯坦	吐尔尕特口岸	1983 年
克州	吉尔吉斯斯坦	伊尔克什坦口岸	1998 年
喀什地区	巴基斯坦	红其拉甫口岸	1982 年
喀什地区	塔吉克斯坦	卡拉苏口岸	1997 年

克州有吐尔尕特口岸和伊尔克什坦口岸两个边境口岸，均是和吉尔吉斯斯坦毗邻，吐尔尕特口岸位于乌恰县境内，不仅可以输送货运，还可以作为旅游景点对外开放。伊尔克什坦口岸是我国最西的一条重要国际通道，交通比较便利。喀什地区拥有 3 个口岸，即喀什机场、红其拉甫口岸和卡拉苏口岸，既是经济、文化对外交流的重要通道，同时也带动了喀什地区外贸、旅游、运输等行业的快速发展。伊犁州直属有都拉塔、木札尔特和霍尔果斯 3 个口岸，其中霍尔果斯口岸处在欧亚经济板块中心位置，有着得天独厚的优势，因其运输距离短，有利于商品集散。

第五节 新疆特色小镇建设的经济发展现状

加快地区经济发展不仅可以提高各民族群众的生活水平，还有助于促进民族团结，实现各民族共同发展和繁荣，同时也是我国整体国民经济发展的需求，地区的经济发展一直以来都受到了党和国家的高度重视。

新疆地区经济发展良好，2018 年，七大特色地区国民生产总值在 800 亿元以上的有昌吉州、巴州、伊犁州和喀什地区，其中在 1000 亿元以上的有昌吉州和巴州；第二产业占比达 50%以上的有昌吉州、巴州和吐鲁番市；第三产业占比在 45%以上的有伊犁州、喀什地区、博州和克州。

在全面实现小康路上，一个都不能少，一个都不能掉队。新疆近年来在党和政府的指导下，不断积极地探索增收致富发展新模式，增收致富成绩显著。但仍要建立经济持续增长的监测机制，持续做好增收致富和促进就业重大工作，而特色小镇建设有利于促进就业，推进城乡一体化发展。

第四章　新疆现有特色小镇建设基础

自 2016 年以来，新疆维吾尔自治区先后共有 14 个小镇入选第一批和第二批全国特色小镇建设。本书通过实地调研的方式对新疆地区已批准的特色小镇进行了考察，基于调研结果对新疆地区已批准的色力布亚镇（新型产业型）、可可托海镇（资源禀赋型）、乌兰乌苏镇（生态旅游型）、北泉镇（高端制造型）等个别小镇从建设规划、产业布局、金融资源配置、基础设施建设、经济发展、存在的问题及对策建议六方面进行了案例分析。构建开发企业、金融机构及特色小镇居民的三方博弈模型对特色小镇开发过程中各方最优的战略选择进行探讨。并基于调研数据探究了新疆地区特色小镇居民的投融资便利性、居民福祉以及特色小镇建设之间的内在关系。

第一节　新疆特色小镇建设个案分析

一、南疆大巴扎——色力布亚镇（新型产业型）

喀什地区巴楚县的色力布亚镇是住房和城乡建设部公布的第一批特色小镇。该镇位于天山南麓、塔克拉玛干沙漠西北边缘、叶尔羌河下游，是南疆地区的商贸重镇，素有“南疆第一巴扎”的美誉。2018 年末，该镇行政区域面积 27599 公顷，居民委员会（社区）10 个，村民委员会 20 个，户籍人口 54448 人，营业面积 50 平方米以上的综合商店或超市 65 个，工业企业 2 个，规模以上工业企业 1 个。

（一）建设规划

为扎实推进小镇建设，自2016年6月以来，色力布亚镇启动了总建筑面积约为427407平方米的棚户区改造安置房建设项目，分年度细化了具体实施目标。2017年着力产业规整、分区培育市场、打造特色商贸圈；2018年进一步落实棚改项目，加强环境综合整治。棚户区改造工程的实施，完善了色力布亚镇的基础设施建设，有利于未来小镇基于自身特色和交通等优势条件，进一步提升商业的发展水平，适度推进产业多元化发展。

（二）产业布局

色力布亚镇充分发挥“南疆商贸重镇”的品牌优势、位于巴楚县上游六个乡镇中心的区位优势和地域文化优势，以巴扎建设和运营为重心，带动商贸服务业、特色手工业、城镇旅游业等优势产业稳步发展。该镇借助上海对口援建的有利时机，建成了总面积达20万平方米（310亩）的六大市场：占地49200平方米（74亩）的农贸综合交易市场、占地35000平方米（52亩）的小商品批发市场、占地33300平方米（50亩）的畜牧交易市场、占地33300平方米（50亩）的新建二手机动车交易市场、占地30600平方米（46亩）的木材交易市场和占地25300平方米（38亩）的瓜果批发市场。该镇每周的“周四巴扎（市场）日”商贩云集，购物者源源不断，农忙时节的人流量可达8万~10万人，农闲时节的人流量可达10万~15万人，日交易额500万元以上，市场平均的日交易额达115万元，平均年交易额4.2亿元以上。

（三）金融资源配置

色力布亚镇把新型理念运用到科学规划、城镇建设、经营管理、产业发展等方面，争取国家项目和援疆资金的支持，制定了不同阶段的规划及工作目标，注重镇区规划建设。加强职能部门的监管作用，促进市场规范化建设，加快专业化服务建设，满足市场建设步伐。制定发展体制机制，定期制订工作计划，积极推进项目落实，扎实推进招商引资，争取通过PPP项目进行公共服务设施建设。采取多元投入，在城镇经营中筹取资金。

（四）基础设施建设

色力布亚镇实施棚改项目，加大力度做好公共服务设施建设和公用设施建设，文化中心、文化站、广播电视转播站、敬老院、卫生院等配套设施一应俱全，为切实满足群众文化生活需求提供了有力保障。

（五）经济发展

2018年末，色力布亚镇所在的巴楚县生产总值为66.06亿元，较2013年的54.67亿元增长了20.84%；人均生产总值1.75万元，较2013年的1.57万元增长了11.37%；居民储蓄存款余额50.89亿元，较2013年的3.38亿元增长了1405.18%；金融机构各项贷款余额54.06亿元，较2013年的24.49亿元增长了120.71%；公共财政收入3.22亿元，较2013年的2.92亿元增长了10.47%；公共财政支出为54.34亿元，较2013年的27.15亿元增长了100.14%。

（六）切实存在的问题及对策建议

色力布亚镇属于经济欠发达地区，经济基础薄弱，地方财政配套不足，镇村建设虽在有序推进，但市政基础设施尚不完善。色力布亚镇基建工作虽已纳入县城总体基础设施改造项目，但项目所涉房屋征迁有一定难度。色力布亚镇的人员力量不足，现有住房保障管理机构和实施机构不健全，影响了棚户区改造和保障性住房建设的成效。

为全力推进镇区建设工作，色力布亚镇应加强组织领导，成立建设工作领导小组，强化人员配备，建立高效工作推进机制，此外，镇区的建设工作要贯彻基础设施现代化和保持特色风貌并行不悖的重要目标。同时，色力布亚镇应基于自身品牌和区位等优势条件，提升以商贸业为核心的自我发展能力，并适度推进产业多元化发展。

二、稀有金属小镇——可可托海镇（资源禀赋型）

阿勒泰地区富蕴县可可托海镇是住房和城乡建设部公布的第一批特色小镇，位于富蕴县城东北48千米的阿尔泰山间，额尔齐斯河流经镇内，冬寒夏凉，素有“中国寒极”之称。2018年末，该镇行政区域面积1710公顷，居民委员会（社区）3个，村民委员会1个，户籍人口4870人，营业面积50平方米以上的综合商店或超市5个，工业企业4个。

（一）建设规划

可可托海镇拥有优质自然景观资源，在观光旅游发展中独辟蹊径。凭借工矿区数量多、分布广的旅游资源，贯彻“阿勒泰千里旅游画廊”整体开发思路，整合周边地区的旅游资源，延伸包括“吃住行游娱购”在内的旅游价值链，构筑“一核三片，带轴联动”的总体空间格局，打造特色鲜明的旅游名镇。可可托海镇的未来发展仍应以发展旅游业为重点，鼓励城乡居民参与旅游产业发展，走共同富裕之路。

（二）产业布局

可可托海镇有十分丰富的矿产资源。该镇内的“三号”矿坑有稀有金属“天然陈列馆”之称，拥有钽、铌、铍等多种稀有矿产品，黑色金属位居全国第二，为中国有色工业的发展做出了巨大贡献。

可可托海镇不仅有十分丰富的矿产资源，还有秀色可餐的景色，有三神泉、桦林公园、野鸭湖、季兰德温泉和“三号”矿坑等众多自然景观，具有发展旅游业得天独厚的优势。为响应阿勒泰“高品质千里画卷”的发展目标，带动经济的发展，可可托海镇大力发展以自然观光游为主，以地质奇观、功勋历史为特点的红色文化游。

可可托海镇还有丰富的宝石等非金属资源和动植物资源，其盛产海蓝、碧玺、石榴石、芙蓉石等多种宝玉石，白云母等非金属更是富集于此。该镇东部、西部、北部有大量的原始森林，中草药和野生动物种类繁多。不仅有冬虫夏草、雪莲、党参等药用植物，还有雪貂、雪鸡、野猪等野生动物和北极鲑鱼、哲罗鲑鱼等国家重点保护动物。

（三）金融资源配置

可可托海镇被列为国家独立工矿区一期5个改造试点之一，国家、新疆维吾尔自治区、阿勒泰地区、富蕴县均给予了支持，尤其是富蕴县人民政府每年财政支持不少于2000万元，用于基础设施建设及产业引导。另外，通过推进项目建设，加大招商引资力度，促进经济平稳发展，逐步提高城镇化水平，实现可持续发展。狠抓旅游产业培育，拓宽居民增收渠道，保障改善民生。

（四）基础设施建设

可可托海镇的水、电、暖供应系统完备，镇内有客运站一座，镇内公路为沥青路面。商店、银行、医院等基础服务设施分布在镇区主干道两侧。镇区还有旅游服务中心、容量700床位数的10多家宾馆酒店、30多家小饭店等旅游服务设施。镇区中央有电视转播与电视卫星地面接收站。镇内额尔齐斯河的河南、河北各有大型俱乐部一处，还有溜冰场等体育设施。

（五）经济发展

可可托海小镇依靠独特的自然资源禀赋和独具匠心的建设，吸引了众多资本进入旅游产业，增加当地居民就业机会，带动区域经济增长。2018年末，可可托海镇所在的富蕴县生产总值为52.10亿元，较2013年的48.37亿元增长了

7.70%；人均生产总值5.27万元，较2013年的5.23万元增长了0.69%；居民储蓄存款余额23.83亿元，较2013年的16.16亿元增长了47.50%；金融机构各项贷款余额38.66亿元，较2013年的18.80亿元增长了105.62%；公共财政收入8.82亿元，较2013年的11.13亿元减少了20.77%；公共财政支出为27.13亿元，较2013年的24.44亿元增长了10.99%。

（六）切实存在的问题及对策建议

可可托海镇不仅拥有丰富的稀有金属，还拥有优质的自然景观，但其旅游基础设施较为薄弱，镇内景区知名度还有待进一步提高，农牧民参与旅游产业的积极性不高，阻碍了观光旅游业的发展和特色旅游名镇的打造。该镇的财力有限，资金筹措困难，城镇化建设离预期还有一定差距，经济发展环境还有待优化。

可可托海镇可依托自然风光发展特种旅游、依托矿山特色发展体验旅游、依托历史文化资源发展红色旅游等方式在观光旅游发展中另辟蹊径。在创新旅游产品、提高旅游吸引力的同时，延伸包括“吃住行游娱购”在内的旅游价值链，积极鼓励城乡居民参与旅游产业发展，实现共同富裕。

三、果蔬小镇——乌兰乌苏镇（生态旅游型）

2016年，沙湾县乌兰乌苏镇是住房和城乡建设部公布的第一批特色小镇，位于石河子市向西5千米、143团花园镇北部、沙湾县城向东19千米处，国道、省道、铁路、高速公路及亚欧大路横贯辖区，交通十分便利。2018年末，该镇行政区域面积10067公顷，村民委员会22个，户籍人口19229人，营业面积50平方米以上的综合商店或超市15个。

（一）建设规划

乌兰乌苏镇的建设规划是以农业为基础，从实际出发，创新空间组织模式，不断提高宜居、宜业、宜游水平。深化农村综合改革，推进农业现代化，推动旅游业大发展，将乌兰乌苏镇建设成集工、商、贸于一体的综合型乡镇。未来，乌兰乌苏镇要坚持立足于农业优势，抓住区域交通条件进一步改善的契机，继续扩大农产业优势，提升规模效应和创立品牌；同时进一步发展观光农业、农副产品加工业，提高农产品附加值，实现“六次产业”的发展壮大，进一步提高全镇居民的收入。

（二）产业布局

乌兰乌苏镇现有绿色蔬菜、畜牧养殖、酱用番茄、优质林果四大优势产业，其在发展过程中始终坚持现代农业发展理念，不断培育蔬菜产业，积极创建绿色无公害品牌，努力扩大蔬菜复播面积，并为其主栽品种——红薯注册了商标。该镇还大力发展家禽养殖业，通过推进肉牛、肉羊、肉驴、鸡养殖基地建设和畜产品的销售加快现代畜牧业发展。打造早期番茄基地大力发展番茄产业，充分发挥番茄早熟优势，提早上市以争取价格优势。通过推进千亩优质林果种植基地发展以葡萄、蟠桃为主的林果种植，利用科学技术实现林果的保鲜增值。小镇还充分发挥自身资源优势，通过合作化经营模式充分发掘自身优势资源，带动镇域多元化的发展。

乌兰乌苏镇进行农副产品加工、矿产、电石加工等，并依托石河子机场发展物流服务业。有机结合现代农业与旅游业，建立了养老产业园和富硒农业片区，以采摘农业、休闲农业和农家乐为重点发展体验式休闲农业及乡村旅游业，创新了沙湾县休闲旅游农业发展新模式。

（三）金融资源配置

乌兰乌苏镇建设的资金主要来自县级财政对特色小镇项目的配套资金承诺，并且成立小城镇建设专职领导小组，定期制订工作计划、方案，积极推进项目落实；找准定位，扎实推进招商引资，争取公共服务设施建设走 PPP 项目。

（四）基础设施建设

乌兰乌苏镇把招商引资工作同产业结构调整、支柱产业规模扩张、技术创新、特色资源开发有机结合起来。充分发挥资源优势、提供“保姆式服务”作为招商引资的“筹码”，引进大项目，实现产业招商和招商促产业的良性互动。

（五）经济发展

乌兰乌苏镇的文化、教育、医疗、卫生、有线电视等配套设施基本齐全，已呈现一派现代化小城镇的繁荣景象。2018 年末，乌兰乌苏镇所在的沙湾县生产总值为 191.85 亿元，较 2013 年的 155.35 亿元增长了 23.50%；人均生产总值 5.27 万元，较 2013 年的 3.97 万元增长了 32.75%；居民储蓄存款余额 80.50 亿元，较 2013 年的 57.75 亿元增长了 39.39%；金融机构各项贷款余额 79.40 亿元，较 2013 年的 55.74 亿元增长了 42.45%；公共财政收入 8.14 亿元，较 2013 年的 6.12 亿元增加了 33.10%；公共财政支出为 22.80 亿元，较 2013 年的 17.39 亿元增长了 31.08%。

（六）切实存在的问题及对策建议

乌兰乌苏镇的基础设施建设不够完善，建设资金严重不足，制约了小城镇建设的步伐。专业技术人才配备不足、缺乏完善的管理机制及配套功能、环境保护设施有待提高等原因也阻碍了乌兰乌苏镇用科技创造生产竞争优势的步伐。

乌兰乌苏镇未来要坚持立足并继续扩大农业优势，加强人才培训和技术引进，将先进技术应用于农业发展，积极推进农业现代化，提升规模效应和品牌效应。同时进一步发展观光农业、农副产品加工业，提高农产品附加值。针对以农业为基础的产业特征，从实际出发进行小镇规划建设，创新空间组织模式，不断提高宜居、宜业、宜游水平。

四、军垦小镇——新疆北泉镇（高端制造型）

石河子总厂北泉镇是住房和城乡建设部公布的第一批特色小镇，位于军垦新城石河子市北郊、“天山北坡经济带”和“金三角”中心区域，区位优势显著。2018 年末，该镇行政区域面积 47500 公顷，居民委员会（社区）11 个，村民委员会 23 个，户籍人口 53194 人，营业面积 50 平方米以上的综合商店或超市 8 个，工业企业 110 个，规模以上工业企业 22 个。

（一）建设规划

依托北泉镇，按照“以二产促三产，以三产促经济”的思路，加快培育壮大服务业。围绕服务工业发展，优先发展生产性服务业；围绕服务城镇发展，加快发展民生性服务业；围绕提升城镇品质，大力发展文化服务产业。推进场镇合一、团镇合一，逐步实现领导体制一致、管理权限一致、行政职能一致和管辖范围一致，使场镇城镇统一规划建设、统一资源配置、统一发展环境。

（二）产业布局

北泉镇坚持“优棉、稳粮、强牧、增果”，农业综合实力和农业结构调整迈上新台阶。2018 年，该镇的耕地、园地、林地面积分别为 19800 公顷、1283.60 公顷、993.12 公顷，种植类设施农用地 147.5 公顷。第一产业增加值 12.78 亿元，较 2017 年增长 23.60%。农业内部种植业、畜牧业、果蔬园艺的结构调整到 32∶38∶30，在全兵团率先形成了农业内部三足鼎立的格局。农业产业化水平不断提高，农产品加工产值与农业总产值之比由 2010 年的 0.6∶10 提高到 2015 年的 1.1∶10。

依托“一镇三园”，打造工业新引擎。北泉镇作为石河子总场发展的载体，引进了上亿元的投资建设资金，先后完善了各个园区的交通、水电、网络等基础设施建设，促进了工业企业的发展。相继引进了神农机装备、隆平高科红安种业及三永建材等上百家企业落户，带动了近万人就业。

三产服务业快速发展。北泉镇具有独特的城郊区位优势，服务业的培育和壮大使该优势得到了充分发挥，在“以二产促三产，以三产促经济”的导向下，北泉镇积极引进了华泰商贸城、中影文化影视广场、北湖湾休闲旅游等一批商业综合性项目，提升了城镇形象、活跃了商贸流通，也提高了第三产业发展水平；通过商贸、科技和文化产业的重点发展，拓宽了发展空间，形成了具有特色的发展格局；大力支持和鼓励知名商业集团参与社区商业建设，完善了社区医疗卫生、社区服务、文化休闲等服务功能，提高了城镇居民的生活质量；有效开展了双创工作，以兵团科创大厦为创业中心，2018 年已建成 1 个国家级科技企业孵化器，5 个创客空间，1 个北斗导航精准农业产业园，并与高校、科研院合作建立产学研的实验基地，为企业、外来人员、在校大学生等提供创业创新平台，吸引了上百家企业入驻。

（三）金融资源配置

北泉镇通过政府贴息、相关优惠政策与补贴等吸引社会资金投入，运用特色小镇专项建设基金推动小镇建设，积极搭建融资服务平台，多次组织召开“银企对接座谈会”，扎实推进招商引资。

（四）基础设施建设

在公共服务方面，场镇先后投入建设了北泉文化广场、社区综合文化中心及幼儿园，功能齐全的广播站、基层文化活动室、健身广场和农家书屋等文化活动场所，为群众文化活动的开展搭建了平台。

依据石河子市北进南扩的城市框架，北泉镇形成了行政、商业、文化、教育、居住 5 个中心和高档住宅、度假旅游休闲、农业科技园等 6 个功能区。实现了城镇与农业、工业、生态、旅游的有机衔接融合。

（五）经济发展

2018 年末，北泉镇所在的直辖县级市——石河子市的生产总值为 359.61 亿元，较 2013 年的 255.33 亿元增长了 40.84%；人均生产总值 8.37 万元，较 2013 年的 7.37 万元增长了 13.51%；居民储蓄存款余额 299.56 亿元，较 2013 年的 197.83 亿元增长了 51.42%；金融机构各项贷款余额 282.63 亿元，较 2013 年的 191.01 亿元增长了 47.97%；公共财政收入 44.86 亿元，较 2013 年的 28.31 亿元增长了 58.45%；公共财政支出为 54.74 亿元，较 2013 年的 33.18 亿元增长了

64.98%。北泉镇2018年的财政收入3.42亿元，工业总产值达24.22亿元，小镇视野广，镇小能量大，小空间承载大战略，成为当地经济发展的新引擎。

（六）切实存在的问题及对策建议

由于早期支边青年老去以及石河子市区对人口的拉力，北泉镇面临着城镇发展与人口外流的矛盾。城镇建设资金严重匮乏，无法满足城镇发展的需要。此外，北泉镇还存在严重的生态环境问题。

北泉镇应通过大力招商引资、鼓励自主创业、完善就业保障体系等方式大力引进人才。通过加强污染企业的监管力度、对重污染企业治理、加强环保宣传等方式加强环境治理。扩大小镇建设投资融资范围，利用自身优势吸引资金，创新筹资模式，减轻财政负担。

第二节　特色小镇建设的居民感知基础

特色小镇是城镇化建设的新载体，在城镇化建设中，存在着地方政府与企业的协调博弈（曾小春和李娟，2013；钟诚等，2019）；存在着中央政府、地方政府、企业和农民关于环境污染的博弈（刘传江和赵晓梦，2014）；存在着用地单位与失地农民关于征地议价的博弈（赵清源等，2015）；也存在着政府与农民关于公共福利均衡配置的博弈（薛曜祖，2016；佟光霁和关国才，2016）。特色小镇和城镇化建设均关系到多方利益，构建博弈模型对小镇建设中开发企业、金融机构、特色小镇居民等各参与主体追求自身利益最大化的行为进行分析，找到对各参与主体来说最公平且合理的利益分配策略，有效化解利益冲突，更好地推进特色小镇建设。鉴于此，本节以新疆地区特色小镇建设为研究对象，从参与小镇建设各主体的非合作博弈和合作博弈两方面探讨特色小镇建设的居民感知情况。

一、特色小镇建设中各参与主体的非合作博弈及其均衡分析

（一）特色小镇建设中各参与主体的行为表现

利益博弈普遍存在于各个地区，博弈者通过不断调整策略以追求其自身利益最大化。特色小镇建设主要是通过开发特色产业带动小镇经济积极长足的发展，

其博弈主要由地方政府、银行类金融机构、开发企业和特色小镇居民围绕开发收益的分配展开。地方政府不仅要保证地区社会稳定，还要统筹地区的全局利益，推动地区经济发展，换取群众的支持。对特色小镇的特色产业进行恰当的开发可以充分发挥小镇的资源优势，带动小镇的产业发展，推动小镇的经济建设，因此地方政府支持开发企业对特色小镇进行开发。政府虽支持开展小镇建设开发活动，但在开发活动中持公正立场，政府关注的是地区发展的全局利益。开发企业以社会价值最大化为目标进行开发时与政府的目标一致，政府会大力支持开发活动的展开。出于响应国家政策号召和统筹全局利益，地方政府在特色小镇建设中并无营利目的，且对以社会价值最大化为目标的特色产业开发持支持鼓励态度。

银行类金融机构作为金融资源的拥有者，其最根本的目标是实现利润最大化。银行类金融机构以信贷业务作为主营业务，倾向于为发展成熟的大企业放贷，而自身发展具有较大不确定性的开发企业并不在银行类金融机构的“优质客户”之列，为鼓励银行类金融机构向以社会价值最大化为目标进行开发的开发企业放贷，政府会给予参与小镇建设的银行类金融机构一定的补贴以减少开发企业的融资成本，银行类金融机构通过权衡开发企业的风险和政府的支持力度决定是否参与特色小镇的建设活动。

开发企业作为资本要素的持有者，其最根本的目标在于资本收益最大化。但当开发企业以追求资本收益最大化为目标进行小镇建设开发活动时，与地方政府的以社会价值最大化的目标不一致甚至相悖，此种情况下，政府对开发活动持“观望”态度；只有当开发企业以社会价值最大化为目标进行小镇建设开发活动时会得到政府的政策扶持。开发企业通过权衡有无政策扶持下的开发收益决定以何种目标进行小镇建设。

特色小镇居民作为开发要素所有者，想以合理的收益转让开发权并参与小镇建设。特色小镇居民和政府一样，追求地区的长足发展，而非以破坏环境为代价的短期高额开发收益。特色小镇居民会有选择性地参与小镇建设的开发活动，其参与小镇建设的前提是不破坏居住地区环境。

在特色小镇建设中，由于银行类金融机构、开发企业、特色小镇居民均拥有各自的资源且目标收益要求不同，因而构成了一个三方博弈。三者通过讨价还价并不断调整策略以追求小镇建设利益的均衡分配及自身利益最大化，由于信息不对称和实际博弈中各博弈者行动的先后顺序不对称，因此银行类金融机构、开发企业、特色小镇居民三者间的博弈关系属于不完全信息下的非合作博弈。下面首先对“银—企—民”三者非合作博弈所能达到的均衡进行分析。

（二）特色小镇建设博弈分析基础

假定开发企业开展特色小镇建设的开发活动时有追求企业价值最大化和追求社会价值最大化两种选择，且其选择追求企业价值最大化的概率为 x（$0\leqslant x\leqslant 1$），选择追求社会价值最大化的概率则为 1-x。金融机构有选择参与小镇建设和不参与小镇建设两种选择，且其选择参与小镇建设的概率为 y（$0\leqslant y\leqslant 1$），选择不参与小镇建设的概率则为 1-y。同样地，特色小镇居民也有参与小镇建设和不参与小镇建设两种选择，且其选择参与小镇建设的概率为 z（$0\leqslant z\leqslant 1$），选择不参与小镇建设的概率则为 1-z。

假定开发企业选择追求企业价值最大化和社会价值最大化时金融机构的收益分别为 A_1 和 A_2，A_1、A_2 均大于或等于 0。

假定开发企业选择追求企业价值最大化和社会价值最大化时其自身收益分别为 B_1 和 B_2，B_1、B_2 均大于或等于 0。

假定开发企业选择追求企业价值最大化和社会价值最大化时特色小镇居民的收益分别为 C_1 和 C_2，C_1、C_2 均大于或等于 0。

开发企业以社会价值最大化为目标进行小镇建设时与政府的目标一致，政府会大力支持小镇建设项目的开展。假定开发企业以社会价值最大化为目标进行开发时，政府会给予参与小镇建设的银行类金融机构一定的补贴以减少开发企业的融资成本，进而促进小镇建设项目的顺利进行。假定 L（$L\geqslant 0$）为开发企业以社会价值最大化为目标对特色小镇进行开发，银行类金融机构参与小镇建设时政府给予的补贴。假定 M（$M\geqslant 0$）为政府鼓励下开发企业融资成本的减少，即开发企业的额外收益，也相当于银行类金融机构对开发企业的让利。

假定特色小镇居民不参与小镇建设带来的损失为 R（$R\geqslant 0$），当银行类金融机构参与小镇建设时，该损失 R 由银行类金融机构和开发企业共同承担，此时银行类金融机构承担的损失为 R_1（$R_1\geqslant 0$），开发企业的损失为 R_2（$R_2\geqslant 0$），且 $R_1+R_2=R$。当银行类金融机构未参与小镇建设时，特色小镇居民不参与小镇建设带来的损失 R 全部由开发企业承担。

有关银行类金融机构、开发企业和特色小镇居民三方博弈的支付矩阵如表 4-1 所示。

表 4-1　参与小镇建设各主体的非合作混合策略博弈

	金融机构参与（y）		金融机构不参与（1-y）	
	特色小镇居民参与（z）	特色小镇居民不参与（1-z）	特色小镇居民参与（z）	特色小镇居民不参与（1-z）
开发企业追求企业价值最大化（x）	A_1	A_1-R_1	A_1	A_1
	B_1	B_1-R_2	B_1	B_1-R
	C_1	C_1-R	C_1	C_1-R
开发企业追求社会价值最大化（1-x）	A_2+L	A_2+L-R_1	A_2	A_2
	B_2+M	B_2+M-R_2	B_2	B_2-R
	C_2	C_2-R	C_2	C_2-R

当开发企业、金融机构、特色小镇居民选择参与小镇建设或不参与小镇建设的期望收益相等时，开发企业、金融机构、特色小镇居民的利益分配策略是公平且合理的，非合作博弈达到均衡。开发企业以追求企业价值最大化进行开发的概率为 x，金融机构选择参与和不参与特色小镇建设的预期收入分别为：

$$\begin{cases}\pi_1=xzA_1+x(1-z)(A_1-R_1)+(1-x)z(A_2+L)+\\ \quad (1-x)(1-z)(A_2+L-R_1)\\ \pi_2=xzA_1+x(1-z)A_1+(1-x)zA_2+(1-x)(1-z)A_2\end{cases} \tag{4-1}$$

当银行类金融机构参与特色小镇建设和不参与特色小镇建设的预期收益相等时，可以得到金融机构在博弈均衡状态下开发企业所持立场的最优概率。当$\pi_1=\pi_2$时，可以得到：

$$x=1-\frac{1-z}{L}R_1 \tag{4-2}$$

由式（4-2）可知，在政府给予金融机构的补贴 L 和银行类金融机构参与特色小镇建设而特色小镇居民不参与时金融机构承担的损失 R_1 不变的情况下，居民参与特色小镇建设的概率 z 越大，1-z 越小，x 越大。即特色小镇居民参与特色小镇建设的可能性越大，企业预期开展开发过程的阻碍越小，开发企业越倾向于追求企业价值最大化。同理，在居民参与特色小镇建设的概率和银行类金融机构的潜在损失既定的情况下，银行类金融机构得到的政府补贴越多，开发企业越容易得到银行类金融机构的资金支持，此时开发企业也倾向于追求企业价值最大化。而在政府给予银行类金融机构的补贴和居民参与特色小镇建设的概率一定的情况下，银行类金融机构参与特色小镇建设可能承担的损失越大，银行类金融机构越不愿意为开发企业提供贷款，此时企业会倾向于向当地政府的立场看齐，以社会价值最大化为目标进行小镇建设。

银行类金融机构参与特色小镇建设的概率为 y，企业以企业价值最大化和社会价值最大化为目标的预期收入分别为：

$$\begin{cases}\pi_3 = yzB_1 + y(1-z)(B_1-R_2) + (1-y)zB_1 + (1-y)(1-z)(B_1-R) \\ \pi_4 = yz(B_2+M) + y(1-z)(B_2+M-R_2) + (1-y)zB_2 + (1-y) \\ \quad (1-z)(B_2-R)\end{cases} \tag{4-3}$$

当企业追求企业价值最大化和社会价值最大化的预期收益相等时，可以得到企业在博弈均衡状态下金融机构所持立场的最优概率。当$\pi_3=\pi_4$时，可以得到：

$$y=\frac{B_1-B_2}{M} \tag{4-4}$$

由式（4-4）可知，当开发企业选择追求企业价值最大化和社会价值最大化时其自身收益的差值（B_1-B_2）一定时，企业减少的融资成本 M 越大，银行类金融机构参与特色小镇建设的意愿 y 越低。为鼓励开发企业以社会价值最大化为目标进行特色小镇建设，政府会给予银行类金融机构一定的补贴或者出台一系列政策，促进银行类金融机构为开发企业提供资金支持，此时开发企业减少的融资成本相当于银行类金融机构对开发企业的让利，需要牺牲的让利越大，银行类金融机构越不愿参与特色小镇建设。当企业可能减少的融资成本 M 一定的情况下，企业选择追求企业价值最大化和社会价值最大化时获得收益的差值越大，银行类金融机构参与特色小镇建设的意愿越强烈。当开发企业以追求企业价值最大化进行特色小镇建设的收益大于以社会价值最大化为目标进行开发时，尤其是两者差值较大时，企业不惜以更高的融资成本进行以企业价值最大化为目标的特色小镇建设，此时银行类金融机构能得到更多的盈利，参与特色小镇建设的可能性也更大。

上述分析表明，不完全信息下的非合作博弈中，开发企业选择追求企业价值最大化还是社会价值最大化与居民参与特色小镇建设的意愿、政府为鼓励银行类金融机构提供资金支持给予的补贴以及银行类金融机构参与特色小镇建设可能承担的损失有关；当银行类金融机构参与特色小镇建设和不参与特色小镇建设的预期收益相等时，开发企业的开发成本越小，开发企业越倾向于追求企业价值最大化；当企业追求企业价值最大化和社会价值最大化的预期收益相等而原始收益差值较大时，企业为避免承担较高的机会成本也倾向于以企业价值最大化为目标进行特色小镇建设；银行类金融机构选择是否参与特色小镇建设主要和开发企业以不同目标进行特色小镇建设盈利的差值以及银行类金融机构为开发企业牺牲的让利有关；只有各利益相关者均参与特色小镇建设才能达到总体利益的最大化。

二、特色小镇建设中各参与主体的合作博弈及其均衡分析

上述分析仅展示了个体利益和社会福利最大化原则下开发企业、银行类金融机构、特色小镇居民博弈中的均衡策略，并未涉及具体的开发收益分配。此部分将探讨具体的开发收益分配问题。各个主体的相互合作是一个地区乃至国家长远发展的基础，由前文不合作博弈的分析结果——只有各利益相关者均参与特色小镇建设才能达到总体利益的最大化可知：各利益相关者不断博弈的结果是走向合作，合作博弈是各利益相关方实现共赢的过程。下面通过模型对开发企业、银行类金融机构、特色小镇居民三方的合作博弈进行探讨。

假定三方合作参与特色小镇建设得到的开发收益为 U，此合作开发收益是指高于非合作时的额外收益。假定三方经谈判约定，该开发收益中开发企业、银行类金融机构、特色小镇居民占有的收益份额分别为 α、β、γ，且 $\alpha+\beta+\gamma=1$。此时开发企业、银行类金融机构、特色小镇居民在合作博弈中得到的收益上限 U_i、U_f、U_c 分别为：

$$\begin{cases} U_i=\alpha U \\ U_f=\beta U \\ U_c=\gamma U \end{cases} \tag{4-5}$$

银行类金融机构和特色小镇居民之间的相互影响较少，两者中任何一方不参与特色小镇建设时，对另外一方的影响较小可忽略，主要对开发企业有一定的影响。对于金融机构，如果开发地银行类金融机构不参与特色小镇建设，在市场上寻找其他资金需求者并提供资金支持的成本为 $\lambda_f r_i$，此时开发企业只能向其他地区的银行类金融机构寻求资金支持，开发企业的融资成本为 $\lambda_i r_f$。开发企业和特色小镇居民参与合作而银行类金融机构不参与合作情况下各方的收益下限为：

$$\begin{cases} U_{i1}=U-\lambda_i r_f \\ U_{f1}=U-\lambda_f r_i \\ U_{c1}=U_c \end{cases} \tag{4-6}$$

只有当 $U_i \geqslant U_{i1}$ 时，开发企业才会选择与银行类金融机构合作，此时开发企业在三方合作的情况下得到的收益份额的下限为：$\alpha \geqslant 1-\frac{\lambda_i r_f}{U}$。同理，只有当

$U_f \geq U_{f1}$ 时，银行类金融机构才会参与小镇建设，此时银行类金融机构在三方合作的情况下得到的收益份额的下限为：$\beta \geq 1-\frac{\lambda_f r_i}{U}$。由于 $\alpha+\beta \leq 1$，因此 $U \leq \lambda_i r_f + \lambda_f r_i$。即开发企业和银行类金融机构不合作的情况下，双方为开展经济活动需要的成本大于三方合作时得到的总开发收益，因此，理性的开发企业和金融机构为寻求成本最小化都将选择合作。

对于特色小镇居民，如果特色小镇居民不参与特色小镇建设，在市场中进行自主经营所需要的成本为 $\omega_c r_i$，此时开发企业只能在市场中购买具有相同作用的其他要素，要素成本为 $\omega_i r_c$。开发企业和银行类金融机构参与合作而特色小镇居民不参与合作情况下各方的收益下限为：

$$\begin{cases} U_{i2} = U - \omega_i r_c \\ U_{f2} = U_f \\ U_{c2} = U - \omega_c r_i \end{cases} \tag{4-7}$$

只有当 $U_i \geq U_{i2}$ 时，开发企业才会选择与特色小镇居民合作，此时开发企业在三方合作的情况下得到的收益份额的下限为：$\alpha \geq 1-\frac{\omega_i r_c}{U}$。同理，只有当 $U_c \geq U_{c2}$ 时，特色小镇居民才会参与小镇建设，此时特色小镇居民在三方合作的情况下得到的收益份额的下限为：$\gamma \geq 1-\frac{\omega_c r_i}{U}$。由于 $\alpha+\gamma \leq 1$，因此 $U \leq \omega_i r_c + \omega_c r_i$。即开发企业和特色小镇居民不合作的情况下，双方为开展经济活动需要的成本大于三方合作时得到的总开发收益，因此，理性的开发企业和特色小镇居民为寻求成本最小化都将选择合作。

对于开发企业，如果银行类金融机构和特色小镇居民均不参与合作，开发企业只能向其他地区的银行类金融机构寻求资金支持和相应的生产要素，此时开发企业的融资成本为 $\rho_i r_f$，要素成本为 $\rho_i r_c$。开发企业、银行类金融机构、特色小镇居民三方均不参与合作情况下各方的收益下限为：

$$\begin{cases} U_{i3} = U - \rho_i r_f - \rho_i r_c \\ U_{f3} = U_{f1} \\ U_{c3} = U_{c2} \end{cases} \tag{4-8}$$

只有当 $U_i \geq U_{i3}$、$U_f \geq U_{f3}$、$U_c \geq U_{c3}$ 时，开发企业、银行类金融机构和特色小镇居民才会选择相互合作，此时，开发企业、银行类金融机构、特色小镇居民在三方合作的情况下得到的收益份额的下限分别为 $\alpha \geqslant 1-\frac{\rho_i r_f+\rho_i r_c}{U}$、$\beta \geqslant 1-\frac{\lambda_f r_i}{U}$、$\gamma \geqslant 1-\frac{\omega_c r_i}{U}$。三方合作的合作域为：$2-\frac{\rho_i r_f+\rho_i r_c+\lambda_f r_i}{U} \leqslant \alpha+\beta \leqslant \frac{\omega_c r_i}{U}$，由于 $\alpha+\beta \leqslant 1$，因此 $U \leqslant \rho_i r_f+\rho_i r_c+\lambda_f r_i$，即当三方互相不合作时，尚未考虑特色小镇居民进行经济活动的成本，仅开发企业和银行类金融机构进行经济活动的成本已大于三方合作时的总开发收益，因此，理性的开发企业、银行类金融机构和特色小镇居民为寻求经济活动的成本最小化都将选择互相合作。

开发企业、银行类金融机构、特色小镇居民相互合作时的利益分配是通过不断的协商博弈确定的，协商能力即讨价还价能力反映了博弈各方的权利大小。假设 θ、δ、η 分别为开发企业、银行类金融机构、特色小镇居民在合作博弈中讨价还价的能力（$\theta \geqslant 0$，$\delta \geqslant 0$，$\eta \geqslant 0$）。开发企业、银行类金融机构和特色小镇居民的合作收益分配满足以下条件：

$$\begin{cases}\alpha=\operatorname{argmax}\left[(U_i-U_{i3})^{\theta}(U_f-U_{f3})^{\delta}(U_c-U_{c3})^{\eta}\right] \\ \theta+\delta+\eta=1\end{cases} \tag{4-9}$$

其中，$(U_i-U_{i3})^{\theta}(U_f-U_{f3})^{\delta}(U_c-U_{c3})^{\eta}$ 是纳什乘积，使纳什乘积最大的 α 值即是三方合作博弈的均衡解。令 $Y=(U_i-U_{i3})^{\theta}(U_f-U_{f3})^{\delta}(U_c-U_{c3})^{\eta}$，将式（4-5）和式（4-8）代入，两边同时取对数得：

$$\ln Y=\theta\ln[(\alpha-1)U+\rho_i r_f+\rho_i r_c]+\delta\ln[(-\alpha-\gamma)U+\lambda_f r_i]+\eta\ln[(-\alpha-\beta)U+\omega_c r_i] \tag{4-10}$$

两边同时对 α 求导得：

$$\frac{\partial Y}{\partial \alpha}=\frac{\theta U}{(\alpha-1)\ U+\rho_i r_f+\rho_i r_c}+\frac{\delta U}{(\alpha+\gamma)\ U-\lambda_f r_i}+\frac{\eta U}{(\alpha+\beta)\ U-\omega_c r_i} \tag{4-11}$$

当 $\partial Y/\partial \alpha=0$ 时，可以求出开发企业、银行类金融机构和特色小镇居民合作博弈的纳什均衡解：

$$\alpha=\frac{\theta}{U}\left[\frac{\delta}{\lambda_f r_i+(\beta-1)\ U}+\frac{\eta}{\omega_c r_i+(\gamma-1)\ U}\right]-\frac{\rho_i r_f+\rho_i r_c}{U}+1 \tag{4-12}$$

由式（4-12）可知，开发企业在三方合作博弈中的收益不仅和各方讨价还价的能力有关，也和不完全合作时各方进行经济活动的成本大小有关。假设银行类金融机构不参与合作时，开发企业从其他地区寻求资金支持的融资成本、当地银行类金融机构寻求其他资金需求者并提供资金支持的成本和三方均不参与合作时开发企业的融资成本相等，即：$\lambda_i r_f = \lambda_f r_i = \rho_i r_f = M$。假设特色小镇居民不参与合作时，开发企业寻求其他生产要素的成本、特色小镇居民自主经营所需要的成本和三方均不参与合作时开发企业的要素成本相等，即：$\omega_i r_c = \omega_c r_i = \rho_i r_c = N$。三方合作博弈的纳什均衡解为：

$$\alpha = \frac{\theta}{U}\left[\frac{\delta}{M+(\beta-1)U}+\frac{\eta}{N+(\gamma-1)U}\right]-\frac{M+N}{U}+1 \tag{4-13}$$

（1）$\theta=0$，$\delta=\eta=\frac{1}{2}$。即开发企业在合作过程中的话语权为 0，银行类金融机构和特色小镇居民的话语权相等。此时：$\alpha=1-\frac{M+N}{U}$，此时银行类金融机构和特色小镇居民的合作收益较多，而开发企业的合作收益为三方均不参与合作时的收益下限，将导致开发企业不参与合作。同理，$\delta=0$，$\theta=\eta=\frac{1}{2}$或者 $\eta=0$，$\theta=\delta=\frac{1}{2}$的情况下，均会导致银行类金融机构或者特色小镇居民不愿参与合作。

（2）开发企业在整个开发过程中起主导作用，银行类金融机构和特色小镇居民的参与可以促进小镇建设，假设银行类金融机构和特色小镇居民在合作过程中的话语权相当，即 $\delta=\eta=\frac{1-\theta}{2}$，此时三方合作博弈的纳什均衡解为：

$$\alpha = \frac{\theta-\theta^2}{2U}\left[\frac{1}{M+(\beta-1)U}+\frac{1}{N+(\gamma-1)U}\right]-\frac{M+N}{U}+1 \tag{4-14}$$

1）$M>(1-\beta)U$，$N>(1-\gamma)U$。即开发企业融资和要素的重置成本较大，此时开发企业话语权的合理区间为 $0\leqslant\theta\leqslant\frac{1}{2}$。当 $0\leqslant\theta\leqslant\frac{1}{2}$时，开发企业的合作收益所占份额随着话语权的增大而增大，当话语权 $\theta=\frac{1}{2}$时，开发企业在合作博弈中所得收益达到最大。但开发企业的话语权过大可能会侵占金融机构和特色小镇居民的利益，导致不完全合作或者完全不合作的情况，此时开发企业侵占银行类金融机构和特色小镇居民的收益低于开发企业融资和要素的重置成本，进而使开发企业的总体收益减少。

2）$M<(1-\beta)U$，$N<(1-\gamma)U$。即开发企业的融资成本和要素成本较小，此时开发企业话语权的合理区间为$\frac{1}{2}\leqslant\theta\leqslant1$。开发企业融资和要素的重置成本较

小，银行类金融机构和特色小镇居民不参与合作对开发企业的威胁较小，银行类金融机构和特色小镇居民更能接受开发企业持有较高的话语权。开发企业在小镇建设中起主导带动作用，其话语权越高，越有利于开发工作的开展，也有利于开发企业收益的提高。

上述分析可知，在合作博弈下，开发企业与银行类金融机构或特色小镇居民任意双方不合作的情况下，双方为开展小镇建设需要的成本均大于三方合作时的总开发收益；开发企业与银行类金融机构和特色小镇居民均不合作的情况下，仅开发企业和银行类金融机构单独进行经济活动的成本已大于三方合作时的总开发收益，因此，理性的开发企业、银行类金融机构和特色小镇居民为寻求经济活动的成本最小化都将选择互相合作；开发企业、银行类金融机构、特色小镇居民三方合作的利益分配不仅和各方讨价还价的能力即话语权有关，也和不完全合作时各方进行经济活动的成本大小有关；开发企业或银行类金融机构的话语权为 0 的极端情况下，均会导致三方不合作；开发企业融资和要素的重置成本较大时，开发企业的合作收益所占份额随着话语权的增大而增大；开发企业的融资成本和要素成本较小时，开发企业的话语权提高，开发企业在小镇建设中起主导带动作用，有利于开发企业收益的提高。

第三节　新疆特色小镇建设的居民福祉调研

一、新疆特色小镇建设的调研背景、分析基础与前提条件

（一）特色小镇建设的调研背景

自 2016 年国家提出发展特色小镇以来，以特色产业为依托的特色小镇建设成为推动我国城乡一体化发展、促进增收致富、加快产业转型升级、实现经济稳步增长的重要力量。通过特色小镇建设带动周围村镇基础设施建设和经济发展，为农民提供更多的就业机会，增加农民收入，从而缩小城乡差距，推动城乡一体化发展。根据小镇区位条件、资源优势、民族文化的差异选择不同的主导产业，以政府为主导，激发特色小镇发展活力，实现地区增收致富。特色小镇既可以依靠自身的原始资源挖掘“特色”，成为推动集群产业发展的有效载体，也可以通

过发展新兴产业培育“特色”，打造创新创业生态圈，吸引经济发展所需的人才、技术和资本要素，形成完备的产业链条和配套的基础设施，促进特色小镇产业升级。特色小镇建设以产业为核心，以项目为载体，依托优势资源要素，增强集聚辐射功能，是实现经济高质量发展的新平台。作为产业、人才集聚之地，承担疏散城市功能的特色小镇，秉持“以人为本”的发展理念，最主要是解决“人”的问题，通过优化居住环境、加大基础设施建设力度、配套生活设施等措施提升小镇居民幸福感和满意度，从而解决“吸引人、留住人”的难题。特色小镇的产业发展和基础设施建设需要大量资金投入，对金融服务要求较高，但特色小镇在发展过程中存在资金投入不足、资金利用效率低等问题，金融可得性提升在支持特色小镇建设过程中的作用就彰显出来。金融资源为特色小镇发展注入动力，通过创新特色小镇融资模式、提高金融服务质量，促进资源有效配置，对特色小镇持续健康发展具有重要意义。

特色小镇作为新型城镇化的崭新思路，从推出就备受社会关注，近年来，相关各部门也出台了很多关于特色小镇建设的政策，各省也纷纷响应国家大力支持小镇建设的号召，出台了许多特色小镇培育、项目支持、特色产业发展、金融支持等方面的政策，但是由于对特色小镇的理念理解不充分而出现照搬复制小镇模式、盲目申请、资金不足、忽视人文生态建设等问题，特色小镇居民是否能真正感受到小镇生活的便利性与服务性？是否能便利地获得小镇金融产品和服务？是否能切实地提高居民幸福感？居民幸福感的提高又能否真正意义上促进特色小镇建设？这些都是值得去研讨的问题。

（二）特色小镇建设调研的分析基础

了解金融可得性所关注的问题、金融可得性对居民幸福感和特色小镇建设的影响、金融支持特色小镇建设存在的问题、居民幸福感的影响因素、居民幸福感对特色小镇建设的作用等方面对研究新疆地区特色小镇建设有重要的意义。

金融可得性研究主要关注金融服务覆盖面和效率、金融增收致富、薄弱领域金融可得性等问题。提高各地区尤其是偏远地区的金融覆盖面和服务效率有助于居民更积极参与金融市场进行资产配置（尹志超等，2015）；金融可得性通过满足贫困地区居民对金融产品和服务的需求发挥增收致富、减贫作用（单德朋和王英，2017）；降低弱势群体和薄弱领域获得金融服务的门槛，有利于解决农民和小微企业融资问题（卢亚娟等，2014）。目前关于金融可得性对居民幸福感和特色小镇建设直接影响的研究较少，但是金融可得性可以通过提供就业机会、增加居民收入（肖龙铎和张兵，2017）、提高家庭资产水平（尹志超等，2015）等间接方式提升居民幸福感，通过提供信贷资金支持（罗娟和王露露，2017）、降低资本约束（单德朋和王英，2017）、促进创业（卢亚娟等，2014）等间接方式促进特色小镇建设。但是金融在支持特色小镇发展过程中，存在金融资源区域配置不均衡（王伟和孙芳城，2018）、弱势群体获取金融资源困难（卢亚娟等，2014）、不同性质企业融资成本存在差异（戴治勇和高晋康，2015）等问题。

目前关于居民幸福感对特色小镇建设直接影响的研究较少，但居民幸福感可以通过提高居民就业和创业的积极性（庞洪伟和巩艳红，2017）、提升居民参与特色小镇建设的意愿（孟昭荣和徐淑梅，2016）等间接方式促进特色小镇建设。研究居民幸福感的影响因素对特色小镇建设有重要作用。一些学者认为收入增加会提升居民幸福感（陈振环等，2016；雷卫，2016），且相对收入对居民幸福感的影响更显著（胡晨沛等，2017）。也有学者认为收入对居民幸福感的影响存在"幸福悖论"现象，即由于收入差距存在，收入增加并不会提升居民幸福感（汤凤林和雷鹏飞，2014）。就业状况与居民幸福感的关系是研究重点，居民幸福感通过提高劳动生产率促进居民就业和创业（庞洪伟和巩艳红，2017）。同时，居民就业和创业行为所带来经济收入和社会资本的增加进一步提高了居民工作和生活的幸福感（周烁等，2020）。此外，家庭资产、家庭负债、年龄、受教育水平、婚姻状况等也会影响居民幸福感（汤凤林和甘行琼，2013；胡晨沛等，2017）。

特色小镇的产业布局、发展方式、产业结构调整、产业选择影响因素等会影响特色小镇建设，特色小镇居民幸福感会通过提高居民就业和创业的积极性、提升居民参与特色小镇建设的意愿等间接方式促进特色小镇建设，研究居民幸福感的影响因素对特色小镇建设有重要作用。本部分以新疆 14 个已批准特色小镇的居民作为研究对象，分析特色小镇金融可得性、居民福祉以及特色小镇建设方面的现状，并建立结构方程模型探究这三者之间的内在关系，对理解未来金融支持居民幸福感提升和特色小镇建设具有一定借鉴意义。

（三）特色小镇建设的前提条件

特色小镇自提出以来，我国出台了许多金融支持特色小镇发展的政策，充分发挥金融对一些优势项目、特色产业的支持作用（王佃利和刘洋，2018；余构雄和曾国军，2019），金融可得性提高主要通过提供信贷资金支持、降低资本约束、促进创业等方面助力特色小镇建设。政府出台关于创新特色小镇融资模式的政策，提倡引入社会资金支持小镇建设（熊正贤，2019），金融可得性提高会促使小镇居民和企业得到大量信贷资金（罗娟和王露露，2017），投资小镇的优势产业和项目，从而促进特色小镇更好地发展；金融可得性的提高放松了对资本的约束（单德朋和王英，2017），使特色小镇在建设过程中能得到大量资金支持，从而促进特色小镇建设；居民金融资源可得性和拥有的资产规模是影响居民创业的重要因素，当小镇金融资源可得性提高，居民创业概率也随之提高（卢亚娟等，2014），小镇居民创业带来更多的就业机会，吸引更多的人才，也促进小镇经济发展，助力小镇建设。基于此，本章提出假设 1：

假设 1：金融可得性对特色小镇建设有正向影响关系。

从居民个人角度来说，福祉或幸福是个人决策的最终目标（郝身永，2014），金融可得性会从就业机会、经济收入、家庭资产水平等方面影响居民幸福感。信贷可得性的提高一方面可以缓解小镇企业融资难问题，企业通过扩大投资规模提供更多的就业机会，另一方面会促使更多的人创业，创造新的就业机会（肖龙铎和张兵，2017），而就业机会是影响居民幸福感的因素之一（汤凤林和甘行琼，2013）；金融可得性有助于增加居民收入（肖龙铎和张兵，2017），从幸福经济学的领域探讨，经济收入水平提高会促进居民幸福感增加（卢盛峰和陈思霞，2014）；金融可得性提高意味着居民可以参与更多的金融市场，获得更多的金融产品和服务，提高家庭资产水平，城镇居民资产水平是影响其幸福感的主要因素之一，因此政府要为居民提供更多便利的金融产品和服务来提高居民幸福指数（蒋蔚，2019）。基于此，本章提出假设 2：

假设 2：金融可得性对居民幸福感提升有正向影响关系。

居民对特色小镇的满意度有助于推动小镇高质量发展（王仕忠，2020）。城镇居民幸福感通过提高工作效率和工作意愿、改善社会资本等途径影响居民就业、创业概率，以居民幸福感提升为目标的小镇建设，有利于促进居民就业和创业的积极性（庞洪伟和巩艳红，2017），最终促进小镇建设。小镇居民是小镇真正的主人，同时享受特色小镇发展的成果，小镇居民幸福感的增加会促使其参与到特色小镇的建设中，积极为小镇发展献计献策，助力小镇建设（孟昭荣和徐淑梅，2016）。张晓磊等（2019）指出“人的城镇化”在小镇建设中占据很重要的地位，秉持“以人为本”的小镇建设理念主要从增加居民就业机会、改善居民居住环境、提供社会保障、完善公共设施服务等方面提升居民幸福感水平，最终推动特色小镇建设。基于此，本章提出假设 3：

假设 3：特色小镇居民幸福感对小镇建设有正向影响关系。

根据上述三个假设，构建本章的理论路径（见图 4-1）。

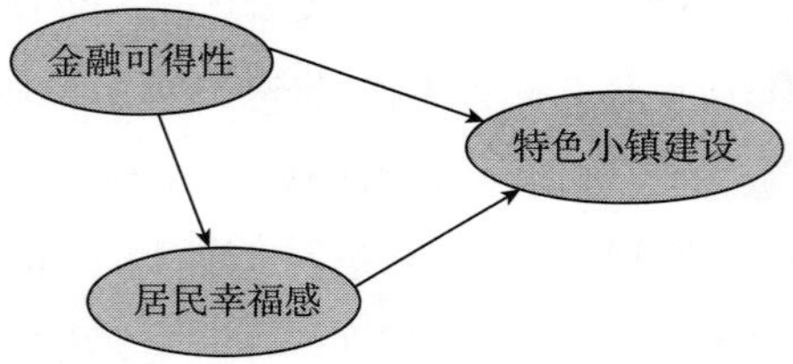

图 4-1 本章的理论路径

二、特色小镇建设的调研设计

（一）调研区域及调查对象界定

为了使样本更具有代表性和随机性，本部分选取新疆 14 个已批准特色小镇作为调查区域，特色小镇居民作为调查对象，按照各小镇所属地区城镇人口比重（见表 4-2），采取分层抽样的调查方法确定各个特色小镇调查问卷数，运用简单随机抽样方式对各小镇居民进行调研。

表 4-2 调查对象及调研问卷情况 单位：万人，%，份

小镇批次	小镇名称	所属地区	2017 年地区人口	地区人口占比	调查问卷数
第一批	色力布亚镇	巴楚县	37.74	11.65	642
	乌兰乌苏镇	沙湾县	20.46	6.32	348
	可可托海镇	富蕴县	9.78	3.02	166
	北泉镇	石河子市	59.25	18.29	1008
第二批	乌尔禾镇	克拉玛依市	30.74	9.49	523
	亚尔镇	吐鲁番市高昌区	29.23	9.02	497
	那拉提镇	新源县	31.95	9.86	544
	托里镇	精河县	14.34	4.43	244
	七个星镇	焉耆县	13.27	4.10	227
	北庭镇	吉木萨尔县	13.89	4.29	236
	古勒巴格镇	沙雅县	26.50	8.18	451
	沙河镇	阿拉尔市	16.88	5.21	287
	草湖镇	图木舒克市	16.11	4.97	274
	博古其镇	铁门关市	3.80	1.17	66

注：此表格是为了确定各特色小镇的调研问卷数，故只能用 2017 年地区人口数。

问卷调查时间范围是 2018 年 8 月至 2019 年 8 月。经汇总统计，最终有效问卷共 5513 份，其中网络问卷回收 1013 份，有效样本 986 份，样本有效率为

97.33%；纸质问卷发放 5628 份，回收 5431 份，有效样本 4527 个，样本有效率为 83.35%。运用 SPSS 19.0 和 STATA 15.0 软件对所有数据进行处理。

（二）问卷设计与抽样设计

通过相关研究，明确了金融可得性、居民幸福感和特色小镇建设 3 个潜变量，并对每个潜变量分别设置 4 个观测变量，并采用李克特 5 级量表的形式设计问卷。同时设计了被调查者的 6 个基本信息观测指标，即性别、年龄、民族、文化水平、职业和月收入水平，具体的潜变量与观测变量对应关系如表 4-3 所示。

表 4-3　潜变量与观测变量对应关系

潜变量	观测变量	符号	设计依据
金融可得性	小镇银行的金融服务越来越完善	a1	（蒋蔚，2019；尹志超和栗媛，2019）
	当缺少资金时，能迅速找到解决办法	a2	
	银行的理财产品越来越灵活	a3	
	在小镇银行办业务（包括使用自助取款机）比原来方便	a4	
居民幸福感	工作越来越稳定	b1	（王思博等，2019；董秦男，2019）
	家庭经济条件变好了	b2	
	生活质量提高了	b3	
	家庭越来越幸福了	b4	
特色小镇建设	近两年小镇的治理越来越有效	c1	从 2018 年中央一号文件中的产业兴旺、生态宜居、治理有效、生活富裕四个角度设计
	近两年小镇产业发展速度明显加快	c2	
	近两年小镇基础环境明显得到改善	c3	
	近两年小镇居民生活越来越富裕	c4	

（三）特色小镇建设的调研分析设计

结构方程模型适合分析各潜变量之间的关系，可同时处理多个因变量，包含两部分内容：第一部分是描述潜变量与观测变量之间的因果关系，称为测量模型；第二部分是描述各潜变量之间的结构关系，称为结构模型。

测量模型：

$$X=\Lambda_x\xi+\delta \tag{4-15}$$

$$Y=\Lambda_y\eta+\varepsilon \tag{4-16}$$

其中，X 表示外生变量，Y 表示内生变量，ξ、η 表示潜变量，Λ_x、Λ_y 表示因子载荷矩阵，δ、ε 表示误差项。

结构模型：

$$\eta = B\eta + \Gamma\xi + \zeta \tag{4-17}$$

其中，B 表示内生潜变量 η 的系数矩阵，Γ 表示外生潜变量 ξ 的系数矩阵，ζ 表示残差项。

三、特色小镇建设的调研现状分析

（一）新疆特色小镇受访居民基本情况

表 4-4 为新疆地区特色小镇受访对象的性别、年龄、职业分布、文化程度和收入水平等基本情况。其中特色小镇受访居民男女比例接近 1∶1，男女比例相对均衡，与实际相符。人口结构兼顾各个年龄段，30 岁及以下人数占比为 19.0%，31~50 岁人口占比为 65.0%，51 岁及以上占比为 16.0%，主要以中年为主，与各地区实际情况相符。特色小镇受访对象中初中学历占比 50.3%，高中学历占比 25.0%。职业分布主要以务农为主，占比达 40.5%，其次是个体和自由职业。受访对象月均收入为 3000 元左右，就收入来看月收入 2001~3000 元的相对较多，整体收入偏低。

表 4-4　特色小镇受访居民的基本情况　　单位：%

变量	定义赋值	样本数	占比	变量	定义赋值	样本数	占比
性别	男	3142	57.0	年龄	30 岁及以下	1048	19.0
	女	2371	43.0		31~40 岁	1874	34.0
职业分布	务农	2232	40.5		41~50 岁	1709	31.0
	自由职业	1008	18.3		51~60 岁	717	13.0
	个体	1052	19.1		61 岁及以上	165	3.0
	公务员	337	6.1	月均收入	2000 元及以下	1232	22.4
	学生	185	3.3		2001~3000 元	1896	34.4
	退休人员	249	4.5		3001~4000 元	1411	25.6
	无工作	120	2.2		4001~5000 元	559	10.1
	其他	330	6.0		5001~6000 元	354	6.4
文化程度	小学及以下	1062	19.3		6001~7000 元	52	0.9
	初中	2774	50.3		7001 元及以上	9	0.2
	高中	1378	25.0				
	专科	251	4.5				
	本科及以上	48	0.9				

（二）新疆特色小镇建设的居民福祉现状

表 4-5 报告了针对特色小镇居民金融可得性、居民幸福感以及特色小镇建设等观测变量的基本统计量。

表 4-5　基本统计量分析

潜变量	观测变量	符号	平均值	标准差
金融可得性	小镇银行的金融服务越来越完善	a1	3.306	1.061
	当缺少资金时，能迅速找到解决办法	a2	3.261	1.097
	银行的理财产品越来越灵活	a3	3.250	1.109
	在小镇银行办业务（包括使用自助取款机）比原来方便	a4	3.204	1.150
居民幸福感	工作越来越稳定	b1	3.266	1.097
	家庭经济条件变好了	b2	3.383	1.080
	生活质量提高了	b3	3.350	1.103
	家庭越来越幸福了	b4	3.185	1.156
特色小镇建设	近两年小镇的治理越来越有效	c1	3.305	1.066
	近两年小镇产业发展速度明显加快	c2	3.235	1.121
	近两年小镇基础环境明显得到改善	c3	3.288	1.065
	近两年小镇居民生活越来越富裕	c4	3.098	1.126

从表 4-5 各个观测变量的均值可以看出，各个观测变量的均值都大于 3，说明小镇居民对于金融可得性、居民幸福感和特色小镇建设的感知处于中等偏上水平；特色小镇建设中的观测变量“近两年小镇居民生活越来越富裕”得分均值最低，此结果可能与特色小镇建设时间较短，许多项目具有滞后性，变化暂不明显，也侧面说明特色小镇建设的步伐需加快。

对比 4 个潜变量的均值发现，小镇居民对自身幸福感感知得分最高，表明特色小镇发展改善了小镇居民生活条件；小镇居民对金融可得性感知的得分较低，说明小镇在金融机构产品、服务和基础设施普及方面还有待提高；居民对特色小镇建设的感知得分最低，表明要加快特色小镇建设的速度，完善基础设施建设，利用特色产业优势，打造特色产业经济带，实现特色小镇持续健康发展。

四、特色小镇建设的调研数据分析

（一）样本信度与效度检验

用 SPSS 19.0 软件对整体数据和 3 个潜变量进行信度检验，结果显示，所有量表的 Cronbach's Alpha 值都大于 0.747，表示数据可靠度较高，量表通过信度检验。在数据效度方面，总体 KMO 值为 0.801，巴特利特球体检验 P 值为 0.000，说明该量表所收集的数据具有较高效度，可做进一步分析。

（二）参数估计与模型修正

根据理论假设构建模型并对其进行模型检验，表 4-6 为模型整体拟合情况，各个指标均达到适配标准。由此可知，结构方程模型的理论路径与获取的数据适配效果好，说明由金融可得性、居民幸福感与特色小镇建设这三者构建的结构方程模型较为理想。

表 4-6 模型整体拟合评价标准及取值

拟合指数	绝对拟合指数	相对拟合指数				简约拟合指数		
	RMSEA	NFI	TLI	CFI	IFI	RFI	PNFI	PCFI
参考标准	<0.06	>0.9	>0.9	>0.9	>0.9	>0.9	>0.5	>0.5
模型	0.052	0.938	0.924	0.942	0.942	0.920	0.725	0.728
适配度评价	理想	理想	理想	理想	理想	理想	理想	理想

注：表格中给出的参考标准是各个拟合指数的最优标准。

表 4-7 为结构方程模型估计结果，各路径系数均在 0.001 水平上显著，表明上述的三个假设均成立。

表 4-7 模型估计结果

路径			Estimate	S. E.	C. R.	P	假设
居民幸福感	<---	金融可得性	0.201	0.018	11.402	***	成立
特色小镇建设	<---	金融可得性	0.457	0.023	19.900	***	成立
特色小镇建设	<---	居民幸福感	0.282	0.027	10.597	***	成立

注：*** 表示在 0.001 水平上显著。

（三）特色小镇建设的调研结果讨论与分析

1. 金融可得性对特色小镇建设影响

金融可得性对特色小镇建设的路径系数为 0.457，CR 值为 19.900，对应的 P 值小于 0.001，通过显著性检验，即金融可得性对特色小镇建设起到正向促进作用，假设1成立。特色小镇发展离不开金融支持，但在小镇实际建设过程中会存在融资渠道不完善、金融资源缺乏等问题，同时特色小镇建设存在“马太效应”，由于区位差异导致东西部地区小镇发展不平衡，特色小镇建设后劲不足，特色小镇金融可得性提高对特色小镇建设有重要作用，金融可得性主要从融资服务、金融资源利用效率、投资储蓄转化率和居民创业等方面发挥对特色小镇建设的促进作用。首先，在融资服务方面，特色小镇发展需要大量资金支持。但由于政府对特色小镇的财政补贴力度有限，特色小镇建设应采取政府和社会共同参与的模式，完善融资服务体系，鼓励社会资本投入，积极争取金融机构支持。而特色小镇金融可得性提高可以拓宽特色小镇融资渠道，帮助其获得更多的资金支持，解决特色小镇资金供需矛盾问题。其次，金融可得性可以提高特色小镇的金融资源利用效率。如果特色小镇能获得充裕的金融支持，企业在项目投资时会降低资金顾虑，采取理性的投资方式，当项目长期收益是正向时，社会资本也会积极参与到项目的投资中，从而使金融资源得到充分配置，提高整个金融体系运转效率。最后，金融可得性可以提高特色小镇的投资储蓄转化率和居民创业概率。特色小镇金融可得性提高方便当地居民储蓄，通过投资储蓄转化，特色小镇企业或个人可以从金融机构获得贷款，投资特色小镇优势产业或项目。此外，金融可得性提高可为居民创业提供充足的信贷资金支持，提高居民创业的积极性和信心，从而提高特色小镇整体经济收入水平，促进特色小镇快速发展。

2. 金融可得性对居民幸福感影响

金融可得性对居民幸福感的路径系数为0.201，CR值为11.402，对应的P值小于0.001，通过显著性检验，即金融可得性提高1单位，居民幸福感将提高0.201单位，金融可得性对居民幸福感提升起正向促进作用，假设2成立。根据福利经济学理论，人生的目的是获得自身最大的幸福感，而金融可得性对居民幸福感的正向影响可以通过边际效用基数论提出两个关于福利的命题来解释，即收入总量对福利的正向作用、收入分配差距对福利的负向作用。从收入总量角度来看，金融可得性通过促使居民储蓄可得、信贷服务可得、保险服务可得等增加小镇居民收入，储蓄可得会降低居民的资金风险，带来稳定的收入；信贷服务可得能满足创业个体或急需资金周转企业的资金需求，通过提高生产率而提高经营性收入，也为小镇居民提供更多就业机会而增加居民工资性收入；保险服务可得给小镇居民未来生活带来了一定保障，是一项持久性的收入。而收入增加会通过满足居民的消费需求、促进家庭稳定、攀比效应来提升居民幸福感。从收入分配差距角度来看，会出现“幸福悖论”现象，收入差距增大会降低居民幸福感。一般信贷市场会存在贷款供给和需求不均衡现象，金融机构通过设置发放贷款门槛，导致贷款供给小于贷款需求。商业银行在发放贷款时更偏向于国有企业和大型企业，而很少顾及中小企业、农户、个体户等弱势群体，使一些个体户和中小企业因资金问题出现经营困难甚至破产，从而导致收入差距增加。而金融可得性会通过降低资本约束为更多的弱势群体提供信贷资金支持来缩小收入差距，进而提高居民幸福感。

3. 居民幸福感对特色小镇建设影响

居民幸福感对特色小镇建设的路径系数为0.282，CR值为10.597，对应的P值小于0.001，通过显著性检验，即居民幸福感对特色小镇建设起正向促进作用，假设3成立。特色小镇在规划阶段会合理划分生产、生活、生态等空间布局，打造宜业、宜居、宜游的空间载体，但是在特色小镇建设过程中容易出现重视经济效益、忽视社区生态建设等问题，导致居民幸福感降低、居民归属感和参与度不高。特色小镇居民是小镇的主人，有权利享受特色小镇建设的成果，居民对幸福生活的需求是特色小镇发展的动力，在特色小镇发展过程中通过提供完善的基础设施、便捷的公共服务、优美的居住条件和稳定的工作环境来提高居民幸福感，反过来也促进特色小镇发展。特色小镇居民是特色小镇发展的根本，居民幸福感提升促使居民以积极的态度参与特色小镇建设，与政府部门达成共识，构建共享共建机制，实现“同频共振”，更好地支持特色小镇发展。

在对调研结果分析的基础上，借鉴国内外发展良好的特色小镇建设经验，对新疆地区特色小镇金融可得性、居民幸福感、特色小镇建设等方面提出建议。

加大特色小镇金融基础设施建设，提高金融产品和服务普及率。新疆特色小镇尤其是偏远地区和农村地区的金融可得性水平低下、“最后一公里”问题尤为突出，因此，金融可得性提高的重点是加大各类金融基础设施建设力度；借助科技优势，发展数字普惠金融，降低金融服务门槛，提供多样化的金融理财产品；为居民讲解金融知识和信贷政策，提供便利的投融资渠道；创新特色小镇融资方式，提高资源配置效率。特色小镇产业发展和基础设施建设过程中需要大量资金投入，因此要进行多渠道融资，通过创新特色小镇融资模式，提高金融服务质量，促进资源有效配置，对特色小镇持续健康发展有重要意义。充分利用援疆资源，并以此为杠杆撬动货币市场和资本市场资金，推动特色小镇建设和特色产业发展，从而真正实现从“输血”到“造血”、从一般性金融支持到综合金融服务转变。

秉持共享发展理念，提高特色小镇治理水平。特色小镇建设过程中除了考虑小镇经济发展，也要考虑小镇居民利益，为居民提供更多就业机会，加大特色小镇基础设施建设，打造美丽的居住环境，提供便捷的公共服务，提升特色小镇居民福祉和幸福感。鼓励特色小镇居民参与小镇建设，切实贯彻执行共享发展理念，着力打造小镇“政府、企业、居民”利益共同体。

依靠特色小镇资源优势，大力发展特色产业和优势项目。特色产业发展是特色小镇建设最为关键的因素，大力发展特色小镇特色产业，形成产业集聚和规模效应，实现产城融合发展，助力特色小镇建设。

第五章　新疆潜在特色小镇建设现状

本章在梳理新疆地区建设资源禀赋的基础上，初步判断具有发展潜力的重点地区特色产业的开发状况以及其交通现状、金融便利化水平、招商引资状况等，初步确定出14个具有发展潜力的特色小镇。从经济发展、金融发展、产业发展、人力资本四个方面对14个潜在特色小镇的建设现状进行分析。根据14个潜在特色小镇各自的发展前景挑选出7个优质潜在特色小镇，并分别从产业发展、技术发展、人力资源发展和投融资经济发展方面对先拜巴扎库尔班镇、安宁渠镇、尼雅镇、乌鲁克镇、半截沟镇、西吉尔镇、冲乎尔镇7个优质潜在特色小镇的建设现状进行个案分析。

第一节　新疆特色小镇建设潜力水平分析

依据潜在特色小镇名单，本节主要通过构建特色小镇建设潜力水平评价体系，分别就潜在特色小镇的经济发展基础、金融便利化水平、社会服务便捷度以及文化资源丰富度四个方面进行定量分析，并结合小镇特色产业和体制机制方面的定性分析，找出新疆最具潜力小镇，为后续研究潜力小镇的规划和金融资源配置方案设计提供证据和参考。

一、特色小镇建设潜力水平评价原则

（一）特色为先，优秀为辅

特色小镇的关键在于独特性、唯一性、差异化。特色基因是其发展的内在动

力，因此以特色为有限，重视其独特性。小镇建设并非凭空而来，需要有确定的产业基础以及基础设施等公共服务设施基础，良好的经济基础、建设基础、文化基础也不可忽略。基础条件过于薄弱的小镇除非具有时代赋予的独特优势或极强的未来前景，否则必然通过不了审核。

（二）定性为主，定量为辅

"特色"二字，最难量化分析，由于其差异性体现在不同的领域，难以用统一的规范衡量，因此应以定性为主，但经济基础、基础设施建设等方面仍有量化的空间，因此极具潜力的特色小镇应采用定性分析与定量分析相结合的评价方法，其中小镇的特色产业发展潜力采用定性分析方式进行评价。

二、特色小镇建设潜力水平性评价依据

根据《关于开展特色小镇培育工作的通知》（建村〔2016〕147 号）和《关于做好第二批全国特色小镇推荐工作的通知》（建办村函〔2017〕357 号）中特色小镇的相关要求，参考《特色小镇推荐信息表》以及秦虹主编的《新时期特色小镇成功要素、典型案例及投融资模式》中关于特色小镇投资潜力评价部分内容，结合特色小镇建设的成功案例，从招商引资等经济现状、金融便利化水平、交通等服务便捷程度和产业开发优势四个方面对特色小镇建设进行评级体系构建。

三、特色小镇建设潜力水平评价体系

（一）招商引资等经济现状

招商引资等经济现状反映了潜在特色小镇目前的经济发展水平、政府职能、人力资本以及企业活力情况，关系到潜在特色小镇建设的基础条件，因此从这四个方面进行评价。经济现状中的国内生产总值体现了小镇整体经济状况；工业总产值反映了潜在特色小镇工业企业在一定时期内生产的产品总量数值，不仅能够在一定程度上反映工业企业的生产规模，也能体现出潜在特色小镇目前的工业企业水平和工业成果；固定资产投资额综合反映了潜在特色小镇固定资产投资规模、速度、比例关系和使用方向等；居民储蓄存款余额是对潜在特色小镇居民整体经济水平和居民幸福水平提升的体现。政府职能衡量主要采用了财政收支和各种税收额数据，能够反映政府提供公共服务的能力。人力资本的高低能够侧面体现潜在特色小镇的创新活力以及企业的生产效率和绩效，代表了支持产业发展的

人力资本丰富度，因此主要从第二产业、第三产业从业人员和人均受教育年限三方面进行评价。潜在特色小镇的发展离不开企业的活力，企业活力是潜在特色小镇企业快速发展的核心动力，评价体系中主要采用规模以上工业企业总产值以及企业利润进行测算。

（二）金融便利化水平

潜在特色小镇的建设离不开金融的有力支持，金融发展有助于小镇实现资本的集中和积累，可以帮助小镇企业实现现代化的大规模生产经营，实现经济效益，也有助于提高资源的使用效率，为潜在特色小镇基础设施服务建设等提供更多有效的资源，提高经济效率。Goldsmith（1969）提出的金融相关率是指金融资产总量与 GDP 的比值反映了金融发展的程度，由于金融资产总量范围较广，且主要部分是金融机构存贷款总额，存贷款是金融市场组织为经济发展提供资金支持的最重要来源和方式，所以此处我们采用金融机构存贷款总额占 GDP 的比重衡量潜在特色小镇金融发展的规模。另外，除了潜在特色小镇的金融规模，金融效率指标对于潜在特色小镇建设和发展动力都有着至关重要的作用，我们选取了金融机构存贷比反映了资金流动性和流动效率。

（三）交通等服务便捷程度

交通是输送人力、货物等生产要素的重要通道，也是地区间交流的基础，还是潜在特色小镇建设的主要推动力。此处由于数据的可获得性和便捷性，采用潜在特色小镇交通运输、仓储和邮政业产值对潜在特色小镇交通便利度进行测量。社会福利在构建和谐社会以及特色小镇的过程中也起着重要的推动作用，社会福利高效能够提高小镇居民的生活质量，提高国民生活素质。我们采用潜在特色小镇医疗机构床位数和各种社会福利收养性单位床位数对其进行侧面测算。

（四）产业开发优势

文化内涵的挖掘和振兴是小镇之魂，传统文化的传承和创新能够体现潜在特色小镇居民思想道德和文化素养的高度，为潜在特色小镇的发展注入灵魂。本节量化研究主要体现在国家级、自治区级物质文化和非物质文化遗产价值得分，国家级别得分为遗产个数×5 分，自治区级别得分为遗产个数×3 分。

具体特色小镇建设潜力水平评价体系如表 5-1 所示。

由于新疆乡镇级数据获取难度大，遵循数据可得性原则，此处均采取潜在特色小镇所在县级的数据对其进行定量分析。其中招商引资等经济现状数据和社会保障方面数据均来源于各县各年度的《中国县域统计年鉴》、各县人民政府工作

表 5-1　特色小镇建设潜力水平评价体系

一级指标	二级指标	三级指标	权重值（%）	变量符号	单位
招商引资等经济现状	经济现状	国内生产总值	3.794	A_1	万元
		工业总产值	5.202	A_2	万元
		固定资产投资额	4.364	A_3	万元
		居民储蓄存款余额	3.392	A_4	万元
	政府职能	财政支出	5.323	A_5	万元
		财政收入	3.944	A_6	万元
		各种税收	5.810	A_7	万元
	人力资本	城镇人口比例	4.493	A_8	%
		第二产业从业人员	5.026	A_9	人
		第三产业从业人员	5.236	A_10	人
		人均受教育年限	5.742	A_11	年
	企业活力	规模以上工业企业总产值	5.491	A_12	万元
		规模以上工业企业利润	4.336	A_13	万元
金融便利化水平	金融规模	存款余额占 GDP 比重	3.474	B_1	%
	金融效率	存贷比率	3.478	B_2	%
交通等服务便捷程度	社会保障	医疗卫生机构床位数	5.211	C_1	床
		各种社会福利收养性单位床位数	5.265	C_2	床
	交通便利	交通运输、仓储和邮政业产值	4.836	C_3	万元
产业开发优势	文化遗产	国家级物质文化遗产	5.159	D_1	个
		国家级非物质文化遗产	5.500	D_2	个
		自治区非物质文化遗产	4.924	D_3	个

报告、国民经济和社会发展统计公报，金融便利化水平和交通运输相关数据来源于历年《新疆统计年鉴》和各县人民政府网，各级别的物质和非物质文化遗产数来源于国家和自治区公布的文化遗产名录。

四、特色小镇建设潜力水平评级方法

特色小镇潜力水平评价是一种多指标综合评价，最终的评价结果由具体的指标和权重系数决定。多指标综合评价按照权数产生方法的不同可分为主观赋权评价法和客观赋值评价法两大类，其中前者是由专家根据经验进行主观判断确定权数，主要有综合评分法、模糊评价法、层级分析法等；后者主要是基于数据本身的特点，根据各指标的变异系数或者指标之间的相关关系确定权重，主要有熵值法、神经网络分析法、灰色关联分析法等。我们这里为避免掺杂主观因素采用客观评价的熵值法测算特色小镇建设的潜力水平。

在多指标评价体系中，不同性质的指标通常具有不同的量纲。若直接用量纲相差数倍乃至数十倍、数百倍的原始指标值进行综合评价分析，会夸大量纲较大的指标的作用，弱化甚至体现不出量纲较小的指标的作用，为此，需要对原始指标值进行统一量纲的标准化处理。常见的方法有：min-max 标准化、log 函数转换、z-score 标准化等。此部分使用 min-max 法（标准化法）进行数据的标准化，选取的潜力水平评价体系的 21 个指标均为正向指标，故采用正向指标的标准化公式对数据进行去量纲化处理。对指标进行标准化预处理后，开始运用熵值法分析指标体系。

第一，首先进行数据同度量化。计算第 i 个研究对象下第 j 项指标的比重 p_{ij}：

$$p_{ij} = \frac{x_{ij}}{\sum_{i=1}^{m} x_{ij}} \tag{5-1}$$

第二，计算第 j 项指标的熵值 e_j：

$$e_j = -k\sum_{i=1}^{m} p_{ij}\ln p_{ij} \tag{5-2}$$

其中假设 $p_{ij}=\frac{1}{m}$，取 $k=\frac{1}{\ln m}$，m 为时间范围。

第三，计算第 j 项指标的差异系数 g_j，差异系数越大，表示该指标对于研究对象所起的作用越大，该指标较好。

$$g_j = 1-e_j \tag{5-3}$$

第四，给指标赋权，定义权数 a_j：

$$a_j = \frac{g_j}{\sum_{j=1}^{n} g_j} \tag{5-4}$$

第五，通过权数计算样本评价值，第 i 个研究对象下第 j 项指标的评价值为：

$$F_{ij} = a_j x'_{ij} \tag{5-5}$$

则第 i 个研究对象的总体评价值为：

$$F_{ij} = \sum_{j=1}^{m} F_{ij} \tag{5-6}$$

以上即为熵值法计算各个研究对象优劣的步骤。

五、特色小镇建设潜力水平评价及分析

（一）潜力水平评价综合测算结果分析

根据熵值法测算了14个潜在特色小镇的潜力水平，得到了综合评价体系中各指标所对应的权重，如表5-2所示。总体来看，招商引资等经济现状的总权重较大，因为特色小镇潜力水平在很大程度上由其经济层面决定，考虑的因素较多。从具体指标的权重来看，工业总产值、财政支出、各种税收、第三产业从业人员数、人均受教育年限、规模以上工业企业总产值、医疗机构和各种社会福利收养性单位床位数以及国家物质和非物质文化遗产价值的权重比例均超过了5%，表明在评价小镇潜力水平时，应多考虑这几方面的现实情况。

表5-2　2013~2018年潜在特色小镇所在县潜力水平综合评价结果

地区＼年份	2013	2014	2015	2016	2017	2018
奇台县	1.551	1.638	1.678	1.681	1.59	1.499
和静县	1.657	1.509	1.584	1.613	1.575	1.537
洛浦县	1.266	1.259	1.302	1.318	1.375	1.432
泽普县	1.325	1.303	1.295	1.311	1.315	1.319
于田县	1.301	1.261	1.300	1.327	1.312	1.297
疏附县	1.326	1.344	1.318	1.325	1.309	1.293
皮山县	1.200	1.217	1.275	1.252	1.283	1.314
布尔津县	1.201	1.212	1.219	1.213	1.259	1.305
博湖县	1.236	1.231	1.229	1.228	1.244	1.260
木垒哈萨克自治县	1.175	1.263	1.199	1.197	1.243	1.289
尉犁县	1.249	1.243	1.234	1.239	1.239	1.239
乌鲁木齐县	1.176	1.186	1.217	1.189	1.194	1.199
托里县	1.180	1.170	1.212	1.191	1.176	1.161
民丰县	1.077	1.073	1.083	1.082	1.084	1.086

小镇特色产业是当地经济发展的支柱性产业，包括战略性新兴产业、传统产业、现代农业、特色旅游业等。主导产业产品在市场中的地位、产值、主要投资

情况、用地情况以及带动周围就业情况是影响当地经济发展的首要因素。此外，产业发展对于资本和人才的聚集能力是产业未来向上下游延伸、实现产业集群发展的重要因素，也予以考察。另外，体制机制活力是特色小镇建设的制度环境，良好的制度环境有助于特色小镇建设。首先，小镇发展的理念模式是否有新意，如是否具有产城融合、村镇融合、文旅融合等先进的发展理念，是否符合市场经济的发展规律。其次，规划建设是否合理且有创新，比如是否编制了的相关规划，多项规划之间是否具有一致性等。再次，管理是否有创新，如是否设置了相关组织机构、是否在管理服务方面有创新。最后，省市县多级是否有发展的决心，是否有相关政策的多维支持。因此，除了定量分析小镇的潜力水平，我们还需进一步结合小镇的特色产业发展潜力和小镇的体制机制进行定性分析。

通过熵值法测算，4 个小镇所在县 2013~2017 年的经济发展得分如图 5-1 所示，库尔班特色小镇所在的于田县五年来的经济发展水平均远远高于其他三个小镇所在县。乌帕尔镇所在的疏附县、塔吉克小镇所在的皮山县的经济发展维度得分虽低于于田县，但总体呈现波动上升的趋势。于田县的经济发展水平虽在 2013~2016 年上升趋势明显，但在 2017 年急剧下降，甚至退回至 2013 年的水平，经济发展水平较为不稳定，但仍远超其他小镇所在县级水平。从人均 GDP 方面来看，2018 年疏附县和于田县的人均 GDP 分别为 15798 元和 10927 元，领先于其余两个县。据 2019 年的《中国县域统计年鉴（乡镇卷）》统计，洛浦县的恰尔巴格乡行政区划面积达 9450 公顷，户籍人口为 52806 人，营业面积 50 平方米以上的综合商店或超市有 3 个。疏附县的乌帕尔镇户籍人口达 40836 人，并且工业企业有 22 个，营业面积 50 平方米以上的综合商店或超市有 9 个。库尔班特色小镇所在的先拜巴扎镇户籍人口有 22069 人，工业企业有 2 个，营业面积 50 平方米以上的综合商店或超市有 8 个。皮山县的垴阿巴提塔吉克民族乡虽然区划面积最大达 501200 公顷，但户籍人口最低，仅有 1083 人。就企业利润而言，2018 年洛浦县和于田县规模以上工业企业的利润总额分别为 26877.30 万元和 9278.00 万元，领先于皮山县和疏附县，企业的发展优势较为明显。特色小镇中企业的发展能够反向促进小镇的发展，在企业发展方面，于田县和疏附县优势明显。整体而言，于田县经济基础水平最高，疏附县和洛浦县在经济方面水平相当。

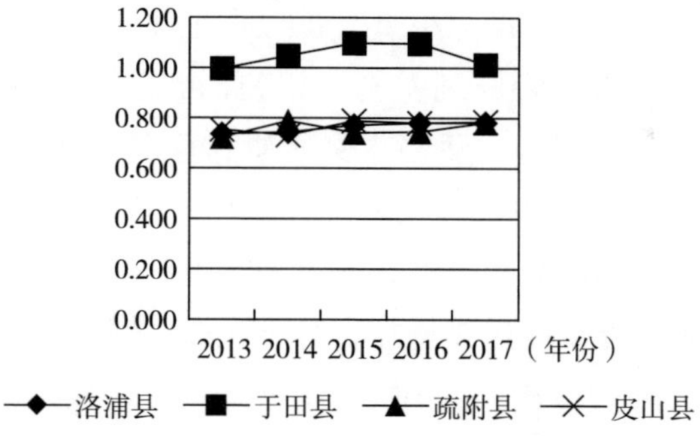

图 5-1 潜在特色招商引资等经济现状维度得分情况

小镇的金融健康稳定发展能够促进整体经济的进步，就金融便利化水平维度得分情况可知（见图 5-2），2017 年，4 个潜在特色小镇所在县的金融便利化水平相近，金融便利化水平的高低排名依次为疏附县、皮山县、于田县和洛浦县。但从时间维度来看，洛浦县和皮山县的金融便利化水平呈下降趋势，且此趋势较为明显，于田县和疏附县则呈现波动上升趋势。金融规模的大小，决定了为小镇建设提供资金的能力大小，2018 年于田县、洛浦县和皮山县的存款余额占 GDP 的比重分别为 201. 64%、198. 26%和 184. 57%，远高于疏附县的 109. 29%。从金融效率方面来看，疏附县的存贷比为 49. 58%，均高于洛浦县、皮山县和于田县。总而言之，洛浦县、皮山县以及于田县的金融便利化水平相当，洛浦县、皮山县以及于田县的金融规模水平均高于疏附县，而金融效率水平均低于疏附县，由于金融效率对金融便利化的影响大于金融规模，整体上看疏附县的金融便利化水平大于洛浦县、皮山县和于田县。

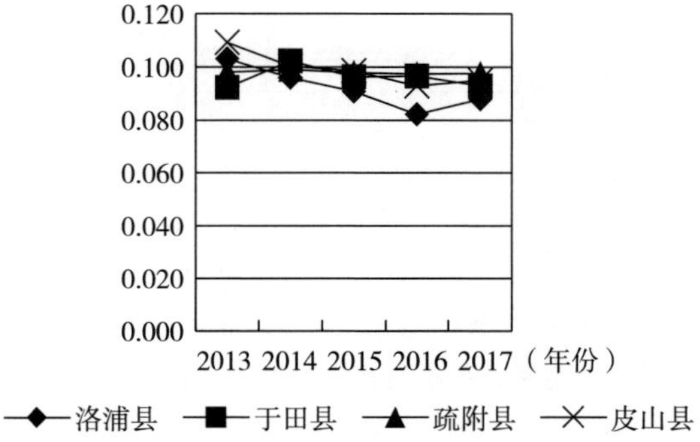

图 5-2 潜在特色小镇金融便利化水平维度得分情况

道路交通设施完善便捷是助力小镇发展的关键因素，医疗卫生事业关系到小镇居民的身体健康，与群众切身利益密切相关，也是社会高度关注的热点。因此，公共服务设施完善、服务质量高，交通便利等多方面共同影响着小镇的发展。在潜在小镇交通等服务便捷程度方面，2013~2017 年，整体而言于田县最高，皮山县紧随其后，洛浦县和疏附县排第三位和第四位（见图 5-3）。六年间，皮山县的交通等服务便捷程度逐年增加，甚至在 2017 年与于田县持平，2017 年其交通运输、仓储和邮政业产值为 5645 万元，远高于第二位于田县的 2274 万元[①]，有较大的发展潜力。而 2013~2017 年洛浦县的交通等服务便捷程度呈波动下降趋势，至 2017 年与疏附县水平相当。因此，在服务便捷度方面于田县和皮山县表现出了较为明显的优势。

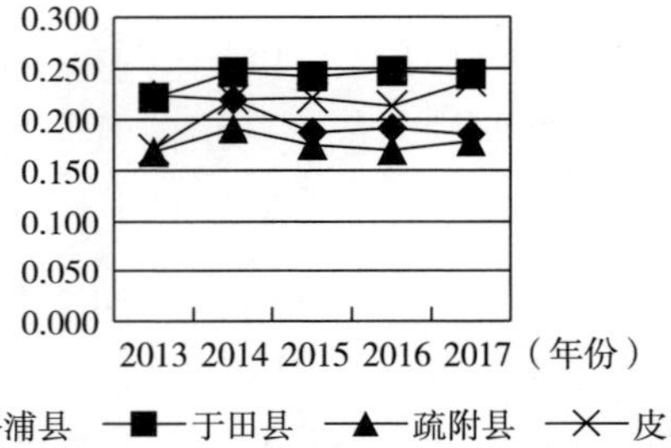

图 5-3 潜在特色小镇交通等服务便捷程度得分情况

优秀传统文化得到记录、整理和传承，历史文化遗存得到保护和利用，非物质文化遗产活态传承是一个民族文化彰显最有利的表现。4 个小镇所在的贫困县中，均未有物质文化遗产的项目，但在国家级和自治区级的非物质文化遗产方面有较多发展。就熵值法测算结果而言，于田县排第一位，遥遥领先，洛浦县和疏附县文化传承度极为相近，分别排第二位、第三位，皮山县较弱，排名最后（见图 5-4）。

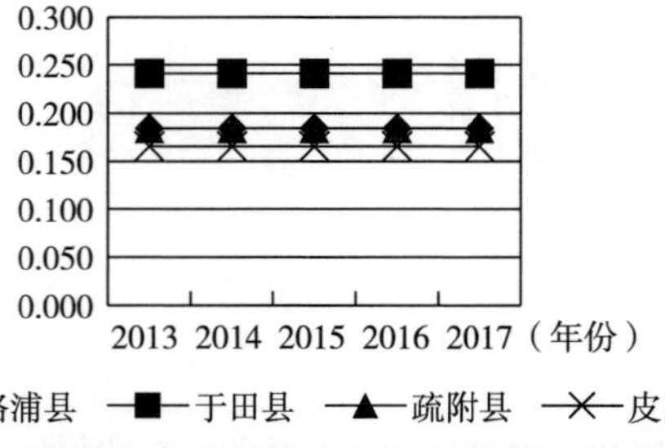

图 5-4 潜在特色小镇产业开发优势维度得分情况

① 资料来源：《新疆统计年鉴 2018》。

文化遗产代表一定时期的人类的生产和文化水平，非物质文化遗产是人类创造力的见证，也是衡量一个国家和民族文明程度的重要标志，是人类共同的文化财富。文化遗产是小镇吸引投资者和游客的重要因素之一，于田县拥有两项国家级非物质文化遗产和五项自治区级非物质文化遗产，并且于田县的先拜巴扎镇是库尔班·吐鲁木的家乡，传颂了半个世纪的“库尔班大叔上北京见毛主席”的故事，成为新疆各族人民感谢党和政府、热爱祖国及民族团结的一段佳话，1995年，于田县在城西口竖起了库尔班与毛主席握手的雕像，作为爱国主义教育基地。总体而言，先拜巴扎镇较其他小镇拥有的文化资源较多，优势较大。其次是洛浦县，其拥有两项国家级非物质遗产和四项自治区级非物质文化遗产，整体文化资源仅次于于田县。疏附县国家级和自治区级的非物质文化遗产数分别为 2 个和 1 个，并且乌帕尔镇拥有公元 11 世纪维吾尔族著名学者、语言学家马赫穆德·喀什噶尔陵墓、四十眼泉等众多旅游景点，文化资源也较为丰富。最后则是皮山县，其仅拥有两项非物质文化遗产，文化发展潜力较弱。具体非物质文化遗产情况如表 5-3 所示。

表 5-3 非物质文化遗产详细情况（截至 2020 年 11 月）

县域	国家级非物质文化遗产	自治区级非物质文化遗产
皮山县	—	《土法榨油技艺》《克里阳麦西热甫》
洛浦县	维吾尔族艾德莱斯绸织染技艺、维吾尔族地毯织造技艺	巴拉曼音乐、维吾尔族艾提莱斯绸织染技艺、维吾尔族地毯制作技艺、木器彩绘
于田县	维吾尔族服饰、赛乃姆	维吾尔族铁器制作技艺、维吾尔族木雕技艺、维吾尔族去棍球、于田维吾尔族妇女服饰、维吾尔族木质大门制作技艺
疏附县	维吾尔族乐器制作技艺、维吾尔族歌（罗布淖尔维吾尔族民歌）	维吾尔族乐器制作技艺

特色小镇建设的核心是发展特色产业。特色小镇要以特色产业为中心，促进小镇资源落实到小镇产业再到小镇经济，最终实现产镇一体、协调发展。于田县的库尔班特色小镇借助红色文化优势，以特色产业发展助推特色小镇建设，全力打造富有南疆特色的红色旅游小镇，推动小镇持续稳定增长，继承和创新热爱党和国家、珍视民族团结的光荣传统。并且先拜巴扎镇还是全国最大的玫瑰种植园种植基地，特别是位于大漠之中的沙海壮观景象给人留下了极为深刻的印象。洛浦县的恰尔巴格乡大力发展“一村一品”，以桃、梨、苹果、杏等易销售林果为

主。恰尔巴格乡依托优势特色产业，大力发展特色林果、庭院经济、特色种养殖业，实现村有主导产业、户有增收门路、劳动者有增收技能的目标。目前该乡庭院经济发展初具规模，成为洛浦县广大农牧民增收致富的一个重要渠道。皮山县的特色产业主要是旅游业，通过开发康阿孜村吊桥、彩虹瀑布、原始森林公园等旅游景点及天然高原温泉保健浴、冲浪浴等吸引游客；借助塔吉克族的人文底蕴，该镇举办了许多反映民族特色文化的重大民族节庆活动，吸引了大量游客参与互动。疏附县乌帕尔镇的特色产业主要是生态旅游业和林果产业，产业特色之“特”略显不明显。按小镇特色产业类型划分，先拜巴扎镇的库尔班特色小镇属于历史文化型，恰尔巴格乡属于特色产业型，皮山县的塔吉克民族乡小镇和乌帕尔镇均属于生态旅游型小镇，库尔班特色小镇和恰尔巴格乡之“特”最为突出。

在小镇体制方面，4 个小镇均有其特点。综合熵值法定量分析的结果和特色产业、机制体制各维度的综合考量，确定经济基础和传统文化潜力最好、基础设施服务和交通便利度较好、特色产业最为鲜明的先拜巴扎库尔班镇为增收致富导向中最有潜力的特色小镇。

（二）致富导向的地区潜在特色小镇分析

10 个小镇所在县的潜力水平测算结果差异较小，现主要从 4 个维度以及特色产业和机制体制综合来看特色小镇的潜力情况，选出综合潜力最好的两个特色小镇。

从小镇的经济基础来看，布依鲁克塔吉克民族乡风情小镇所在的泽普县得分最高，明显优于其他小镇所在县域。其次是安宁渠特色小镇所在的新市区，其经济基础较好，位居第二，除巩乃斯镇所在的和静县和水墨故乡西吉尔镇所在的木垒县经济基础较弱外，其余小镇所在县的经济情况差距不大，处于良好水平。从潜在特色小镇金融发展潜力来看，差距不明显，居于前两位的分别是和静县和民丰县。交通等服务便捷程度测算结果显示泽普县、布尔津县、尉犁县以及乌鲁木齐县的情况均较好，民丰县和木垒县水平较弱。详细测算得分如表 5-4 所示。

表 5-4　2018 年部分地区潜在特色小镇各维度得分情况

县域名称	招商引资等经济状况	金融便利化水平	交通等服务便捷程度	产业开发优势
奇台县	0.801	0.096	0.167	0.195
和静县	0.682	0.123	0.184	0.255
泽普县	1.002	0.086	0.255	0.233

续表

县域名称	招商引资等经济状况	金融便利化水平	交通等服务便捷程度	产业开发优势
布尔津县	0.829	0.095	0.248	0.203
博湖县	0.788	0.091	0.225	0.208
木垒哈萨克自治县	0.678	0.084	0.162	0.161
尉犁县	0.834	0.080	0.236	0.166
新市区	0.853	0.076	0.191	0.188
托里县	0.761	0.075	0.175	0.166
民丰县	0.764	0.115	0.158	0.156

我们从传统文化维度发现，和静县、泽普县、博湖县和布尔津县均表现出明显的优势。截至 2020 年 11 月，潜在小镇所在县拥有的非物质文化遗产详细情况如表 5-5 所示，奇台县拥有一个中国重要农业文化遗产万亩旱田（表中未列出），尉犁县、奇台县和木垒县均有 1 项国家级非物质文化遗产，和静县拥有 2 项国家级非物质文化遗产，而博湖县的国家级非物质文化遗产多达 4 项。自治区级非物质文化遗产方面，和静县、博湖县和布尔津县分别拥有 10 项、9 项、8 项，领先其余小镇所在县。在文化传承彰显方面，文化资源较丰富的乌兰再格森乡所在的博湖县以及巩乃斯镇所在的和静县表现出了明显的优势。

表 5-5　部分样本县非物质文化遗产详细情况（截至 2020 年 11 月）

县域名称	国家级非物质文化遗产	自治区级非物质文化遗产
布尔津县	—	新疆蒙古族图瓦民歌、哈萨克族皮革编织技艺、新疆蒙古族奶酒酿造技艺、俄罗斯族比瓦酿造技艺、哈萨克族冬不拉艺术、哈萨克族斯布孜格、马拉雪橇制作技艺、哈萨克族花毡制作技艺
博湖县	蒙古族服饰、祝赞词、《新疆蒙古族服饰制作技艺》、《新疆蒙古族刺绣技艺》	《新疆蒙古族托布秀尔音乐》、《新疆蒙古包制作工艺》、《新疆蒙古族服饰制作技艺》、《新疆蒙古族刺绣技艺》、《新疆蒙古族祝赞词》、蒙古族谚语、新疆蒙医药（金烙术、药浴）、新疆蒙古族短调民歌、新疆蒙古族舞蹈萨吾尔登
尉犁县	维吾尔族民歌（罗布淖尔维吾尔族民歌）	罗布淖尔维吾尔族民歌、罗布淖尔维吾尔族做饭舞、罗布淖尔维吾尔族狮子舞

续表

县域名称	国家级非物质文化遗产	自治区级非物质文化遗产
和静县	蒙古族萨吾尔登、那达慕	蒙古族赛马、新疆蒙古医药、新疆蒙古族婚俗、新疆蒙古族舞蹈萨吾尔登、新疆蒙古族那达慕节、蒙古族民间故事、蒙古族骨雕技艺、蒙古族驯马、新疆蒙古族唐卡、新疆蒙古族奶酒酿造技艺
奇台县	塔塔尔族萨班节	维吾尔族恰姆巴士、连环谜语、马鞍制作技艺（哈萨克族）
木垒哈萨克自治县	达斡尔族沃其贝节	维吾尔族塔合麦西热甫、刺绣、蒙古族长调民歌
民丰县	—	麦西热普
泽普县	—	瓜果储藏技艺、木质器具制作技艺
托里县	—	哈萨克族医药（卧塔什正骨术）、毛线编织技艺（哈萨克族）

样本各县潜力测算结果差异较小，需要进一步精确到特色小镇具体经济指标情况，落实分析其发展潜力。据 2019 年《中国县域统计年鉴（乡镇卷）》数据（见表 5-6），2018 年乌鲁木齐市新市区的安宁渠镇、奇台县的半截沟镇和民丰县的尼雅镇拥有较多的户籍人口，分别为 23057 人、21940 人和 13761 人，在新疆潜在特色小镇中居于前三位，其中安宁渠镇和尼雅镇的居民委员会个数也在新疆潜在特色小镇中居于前两位，在未来小镇建设的劳动力供应方面，安宁渠镇、半截沟镇和尼雅镇有较大的优势。发展乡镇企业对拉动整个小镇经济增长和资金的积累有很大的作用，从小镇企业发展的情况来看，尼雅镇有 41 个工业企业，营业面积 50 平方米以上的综合商店高达 48 个，在中等收入地区小镇的现状中表现最为突出。其次是冲乎尔镇，冲乎尔镇有 4 个工业企业，营业面积 50 平方米以上的综合商店也有 16 个之多，企业发展潜力较好。

表 5-6　2018 年潜在特色小镇基本经济指标情况

单位：公顷，人，个

小镇名称	行政区划面积	户籍人口	居民委员会个数	工业企业个数	规模以上工业企业个数	营业面积 50 平方米以上的综合商店
博湖县乌兰再格森乡	4188	3119	—	3	—	15
新市区安宁渠镇	4795	23057	3	2	—	5

续表

小镇名称	行政区划面积	户籍人口	居民委员会个数	工业企业个数	规模以上工业企业个数	营业面积50平方米以上的综合商店
民丰县尼雅镇	1426	13761	10	41	—	48
奇台县半截沟镇	180200	21940	—	—	—	7
木垒县西吉尔镇	11409	7231	—	3	—	12
布尔津县冲乎尔镇	214927	12567	—	4	2	16
和静县巩乃斯镇	298645	1387	2	—	—	—
托里县庙尔沟镇	140910	5860	1	2	—	—
泽普县布依鲁克塔吉克镇	2561	3911	—	2	—	8

资料来源：《中国县域统计年鉴（县市卷）》（2019年）。

在重要的特色产业方面，结合小镇目前的产业形态进行比较。安宁渠镇旨在以文化产业为核心，打造特色文化产业集群，建成了结构完整、便捷高效、特色鲜明的文化产业链条。安宁渠文旅小镇的第一批陶艺作品的出炉，标志着安宁渠文旅小镇陶艺文化基地的全面建成。同时，安宁渠小镇立志树人，竭诚全力培养各类电竞人才，打造了国内最专业、最正规的电竞培训、教育平台，作为政府电竞官方推荐人才培训机构，拥有多家合作伙伴，与众多电竞企业保持良好合作关系，致力于进一步完善电竞产业链，促进电竞行业的健康发展，因此安宁渠镇属于特色产业型小镇。乌鲁克镇拥有全国最大的马鹿饲养基地，全国最大的原始胡杨保护区以及已成规模的果品、商品棉基地，因而乌鲁克镇属于资源禀赋型。庙尔沟镇清明前后风景区杏花满山，吸引大量游客，其通过举办杏花节等活动发展生态旅游业；尼雅镇镇内有汉代西域精绝国古城遗址、安迪尔古城遗址、面积为3700亩的渔湖、全长522千米的沙漠公路、万亩红枣基地等，属于旅游资源较为丰富的小镇；半截沟镇坚持市场调节和政府引导相结合，以旅游产业为基础，以创新农业为支撑。综上所述，庙尔沟镇、尼雅小镇、半截沟镇等均属于生态旅游型。乌兰再格森乡拥有大河口景区、博斯腾湖景区、花海世界等观赏性的景点；西吉尔镇主要以生态农业和畜牧业为特色产业，是国家级的特色景观旅游名镇和美丽乡村重点培育村；冲乎尔镇南部有一片沙海，是体验沙漠运动的良好场所，同时小镇的蔬菜种植是切合实际的特色农业发展途径；巩乃斯镇除了是“天马—伊犁马”的著名产地，还有巩乃斯国家森林公园、班禅沟、“云梯”、仙女湖等众多景点，小镇还举办山花节、民间文艺旅游节等节庆活动，带动了当地农牧民增收致富，也拉动了县域经济发展，旅游业已成为小镇的支柱产业；布依鲁克塔吉克民族乡设计并建造了塔吉克民俗展览馆，能让游客感受到原汁原味的“平原塔吉克”风情，在馆内可以详细地了解“平原塔吉克人”的民俗风情。

综合全部中等收入地区特色小镇定量与定性分析的结果，最终选取极具特色产业的安宁渠镇和生态旅游特色鲜明的尼雅小镇作为民族中等收入地区最具潜力的代表小镇。

第二节　潜在特色小镇建设发展现状

本节从经济发展、金融发展、产业发展、人力资本四个方面对 14 个潜在特色小镇进行分析并评价潜在特色小镇的整体建设发展状况。14 个潜在特色小镇对其所在县的整体发展贡献比较大，所以用县级数据进行评价，数据均来自 2014~2019 年的《中国县域统计年鉴（县市卷）》。

一、潜在特色小镇经济发展呈上升趋势

以潜在特色小镇所在县生产总值、财政收入和财政支出水平对潜在特色小镇的经济发展情况进行衡量。由图 5-5 可知，整体来看，14 个潜在特色小镇所在县的生产总值、公共财政收入和公共财政支出均呈上升趋势，尤其是公共财政支出，其上升幅度高达 71.85%，由 2013 年的 219.26 亿元上升至 2018 年的 376.80 亿元；其次是生产总值，由 2013 年的 472.71 亿元上升至 2018 年的 645.92 亿元，上升幅度较高，为 36.64%。财政收入由 2013 年的 42.37 亿元上升至 46.49 亿元，上升幅度最低，为 9.74%。每一年的财政支出均大于财政收入，且两者差值以及该差值的增幅在逐年增大，财政支出的增幅大于生产总值均表明潜在特色小镇的政府投入不断增大，经济不断发展。

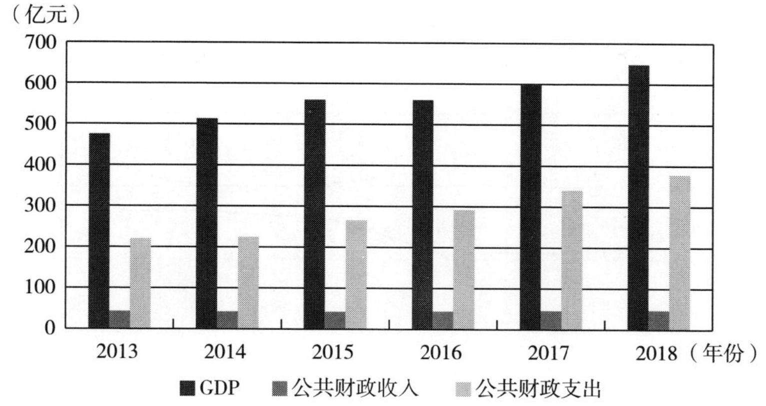

图 5-5 潜在特色小镇经济发展情况

二、潜在特色小镇金融发展总体呈上升趋势

以潜在特色小镇所在县金融规模和金融效率的大小度量潜在特色小镇的金融发展情况，以金融机构存款占 GDP 的比重反映金融规模的大小，以存贷比反映金融效率的高低（王军和王昆，2018）。由图 5-6 可知，潜在小镇的金融规模水平在 2015~2016 年和 2016~2018 年均小幅上升，且前者的上升幅度大于后者，2015 年出现较大幅度的上升，上升幅度高达 22.21%，整体来看，潜在特色小镇的金融机构存款占 GDP 的比重由 2013 年的 106.60%上升至 2018 年的 133.53%，上升幅度达 25.27%。潜在特色小镇的金融效率整体呈下降趋势，主要原因是潜在特色小镇的整体存款增速大于贷款增速，2018 年金融机构的存款余额为 2013 年的 2.46 倍，2018 年金融机构的贷款余额为 2013 年的 1.37 倍。潜在特色小镇的金融规模和金融效率的变动趋势均表明金融机构的吸储能力不断增强，经济保持持续较快增长的良好势头，也从侧面反映出金融机构快速扩张的发展态势。

三、潜在特色小镇的企业利润逐年增长

以潜在特色小镇所在县规模以上工业企业总产值和企业利润对潜在特色小镇的产业发展情况进行衡量。由表 5-7 可知，2013 年潜在特色小镇的规模以上工业企业总产值上升，上升幅度为 19.39%，而 2014 年和 2015 年均下降，且 2014 年的下降幅度较大，为 22.75%，虽 2016 年的 1819592.90 万元较 2015 年上升 14.11%，但整体上潜在特色小镇的工业企业总产值呈现下降趋势。潜在特色

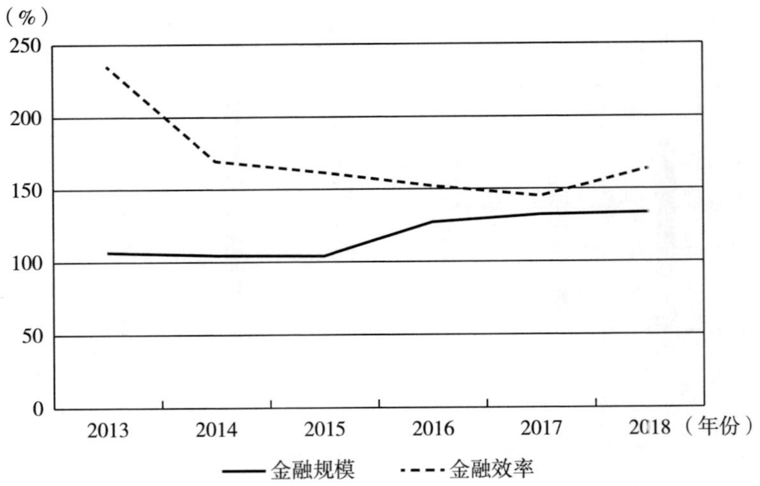

图 5-6　2013~2018 年潜在特色小镇金融发展情况

小镇的企业利润上升趋势显著，虽然 2013 年和 2014 年均下降，但是 2015 年和 2016 年的上升幅度高达 46.02%和 42.90%，整体上处于上升趋势，上升幅度达 29.72%。潜在特色小镇所在县规模以上工业企业总产值和企业利润的变动趋势均表明了潜在特色小镇的企业经营和经济发展情况持续向好，有利于小镇建设的稳步推进。

表 5-7　2013~2018 年潜在特色小镇的企业发展状况　单位：万元，%

年份	规模以上工业企业总产值	规模以上工业企业总产值年增长率	企业利润	企业利润年增长率
2013	2273928.20	19.39	134803.40	-31.43
2014	1756503.70	-22.75	81494.60	-39.55
2015	1594619.20	-9.22	118998.10	46.02
2016	1819592.90	14.11	170052.10	42.90
2017	—	—	211076.40	24.12
2018	—	—	174856.20	-17.16

资料来源：《中国县域统计年鉴（县市卷）》（2014~2019 年）。

四、潜在特色小镇人力资本水平逐年提高

分别从潜在特色小镇所在县的总人口、城镇人口、第二产业及第三产业从业

人数等方面衡量潜在特色小镇的人力资本水平，具体情况如图 5-7 所示。镇人口数、城镇人口占比反映小镇的人口数量及结构，以第二产业、第三产业从业人员数量反映小镇的从业人员情况。

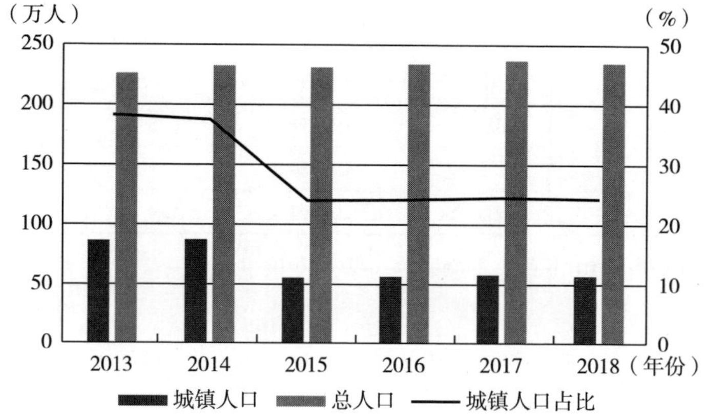

图 5-7　2013~2018 年潜在特色小镇人口情况

资料来源：《中国县域统计年鉴（县市卷）》（2014~2019 年）。

由图 5-7 可知，潜在特色小镇所在县的总人口数整体小幅上升，由 2013 年的 225.95 万人上升至 2018 年的 234.84 万人，上升幅度为 3.94%；城镇人口数整体较大幅度下降，由 2013 年的 86.39 万人下降至 2018 年的 57.08 万人，下降幅度达 33.93%；城镇人口比例整体上也呈现大幅度的下降，由 2013 年的 38.23%下降至 2018 年的 24.30%，下降幅度高达 36.43%。

由表 5-8 可知，整体来看，潜在特色小镇所在县的第二产业、第三产业从业人员数均上升，第二产业从业人员数量的上升幅度较大，达 82.83%，第三产业从业人员数量的上升幅度高达 99.78%，该上升幅度远高于潜在特色小镇的人口增长数。潜在特色小镇所有人的平均受教育年限也呈较大幅度的增长，由 2013 年的 2.80 年增长到 2017 年的 4.03 年。潜在特色小镇所在县的总人口及第二产业、第三产业从业人员的增长情况和平均受教育年限的提高情况均表明潜在特色小镇的人口素质及人力资本水平在逐步提高。

表 5-8　2013~2018 年潜在特色小镇从业人员数量和平均受教育年限

单位：人，%，年

年份	第二产业从业人员数	第二产业从业人员年增长率	第三产业从业人员数	第三产业从业人员年增长率	平均受教育年限
2013	57675	—	103813	—	2.80
2014	79959	38.64	155089	49.39	2.95
2015	96725	20.97	184635	19.05	3.95
2016	103191	6.68	195871	6.09	3.98
2017	102110	-1.05	198724	1.46	4.03
2018	105445	3.27	207393	4.36	—

资料来源：《中国县域统计年鉴（县市卷）》（2014~2019 年）。

第三节　优质潜在特色小镇可行性分析

本节根据 14 个潜在特色小镇各自的发展前景挑选出 7 个优质潜在特色小镇（先拜巴扎库尔班镇、安宁渠镇、尼雅镇、乌鲁克镇、半截沟镇、西吉尔镇、冲乎尔镇），并分别从产业发展、技术发展、人力资源发展和投融资经济发展四个方面对优质潜在特色小镇进行个案分析。鉴于小镇层面的投融资等经济数据精确获取难度较大，优质潜在特色小镇对其所在县的整体经济发展贡献较大，因此用优质潜在小镇的县级数据描述其投融资等经济发展情况。本节人力资源发展部分数据均来自 2013~2019 年《中国县域统计年鉴》，投融资等经济发展部分数据均来自 2013~2019 年《中国县域统计年鉴（县市卷）》和 2013~2019 年《乌鲁木齐统计年鉴》。

一、先拜巴扎库尔班镇

先拜巴扎镇地处克里雅河洪积、冲积平原北部，地势由西南向东北倾斜。位于新疆于田县县城中西部，与加依乡、兰干乡、托格日尕孜乡、斯也克乡等相邻，辖域呈不规则四边形。

（一）产业发展

先拜巴扎镇的库尔班·吐鲁木纪念馆是新疆知名的爱国主义教育基地。该镇借助持续升温的旅游市场，充分发挥地域文化资源优势，努力打造富有南疆特色的红色旅游小镇。全镇以农业种植为主，大力发展养殖业，主要依托洋葱、红枣、万寿菊等经济作物种植和鸡、鹅、胎羊、肉鸽养殖等项目解决贫困户增收致富问题。

（二）技术发展

为提升村民的种植技术，推动镇内种植业的结构调整，先拜巴扎镇聘请各级农业专家开展洋葱、红枣、万寿菊等作物的种植管理现场培训。该镇还借助“千企帮前村”“民族团结一家亲”等系列活动，建设了特色产业街、农牧民创业就业孵化园、禽类集中育雏养殖点等设施，推动了先拜巴扎镇餐饮业、地毯刺绣业、特色林果业、现代畜牧业、旅游业五大产业的发展，提高了村民的就业技能。

（三）人力资源发展

2018 年末，先拜巴扎镇行政区域面积 8505 公顷；户籍人口 21243 人；居民委员会（社区）1 个；村民委员会 14 个，较 2013 年增加 3 个；营业面积 50 平方米以上的综合商店或超市 8 个；工业企业 2 个。2018 年末，先拜巴扎库尔班镇所在的于田县第二产业、第三产业从业人员分别为 17609 人、7290 人，分别较 2013 年增加 9593 人、3752 人。

（四）投融资等经济发展

2018 年末，先拜巴扎库尔班镇所在的于田县生产总值为 30.95 亿元，较 2013 年的 17.91 亿元增长了 72.81%；金融机构各项存款、贷款余额和居民储蓄余额分别为 63.94 亿元、26.31 亿元和 22.87 亿元，较 2013 年的 31.43 亿元、13.02 亿元和 10.47 亿元分别增长了 103.42%、102.07%和 118.43%；公共财政支出为 49.11 亿元，较 2013 年的 19.65 亿元增长了 149.92%。

二、安宁渠镇

安宁渠镇位于乌鲁木齐市城北高新区，毗邻国际机场，属机场临空经济带，距市中心约 15 分钟车程。312 国道和 216 国道、102 省道、土乌大和乌奎高速公路均在安宁渠镇交会，使安宁渠镇享有极其便利的交通条件。

（一）产业发展

安宁渠镇早在乾隆年间就是繁华集镇，该镇凭借深厚的历史底蕴，以文化为引领，以企业模式开发，市场化运作，围绕“时尚创意、城市记忆”主题，推动形成现代化的临空经济集群，致力于一个打造集文化、旅游、休闲、生活于一体的多功能文旅重镇。截至2019年底，安宁渠文旅小镇已完成建筑面积14.3万平方米（地上11.6万平方米，地下2.7万平方米），建有18栋建筑，分为商业区和产业区，产业区包括教育基地、孵化基地等，商业区则包括生活美学馆、文化研学基地、科普剧场、红色文化教育基地等，打造了“产学研培”一体化全产业链。

（二）技术发展

安宁渠文旅小镇商业区的项目建设由新疆汇利高新运营管理有限公司承办，该公司董事长张春兰女士多年来致力于推动新疆文化产业发展，企业团队年轻而充满活力，具有强烈的创新意识。建设主旨是使安宁渠小镇成为开放的文化艺术体验地，目前，该镇积极吸引国内外优质资源，已引入多项非遗项目如角弓、剪纸、蛋雕等项目，计划进一步加大引入非遗项目和非遗大师的力度，加强与发达地区高校的合作，致力于将小镇打造成最具影响力的文化艺术聚集地。

（三）人力资源发展

2018年末，安宁渠镇行政区域面积4795公顷；户籍人口23057人，较2013年增加9419人；居民委员会（社区）3个；村民委员会8个；营业面积50平方米以上的综合商店或超市5个；工业企业2个。2018年末，安宁渠镇所在的乌鲁木齐市新市区第二产业、第三产业从业人员分别为3.50万人、18.53万人，第二产业从业人员较2013年减少3.63万人，第三产业从业人员较2013年增加6.95万人。

（四）投融资等经济发展

2018年末，安宁渠镇所在的乌鲁木齐市新市区生产总值为1134.37亿元，较2013年的802.20亿元增长了41.41%；公共财政支出为123.37亿元，较2013年的54.27亿元增长了127.33%；固定资产投资为520.01亿元，较2013年的266.20亿元增长了95.35%。

三、尼雅镇

尼雅镇是民丰县县城所在地，国道G315呈“L”形穿越而过，沙漠公路南端的出口，是和田地区重要的交通枢纽。东距且末县城 360 千米，西距玉田县城 125 千米，北距轮台县城 579 千米。

（一）产业发展

尼雅镇的产业发展围绕打造特色林果业、发展特色农牧产品加工及电商物流业、打造特色文旅产业等进行。第一产业“构”主线，打造特色林果业。该镇根据农业资源优势，主动调整优化农业结构，大力发展特色效益农业，着重构筑种植业、林业、畜禽业三大优势产业，加快培育雪菊、核桃、红枣和黑鸡等主导产品。第二产业“创”精品，发展特色农牧产品加工及电商物流业。该镇依托电商平台，积极推进现有加工制造业转型升级，加快发展旅游产品、绿色食品、维药等特色产业。以特色品种尼雅黑鸡为切入点，利用“互联网+”，发展集生态养殖、产品精深加工、冷链物流、市场销售、旅游观光为一体的产业链。第三产业“品”主题，打造特色文旅产业。该镇以尼雅遗址为旅游产业的引爆点，打造以尼雅文化为核心的景区式旅游集散地，形成以“尼雅旅游产业+农业特色产业”双引擎驱动的发展模式。

（二）技术发展

尼雅镇积极推广粮、经、饲、肥复合弹性种养混合的种植模式，重点建设了一批设施先进、集约化程度较高的蔬菜瓜果、花卉园艺等生产基地，促进了绿色农业和观光农业的发展。该镇还以发展电子商务为契机，坚持“市场主导、政府引导、协会组织推进、龙头企业带动”的原则，规范了乡村电子商务服务站点运行，构建了电子商务支撑服务体系，优化了电商发展环境。

（三）人力资源发展

2018 年末，该镇行政区域面积 1426 公顷；户籍人口 13761 人，较 2013 年增加 10532 人；居民委员会（社区）10 个；村民委员会 2 个；营业面积 50 平方米以上的综合商店或超市 48 个；工业企业 41 个。2018 年末，尼雅镇所在的民丰县第二产业、第三产业从业人员分别为 573 人、1281 人，分别较 2013 年减少 616 人、263 人。

（四）投融资等经济发展

2018 年末，尼雅镇所在的民丰县生产总值为 11.70 亿元，较 2013 年的 6.73 亿元增长了 73.85%；金融机构各项存款、贷款余额和居民储蓄余额分别为 22.75 亿元、5.42 亿元和 8.02 亿元，较 2013 年的 11.73 亿元、3.59 亿元和 3.83 亿元分别增长了 93.88%、51.09%和 109.40%；公共财政支出为 13.31 亿元，较

2013 年的 7.42 亿元增长了 79.38%。

四、新疆三十三团鹿角特色小镇（乌鲁克镇）

乌鲁克镇位于尉犁县境内东南部，虽处于塔克拉玛干沙漠和库木塔格沙漠之间，但北倚孔雀河，南濒塔里木河，日照丰富，地势平坦，是塔里木垦区的中心枢纽。

（一）产业发展

乌鲁克镇拥有全国最大的马鹿饲养基地。乌鲁克镇依托塔河马鹿文化，以发展生态观光旅游及摄影产业为主力，辅以马鹿产业，构建了塔河马鹿全产业链（观光、旅游、产业、药用等）。乌鲁克镇是胡杨的摄影基地，该镇拥有全国最大的原始胡杨保护区。胡杨遍布、生态良好、塔河穿越、人杰地灵的乌鲁克镇吸引了大批摄影人前来采风创作，佳作频出。适宜棉花生长的沙漠类土壤和大陆性荒漠气候为乌鲁克镇发展棉花产业奠定了基础，乌鲁克镇是国家优质棉和高产棉产区。乌鲁克镇还盛产果品，该镇昼夜温差大，光照时间长，生产的红枣果形饱满，色泽鲜艳，皮薄肉厚，肉质细嫩，含糖量高，爽甜可口，营养丰富，是上等的滋补品。

（二）技术发展

为充分发挥马鹿产业的优势，乌鲁克镇不仅形成了一套独特塔里木马鹿饲养、繁育、管理标准，还培育了专业的养鹿队伍。该镇构建塔河马鹿特色小镇品牌形象，并通过塔河马鹿的生产、展示、销售等各个环节，拓展和提升了塔河马鹿价值链。该镇还拥有先进的高产栽培等植棉技术，并充分应用机采棉高产集成配套技术，促进了乌鲁克垦区棉花产业的持续性发展。该镇还积极配备先进的红外烘干设备及多功能烘干窑等进行果品再加工，提高果品的附加值。

（三）人力资源发展

2018 年末，乌鲁克镇行政区域面积 2230000 公顷；户籍人口 7209 人，较 2013 年减少 2682 人；村民委员会 11 个；营业面积 50 平方米以上的综合商店或超市 17 个；工业企业 2 个。2018 年末，乌鲁克镇所在的尉犁县第二产业、第三产业从业人员分别为 2710 人、12828 人，分别较 2013 年增加 2008 人、7049 人。

（四）投融资等经济发展

2018 年末，乌鲁克镇所在的尉犁县生产总值为 59.14 亿元，较 2013 年的 40.54 亿元增长了 45.88%；金融机构各项存款、贷款余额和居民储蓄余额分别为60.30亿元、45.60亿元和38.58亿元，较2013年的33.97亿元、25.87亿元和23.25亿元分别增长了77.48%、76.25%和65.94%；公共财政支出为15.81亿元，较2013年的11.58亿元增长了36.53%。

五、半截沟镇

半截沟镇位于奇台县城东南部，与农六师奇台农场、碧流河乡、吐鲁番市、青河县等相邻，地势南高北低，有山谷，也有戈壁平原。该镇拥有丰富的农作物及旅游资源，不仅是县内最大的农牧业乡镇，还是奇台县重点打造的文旅服务基地，是全国特色景观旅游名镇和中国最美生态旅游镇之一。

（一）产业发展

在市场调节和政府产业政策引导的综合作用下，半截沟镇实现了产业升级，形成了涵盖旅游产业、文化产业和创新农业的产业新格局。半截沟镇依托江布拉克景区和疏勒古城遗址，以旅游产业为基础，推动全域旅游发展，按照“一核心两示范点两路线”的空间布局做好景区和游客的对接工作，旨在将该镇打造成集吃住行游娱于一体的旅游中心。半截沟镇耕地面积多达20万亩，作为奇台县最大的农牧业乡镇，半截沟镇在小镇建设中还以创新农业为支撑，主要的农作物有小麦、亚麻、红花、蚕豆、甜菜等。

（二）技术发展

为推动小镇建设，提振小镇经济，半截沟镇致力于让旅游业成为龙头。2017~2020年，半截沟镇先后启动了棚户区改造、6000亩绿色农产品基地和总建筑面积3.7万平方米的特色美食购物街、168平方米的旅游特色产品销售中心建设等项目。其中美食街和特色产品销售中心的建设不仅推动了旅游业的进一步发展，还带动了第三产业发展。6000亩绿色农产品基地的建设，有利于该镇借助江布拉克旅游业的发展，推广有机农产品，提振地方绿色经济。

（三）人力资源发展

2018年末，半截沟镇行政区域面积180200公顷；户籍人口21940人，较2013年减少70人；村民委员会7个；营业面积50平方米以上的综合商店或超市7个；暂无入驻工业企业。2018年末，半截沟镇所在的奇台县第二产业从业人员为5840人，较2013年增加2546人；第三产业从业人员为12596人，较2013年减少379人。

（四）投融资等经济发展

2018年末，半截沟镇所在的奇台县生产总值为158.11亿元，较2013年的101.25亿元增长了56.16%；金融机构各项存款、贷款余额和居民储蓄余额分别为148.87亿元、120.59亿元和81.67亿元，较2013年的86.70亿元、54.52亿元和46.84亿元分别增长了71.71%、121.20%和74.36%；公共财政支出为28.41亿元，较2013年的24.03亿元增长了18.23%。

六、西吉尔镇

西吉尔镇——国家级特色景观旅游名镇和美丽乡村重点培育村。山清水秀，风光旖旎，美丽的水磨沟贯穿全境；历史悠久，人杰地灵，素有“文化旅游名镇”之称；气候宜人，经济发展，拥有“经济发展强镇”之誉；环境优美，村庄整洁，享有“生态休闲小镇”之称。

（一）产业发展

西吉尔镇经济的快速发展离不开农业、工业、畜牧业和科技的推动，该镇紧紧围绕各项方针政策，坚持以市场为导向、科技为动力、以牧为主、农牧并举进行经济建设。西吉尔镇是传统的农业发展小镇，是木垒县重点农牧业乡镇之一。该镇在生态农业方面，紧抓西部大开发的历史性机遇，大力实施退耕还林，大力发展以文冠果、山杏为主的经济林，统筹发展生态建设和经济建设。该镇在畜牧业发展方面，把握住品种改良和产业化经营两个关键点，发挥小镇丰富的饲草料资源优势，在牲畜品种改良、早冬羔生产、土鸡、肉兔养殖上下功夫，该镇还以维维集团在该镇建成鲜奶收购站为契机，大力发展奶牛养殖业。

（二）技术发展

西吉尔镇紧抓区位优势和自然生态优势，现已完成现代农业示范园、小麦高产栽培示范点、玉米高产栽培示范点、食葵千元田、3800亩农田高效节水、小游园、足球场等项目建设，加强了水利基础性工程建设，推动了特色农业种植，强化了传统农业优势，也完善了旅游基础设施建设。该镇还以草畜联营的模式加速调整畜种结构，全面提升了畜牧业的增收空间。

（三）人力资源发展

2018年末，该镇行政区域面积11409公顷；户籍人口7231人，较2013年减少392人；村民委员会4个；营业面积50平方米以上的综合商店或超市12个；工业企业3个，较2013年增加1个。2018年末，西吉尔镇所在的木垒哈萨克自治县第二产业、第三产业从业人员分别为3868人、12508人，分别较2013年增加2847人、8656人。

（四）投融资等经济发展

2018年末，西吉尔镇所在的木垒哈萨克自治县生产总值为32.27亿元，较2013年的24.05亿元增长了34.18%；金融机构各项存款、贷款余额和居民储蓄余额分别为54.47亿元、37.22亿元和25.56亿元，较2013年的26.77亿元、15.78亿元和13.10亿元分别增长了103.49%、135.86%和95.11%；公共财政支出为17.83亿元，较2013年的12.51亿元增长了42.53%。

七、冲乎尔镇

冲乎尔镇位于布尔津县中部，与阿拉哈克乡、窝依莫克乡、萨尔塔木乡、禾木哈纳斯蒙古民族乡毗邻。该镇拥有独特的地缘优势，是去往喀纳斯景区的必经之地，也是喀纳斯景区蔬菜、副食品、日用品的重要补给基地。

（一）产业发展

冲乎尔镇充分利用自身优势，发展旅游产业。该镇南部的茫茫沙海可以体验到刺激精彩的沙漠运动；库须根古岩画群让人身临其境，思绪万千；伊列克石林，绿意盎然，千奇百态；马拉雪橇吸引游人纷至沓来。冲乎尔镇还大力发展特色农牧业生产。该镇借助地处去往喀纳斯景区必经之地且距离景区最近的地缘优势，依托景区对蔬菜等农副食品的刚需，大兴蔬菜种植，把种植大棚蔬菜作为农民增收的新途径。该镇在大棚蔬菜种植的基础上还大力种植食用菌及观赏作物，充分发挥土地、区位和资源优势。另外，该镇水源丰富，草原广阔，对于畜牧业发展具有较大优势。

（二）技术发展

为加快资源转化，着力打造生态养生小镇，冲乎尔镇不仅启动了4个度假区建设，还进行了房屋外立面改造、村庄供排水管网等基础设施建设，为吸引品质游客打下了基础。该镇还依托自身土壤肥沃的土地优势和地处喀纳斯旅游沿线的区位优势，大力发展有机农作物种植，加大了蔬菜的种植面积并建设了保鲜库。此外，该镇还打造了一个建设有5座标准菌室和120亩观赏性作物的高标准种植园区，市场反响很好，加快了冲乎尔镇农业产业结构的调整，促进了该镇旅游业的发展。

（三）人力资源发展

2018 年末，该镇行政区域面积 214927 公顷；户籍人口 12567 人，较 2013 年减少 733 人；村民委员会 17 个，较 2013 年增加 6 个；营业面积 50 平方米以上的综合商店或超市 16 个；工业企业 4 个。2018 年末，冲乎尔镇所在的布尔津县第二产业从业人员为 4006 人，较 2013 年减少 676 人；第三产业从业人员为 30118 人，较 2013 年增加 25438 人。

（四）投融资等经济发展

2018 年末，冲乎尔镇所在的布尔津县生产总值为 24. 16 亿元，较 2013 年的 16. 52 亿元增长了 46. 25%；金融机构各项存款、贷款余额和居民储蓄余额分别为 42. 06 亿元、27. 26 亿元和 21. 62 亿元，较 2013 年的 21. 40 亿元、11. 94 亿元和 11. 81 亿元分别增长了 96. 58%、128. 38%和 83. 07%；公共财政支出为 18. 96 亿元，较 2013 年的 11. 90 亿元增长了 59. 33%。

第六章　基于增收致富导向的新疆特色小镇建设发展规划及金融资源配置方案

国家经济发展离不开金融资源的有效配置，金融体系通过多样化的金融机构、多元化的金融产品以及多层次的金融市场，将服务“触角”伸向社会经济发展的各个角落。服务实体经济是各金融机构工作的出发点和落脚点，金融机构以客户需求为导向，努力实现经济目标与社会目标相统一，旨在把更多金融资源配置到经济社会发展的重点领域和薄弱环节。特色小镇的培育、建设和发展既需要政府的引导，也离不开金融服务的强力支持。金融资源在支持特色小镇的基础设施建设、增强企业活力以及发展特色产业方面都发挥着重要的作用，但由于资源条件特别是资金配置不足，总体来看，特色小镇建设还处于缓慢起步阶段。大部分特色小镇建设过程中存在基础设施不完善、生态环境破坏程度大、人才资源相对短缺、财政投入依存度大、产业体系不健全等现象，缺乏持续稳定的资金来源和成熟的资源配置体系，金融在特色小镇建设发展中的支持作用还有很大的提升空间。

第一节　新疆特色小镇分类标准

新疆已批准的 14 个潜在特色小镇（见表 6-1），每个特色小镇都有自己的使命和发展目标。有的特色小镇需要完善当地的基础设施，利用小镇特有的资源和产业优势，带动当地经济的快速发展。有的小镇需要优化自身的优势，打造具有核心竞争力的产业，不断创新和完善，促进当地经济持续健康稳定的发展。

表 6-1　新疆特色小镇的批准情况

小镇批次	小镇名称	所属县
第一批	色力布亚镇	巴楚县
	乌兰乌苏镇	沙湾县
	可可托海镇	富蕴县
	北泉镇	石河子市
第二批	乌尔禾镇	克拉玛依市乌尔禾区
	亚尔镇	吐鲁番市高昌区
	那拉提镇	新源县
	托里镇	精河县
	七个星镇	焉耆县
	北庭镇	吉木萨尔县
	古勒巴格镇	沙雅县
	沙河镇	阿拉尔市
	草湖镇	图木舒克市
	博古其镇	铁门关市
潜在特色小镇	乌鲁克镇	尉犁县
	乌兰再格森乡	博湖县
	安宁渠镇	乌鲁木齐县
	恰尔巴格乡	洛浦县
	尼雅小镇	民丰县
	先拜巴扎镇	于田县
	塔吉克民族乡小镇	皮山县
	半截沟镇	奇台县
	西吉尔镇	木垒县
	冲乎尔镇	布尔津县
	巩乃斯镇	和静县
	十三师黄山农场庙尔沟镇	托里县
	乌帕尔镇	疏附县
	布依鲁克塔吉克风情小镇	泽普县

2016 年 10 月 8 日，国家发展改革委出台《关于加快美丽特色小（城）镇建设的指导意见》（发改规划〔2016〕2125 号），指出要遵循控制数量、提高质量，节约用地、体现特色的要求，推动小镇发展与疏解大城市中心城区功能相结合、

与特色产业发展相结合、与服务“三农”相结合，培育建成休闲旅游、商贸物流、智能制造、科技教育、民俗文化传承的专业特色小镇。

宏观来看，特色小镇有利于推进不同规模城市间的协调发展，是实现“大众创业、万众创新”的载体，也是产业增收致富的有效实现路径。微观来看，特色小镇在城市内部有机和有序发展方面起到了促进作用。特色小镇的重中之重就是“特色”资源或产业，通过对国内一些特色鲜明的小镇类型进行分析，结合实际情况总结归纳出以下十大类型：

第一类：生态旅游型小镇。小镇需生态环境良好，宜居住、旅游，绿色低碳是主要的产业形态，有较强的可持续性。

第二类：特色产业型小镇。小镇产业特点要新、奇、特，规模应小而美、小而精、小而特。

第三类：资源禀赋型小镇。小镇资源优势突出，有巨大的发展潜力和广阔的市场需求前景，可以通过对其优势资源的深入探索和发掘充分发挥其资源优势。

第四类：新型产业型小镇。小镇要有一定的新兴产业基础积累，位于科技和互联网产业突出，经济发展程度较高的区域。

第五类：高端制造型小镇。小镇以高、精、尖为主的产业，遵循产城融合，高级人才引进，促进小镇持续发展。

第六类：历史文化型小镇。小镇历史发展脉络清晰，民俗文化、民族文化、历史遗产等文化内涵特色鲜明突出，小镇规划建设以传承优秀文化、尊重历史与传统为宗旨。

第七类：城郊休闲型小镇。小镇距离城市较远的都市旅游圈，根据需求进行针对性、个性化开发，基础设施建设相对完善。

第八类：交通区位型小镇。小镇交通基础设施完善，具有周边联动性，处于交通枢纽重要节点或物流中转地，联动周边城市，实现资源合理高效利用。

第九类：金融创新型小镇。小镇具备优越的区位、人才、资源、创新及政策优势，投融资市场活跃，且有一定的财富积累，市场开放度高。

第十类：时尚创意型小镇。小镇与国际潮流接轨，以时尚产业为主导，融合文化和时尚元素发展，加强国内与国际交流。

按照以上标准对新疆已批准及潜在特色小镇进行分类，结果如表 6-2 所示。新疆已批准及潜在的 28 个特色小镇中，主要有 16 个生态旅游型小镇，8 个资源禀赋型小镇，2 个特色产业型小镇，1 个新型产业型小镇，1 个历史文化型小镇。

表 6-2 新疆特色小镇分类

小镇批次	小镇名称	小镇类别	小镇名称	小镇类别
第一批	色力布亚镇	新型产业型	可可托海镇	资源禀赋型
	乌兰乌苏镇	资源禀赋型	北泉镇	生态旅游型
第二批	乌尔禾镇	资源禀赋型	北庭镇	生态旅游型
	亚尔镇	生态旅游型	古勒巴格镇	生态旅游型
	那拉提镇	生态旅游型	沙河镇	资源禀赋型
	托里镇	资源禀赋型	草湖镇	生态旅游型
	七个星镇	资源禀赋型	博古其镇	资源禀赋型
潜在特色小镇	乌鲁克镇	资源禀赋型	半截沟镇	生态旅游型
	乌兰再格森乡	生态旅游型	西吉尔镇	生态旅游型
	安宁渠镇	特色产业型	冲乎尔镇	生态旅游型
	恰尔巴格乡	特色产业型	巩乃斯镇	生态旅游型
	尼雅镇	生态旅游型	十三师黄山农场庙尔沟镇	生态旅游型
	先拜巴扎镇	历史文化型	乌帕尔镇	生态旅游型
	塔吉克民族乡小镇	生态旅游型	布依鲁克塔吉克镇	生态旅游型

新疆有占全国83%的旅游资源，疆内1100余处景点数量居全国首位，旅游资源极为丰富。新疆民族特色地区的旅游资源具有多样性和独特性，这都为新疆生态旅游型小镇创造了良好的条件；新疆地区光热资源丰富，太阳辐射量和日照时间均名列前茅，且昼夜温差大，有利于农作物生长，是我国重要的商品粮、棉、制酱番茄、枸杞、酿酒葡萄等各种水果的生产基地，盛产多种农作物，资源丰富，是新疆资源禀赋型小镇的基础；新疆自古是一个多民族文化地区，文化资源深厚，是世界唯一一处古代四大发明交汇地，流传下来的许多历史古迹遗址资源（如交河故城、克孜尔石窟、柏孜克里克千佛洞、阿斯塔纳古墓群、哈密王府、苏巴什古寺、玉素甫—哈斯哈吉甫基、尼雅古城、楼兰古城、伊犁将军府等），是新疆历史文化型小镇的基础；新疆地处欧亚大陆腹地，是我国面积最大、国境线最长、毗邻国家最多的省份，边境线长达5600多千米，在与中国陆路接壤的15个国家中，有8个国家与新疆接壤，新疆已成为中国大陆进入中亚地区最为便捷的通道，17个口岸豁然洞开，为新疆交通区位型小镇发展奠定了坚实的基础。

第二节　特色小镇建设发展规划概述

一、特色小镇建设发展规划目标

在《关于开展特色小镇培育工作的通知》（建村〔2016〕147号）的五大要求：产业形态鲜明、生态环境宜居、传统文化独特、设施服务完善、体制机制健全的基础上，结合小镇建设的关键目标，对以增收致富为导向的特色小镇提出具有一定针对性的小镇规划目标。

新疆中等收入地区的小城镇，大多具有一定的产业基础，在“三期叠加”的状态下，面临着日益激烈的竞争，因此需要破解有效供给不足，加速生产力优化布局，提高资源配置效率，推动产业转型升级或产业链延伸，注重文化内涵开发与文化保护传承。同时加强配套设施快速跟进，如道路交通、市政设施、产业设备、金融机构、商业中介、教育医疗等。规划目标具体为：

首先，明确特色产业定位，优化产业布局。基于“一带一路”倡议经济价值链视角或区域经济发展视角，选择有基础、能够融入“一带一路”倡议产业链或者具有区域产业发展政策导向的产业，遵循适应性、特色性、带动性、创新性、绿色可持续以及需求性原则进行产业定位。在小镇规划过程中，在现有产业分布基础上规划产业定位区域，便于日后产业要素聚集和产业集群发展。

其次，彰显地域特色，建设宜居环境。规划居住区建设时，注重其空间布局与周围自然环境的协调性，规划具有鲜明区域特色和民族特色的整体格局和风貌，注重公园绿地等的布局，加强美丽乡村建设。

再次，加强民族文化的发掘与文脉传承。挖掘、整理、记录小镇传承已久的民族文化，强化对非物质形态文化的保护与传承，形成特色文化标志，并强化文化符号的传播。加强精神文明建设，提高居民的思想道德水平与文化修养。

又次，优化配套设施服务，增强要素吸引力。完善基础设施建设，推进配套产业地产开发，加快产业发展所需金融、商业中介等机构的引进，加速人才落户所需衣、食、住、行、娱、教育、医疗、保健等配套体系落实，增强对资本要素和人才要素的吸引力。

最后，激活体制机制，护航产业发展。以创新开放的格局，以政府引导、市场运作、企业为主的思路，为产业发展提供省、市、县多级联合支持政策，简化审批流程，提高办事效率，为产业发展护航。

二、特色小镇建设发展规划原则

创新、协调、绿色、开放、共享五大发展理念既是我国改革开放以来积累的发展经验，也是未来发展的基本思路。这五大发展理念覆盖经济社会的各方面，当然也包括特色小镇的建设。特色小镇建设发展是我国新型城镇化运动中的重要部分，也是新疆特色小镇根治自身特色基因，解决发展难题的突破口和着力点。五大发展理念是特色小镇持续健康发展的重要方向，特色小镇的培育和建设要与五大发展理念紧密结合起来，将理念贯彻到特色小镇规划建设的全过程。

（一）创新原则

新疆地处西北边疆，长期以来发展相对落后，产业基础相对薄弱，特色小镇的建设既不是“逆城市化”运动的一部分，也不具备就地就近城镇化的基础。因此，既要结合发达地区先进的发展经验，又要结合当地的实际情况，在经验中谋创新，在创新中谋发展。如创新结合民族民间组织的特点，创新产业运作模式，发展民族手工艺；在传统产品中创新加入民族元素，使其焕发新生机等。

（二）协调原则

特色小镇建设是一项复杂的系统工程，具有多个子工程，多方利益的协调是工程顺利、高效进行的前提。打好产业组合拳，有利于产业集聚的同时也需要更好的利益协调能力。特色小镇建设在区域经济建设中并非孤立，而是要协调与周围小镇之间资源、利益、产业发展的关系，以期错位发展，互补发展，共同发展，而非同质竞争。

（三）绿色原则

金山银山不如绿水青山。绿色可持续发展是特色小镇建设的底线，因此在产业选择、基础设施建设（推动节能、节材、节水、节电技术）甚至制度方面（减少时间消耗、资源浪费、信息搜索成本），都要以绿色环保、简约高效为原则。

（四）开放原则

开放是盘活经济要素，提高其流动性和配置效率的重要前提。因此特色小镇建设要以开放为原则进行规划建设。开放视野，瞄准价值链更高端的方向步步前进；开放平台，通过“政府—平台—企业”的模式，吸引更多的民间资本参与。

（五）共享原则

共享，既包含特色小镇建设体系内政策服务、基础设施、金融机构以及商业服务的共享，也包括特色小镇与周边小镇在共同规模效应、人才要素聚集、生产要素流动等方面的共享。通过共享可以更高效地聚集更多的要素，提高要素使用效率，分享规模效应红利。

三、特色小镇建设发展的盈利模式

（一）企业+政府

该模式以企业为主导，政府为特色小镇建设发展定位、管理和监督。房地产开发商、产业龙头企业为主体，通过将概念策划、空间规划、项目规划等一系列设计提交政府，由政府审批、监督与管理，一家或者多家企业联合完成投资建设以及运营工作。

政府通过土地增值和税收收益获利，减轻财政压力。企业通过一级土地、二级土地开发获利，同时享受由于政策金融、开发金融等优惠政策对成本的降低红利。项目建成后，政府回购或用户付费使用，企业再次获益，在运营期间还可获得运营收益。

（二）政企联动

政府主要负责概念策划、空间规划以及审批服务，通过市场化方式引入社会资本投资建设，政府拥有所有权，投资方拥有经营权，最终收归政府所有。

该模式与“企业+政府”模式类似。政府通过税收和土地溢价获利，减轻财政压力。社会资本（企业）通过土地开发获利，并在一定时期内，通过基础设施建设的经营权获利。

（三）政府+企业

政府主导建设，拥有绝对主导权，通过成立国资公司，拆分系统工程形成多个子项目，针对子项目面向全国招商。

该模式下，政府拥有绝对控制权，进展快，通过税收、土地溢价、产业项目运营等方式获益。企业通过单独项目获益，依照具体项目获益途径不同。

四、特色小镇建设发展规划步骤

（一）分析特色小镇建设发展的系统环境，确定特色产业

围绕特色小镇的经济发展、产业发展、人才储备、资源禀赋、地理区位、文

化传承、基础设施建设、科技发展以及特色小镇所处地区经济发展、政策支持等现状，明确特色小镇定位，并根据实际情况，以绿色环保为基本原则，选择产业基础良好、与其他产业关联度强、具有较好经济拉动作用的特色产业作为龙头产业。

（二）分析产业发展与现实差距，界定主要问题

分析并对比小镇建设发展特色产业所需的资源与自身地理区位、生态环境、自然禀赋、历史文化、产业基础等，界定特色产业发展所需要解决的关键问题。

（三）围绕核心问题，提出解决方案

在明确整个系统目标体系是什么之后，围绕主要矛盾，对原有系统环境进行重新规划设计，包括但不限于区域规划、土地利用、产业发展、建设与开发时序、投融资时序、收益还款时序等。

（四）围绕分项目标，探究措施集合

明确系统的子工程或项目目标后，设计目标达成策略，针对每一个分目标设计解决措施，最终形成措施集合，并通过整合资源、整合措施的方法，高效完成分项目标。

（五）建立投融资规划模型，时序安排融资对接

根据整个系统工程总目标与各个子项目的分目标以及二者的建设与开发时序，计算每一个子项目所需的投资时点、投资规模、资金来源渠道、预期收益，建立投融资规划模型，按照时间顺序，安排融资对接。

（六）定量检验与模型修正

通过政府部门、专家学者以及企业代表多方会谈的方式，对投融资模型进行定量检验与修正，尽可能保证项目开发与融资对接顺利进行。

（七）部署实施规划，提出运营建议

根据特色小镇建设发展开发时序以及投融资模型，设定详细的项目进度表，并针对不同时点进行的工作提出注意事项和运营优化建议。

五、分阶段运营要点分析

在不同的建设模式和盈利模式下，特色小镇建设发展的运营模式略有不同。但主要仍然是：政府引导、市场运作、企业参与、社会参与为主。在不同阶段，运营要点不同。

（一）概念策划与空间规划期

执行主体为政府，主要目标是形成特色小镇建设发展的顶层设计，完成对特色小镇建设发展的定位，确定特色小镇未来发展方向（概念策划）。具体包括特色小镇规划和产业规划（空间规划）、制度建设和监管机制设立，保证特色小镇的顺利推进。

（二）土地一级开发期

执行主体是政府（“政府+企业”或政府企业联合模式）或是企业（“企业+政府”模式）。结合小镇规划、产业规划等多项规划，与未来产业发展和项目开发结合，完成规划土地范围内的征、拆、补工作，并做好水电气、道路交通、通信网络等基础设施和社会公共配套设施建设。

（三）产业项目开发期

围绕特色产业发展方向，实现项目及其载体的开发建设，主要完成产业的开发、培育以及集聚，最终打造产业集群，实现产业价值。

抓住产业发展核心问题，在尊重市场及产业发展规律的基础上，集中资本、人才等优势攻破产业开发的各项难题，其中传统产业转型升级则需要突破升级难点、新兴产业引入则是完成从 0 到 1 的突破，形成产业发展条件的聚集。

（四）产业项目培育期

培育和扶持高效的特色产业和企业主体，实现规模化生产。该阶段需要政策的倾斜，包括信贷优惠、税收优惠、财政补贴、科研补贴、关税壁垒和非关税壁垒、土地政策倾斜等。发挥龙头企业作用，大力支持、引导重点品牌和关键企业与产业链上其他小型企业建立互补合作共赢关系。

（五）产业链整合期

围绕主导特色产业，利用整合手段，打通产业链上下游及相关产业之间的壁垒，有效运用资源、技术、市场、经营方式、组织管理、制度、人才等手段，实现产业之间的有效聚集，形成带动作用更强、效益更好的产业集群式发展。

（六）土地二级开发期

随着产业的扩张发展，吸引大量劳动力聚集于此，由此产生了居住、教育、医疗以及第三方服务等需求。通过对土地的二级开发，实现综合服务配套升级，满足人们更高的住房、教育、医疗、休闲娱乐需求。该阶段的工作重点在于产城融合开发建设，综合考虑影响特色小镇建设发展的政策扶持和制约因素。

第三节　新疆特色小镇建设发展的基础

在新疆已批准的14个潜在特色小镇中，多数按照各自的风格特色，在特色小镇建设发展方面初有成效。

一、新疆新型产业型特色小镇建设发展的基础

喀什地区巴楚县色力布亚镇是第一批新型产业型特色小镇，是南疆地区规模最大的镇和四大农村集市之一，交通便利，民族手工业发达，商贸流通业繁荣。色力布亚镇的定位是以商贸物流产业为主导的新型产业型小镇，自2016年10月被确立为特色小镇以来，其以发挥区位优势、品牌优势为核心，以巴扎建设和运营为抓手，不断强化商贸服务业，同时结合地域文化优势，发展特色手工业和城镇旅游业；以商贸、产业发展为核心，通过引导专业市场的发展，使色力布亚镇的市场能辐射整个南疆地区甚至更大范围，打造南疆地区最具示范性的专业市场镇。其立足“南疆商贸重镇”的品牌优势，借助上海对口援建有利时机，建成总面积达20万平方米的六大市场，分别为农贸综合交易市场、瓜果批发市场、小商品批发市场、畜牧交易市场、木材交易市场以及新建二手机动车交易市场。色力布亚镇的商贸物流业发展迅速，但由于其仍处于经济欠发达地区，现仍存在经济基础薄弱、地方财政配套不足的问题，项目所涉房屋征迁也有一定难度。

二、新疆生态旅游型特色小镇建设发展的基础

新疆地区特色小镇的主要类型是生态旅游型，已批准小镇中北泉镇、亚尔镇、那拉提镇、可可托海镇、北庭镇、古勒巴格镇以及草湖镇均属于此类型，各小镇自批准后也在逐步按照各自的定位有条不紊地进行小镇规划及建设。

军垦小镇——北泉镇以最具特色的产业作为支撑，推动产城融合发展，地域、水域特色与军垦文化融合，突出知青文化和产业特色，北泉镇目前建有国家级兵团农业科技园区、新疆维吾尔自治区级北工业园区、兵团级化工新材料产业园区、八师团场工业园区和北泉镇乡镇工业园区，形成“工业园区化、产业城镇化、城镇功能化、产城一体化”发展模式。在基础设施建设方面，北泉镇先后新

建和改扩建镇区 8 条道路 30 余千米，形成了“五纵九横”的北泉新城格局，建成了四通八达的道路网，与道路相关的供水、路灯、绿化、排污等配套设施也依次完成。北泉镇采取 BOT 和 BT 模式筹集资金建设基础设施，采取招商引资模式吸引知名商业集团参与社区商业及服务业建设，以满足小镇居民的医疗卫生、社区服务、文化休闲等服务需求的文化影视城、商贸城、物流园等项目均在建设中。

吐鲁番市高昌区的亚尔镇，全力打造旅游通道，以棚改和道路改造项目为契机，打造亚尔村、恰章村等沿线旅游通道；结合杏花村、坎儿井、沙疗小镇的旅游资源，大力发展农家乐和休闲乡村旅游，推动农村产业多样化，不断做大、做强、做优葡萄产业、设施农业、畜牧业、旅游业、特色餐饮业、商贸流通业、电子商务七大产业；依托杏花、葡萄、桑葚以及蔬菜资源，全力打造现代设施农业旅游观光基地，推动农业和旅游业的深入融合。

可可托海镇依托当地稀有金属矿资源发展特色工业，它曾经是新疆有色金属工业发展的源头，在国家困难时期做出过重大贡献，目前已是北疆的旅游名镇，其发展为资源开发型小镇转型及特色小镇的打造提供了示范。依托自然风光和历史文化资源发展体验旅游和红色旅游，延伸内在旅游价值链，包括“吃住行娱购”，实现了特色旅游名镇的打造。结合工矿区旅游资源“数量多、分布广”的特点，按照“阿勒泰千里旅游画廊”整体开发思路，通过整合周边地区的旅游资源，构筑“一核三片，带轴联动”的总体空间格局。可可托海是中国有色工业的发祥地，闻名世界的三号矿脉，在世界地质界被称为“稀有金属博物馆”“天然矿物陈列馆”，享有“地质麦加”和“世界地质圣坑”之美誉。但目前仍面临财力有限，资金筹措困难，旅游产业还在培育阶段，农业产业化还处于初级阶段，农牧民还处在旅游产业链的末端，参与旅游产业的积极性有待提高。

北庭镇是依托世界文化遗产地——北庭故城，以北庭历史文化的展示和体验为核心，兼具丝路商旅、异域风情、民俗体验、园林湿地等功能的特色旅游小镇和国家特色旅游景观名镇。北庭特色小镇项目已由吉木萨尔县政府与新疆特变电工集团有限公司采取 PPP 模式投资建设，目前项目进展顺利，其中北庭都护府故城遗址展示中心的子项目总建筑面积 8000 平方米，于 2017 年 6 月开工，2018 年 5 月投入使用。

古勒巴格镇利用其位于城郊的地理优势，大力建设商贸物流港，加快小镇农资及农机具销售市场，此外还建设了物流集散中心和建材交易市场，古勒巴格镇已成为集商贸物流、休闲娱乐、观光旅游于一体的特色小镇。古勒巴格镇燃气锅炉覆盖率100%，各村都有村民服务活动中心和村民活动小广场，村村相通，柏油路覆盖率已经达95%以上。该镇着重发展果蔬种植业、水产品养殖业、酸奶加工业、冷库储藏等产业项目；还开发了农家乐、庭院特色种植等特色项目，既吸引了大量游客观光参与，也有力地促进了农民增收。2017年，萨依巴克村、英阿克村、小古勒巴格村的蔬菜大棚和拱棚建设面积达4000亩，蔬菜种植区的面积扩大到7000亩，以满足县城蔬菜的供应需求。广东援疆资金打造的草湖镇，合作共建期间，对口援疆项目聚焦打造草湖产业园，承担起草湖产业园发展的主体责任和主要领导工作，重点加快建设200万锭棉纺项目，打造高水平纺织服装全产业链，并加快引进和发展其他产业，培育产业集群，推动产业聚集和人口聚集。在产城融合方面，确保城镇绿化覆盖率不低于40%。如今，四十一团草湖镇结合团镇实际，全面退出棉花种植，扩大林果业、粮食、蔬菜等种植，加强农业设施建设，不断向休闲观光农业发展。绿美南疆林业产业园已于2016年底开始建设，林业基地总体规划面积1万亩，其首期项目总投资为4.65亿元，主要投向科技研发、花卉繁殖、植物驯化、农技示范、苗木生产、观光旅游、科普教育等功能业务，打造成为南疆花卉苗木繁育示范基地、南疆最大的苗木花卉交易中心及国家4A级旅游景区。产业园从2016年10月启动建设至2017年底，已累计带动近2000人就业，种植119种310万株花卉苗木，完成园区道路、管网铺设、旅游中心景区打造以及办公楼建设。截至2019年，累计带动逾5000人就业，每年可让团场获得100多万元的资产性收入。

三、新疆资源禀赋型特色小镇建设发展的基础

新疆地大物博，资源丰富，资源禀赋型特色小镇是最主要的小镇类型之一。新疆已批准的小镇中乌兰乌苏镇、乌尔禾镇、托里镇、七个星镇、沙河镇以及博古其镇均利用独有的资源优势，打造小镇自己的特色，目前也是初见成效。

乌兰乌苏镇自然资源丰富，特色农业居多，发展较快。乌兰乌苏镇是国家现代农业“一村一品”示范区，有着良好的农业发展基础，拥有绿色蔬菜、畜牧养殖、酱用番茄、优质林果四大优势产业。乌兰乌苏镇将现代农业与旅游有机结合，发展体验式休闲农业，通过与自治区林科院、水产科学院合作，引进虹鳟、金鳟、中华鲟、冰葡萄、樱桃育苗、无花果等新品种，以采摘农业、休闲农业和农家乐为发展重点，乡村旅游业发展为现代农业注入新活力。乌兰乌苏镇皇宫村御园农场，由农家菜园、养殖体验区、休闲娱乐区三大功能区组成，集休闲农业

种植、果蔬采摘、农家餐饮于一体的旅游休闲农业园，初步实现了经济效益、社会效益、生态效益三方面的统一，创新了沙湾休闲旅游农业发展新模式。同时，乌兰乌苏镇2019年大力发展畜牧业，初兰香合作社填补了全镇肉牛养殖空白；绿康源自动化养鸡场建成6000平方米，地区首座自动化养鸡厂——绿泉合作社投入生产，单圈日均纯收入达万元；全镇肉羊规模达8万只。乌兰乌苏镇因地制宜推进合作化经营模式，截至2019年，全镇拥各类专业合作社65个，农产品品牌15个。

1998年被国家农业部命名为“枸杞之乡”的托里镇，主导产业为枸杞产业，其已建成自治区级农业（枸杞）科技示范园区，是国家枸杞产业技术创新战略联盟成员单位，自治区枸杞产学研成果转化基地。托里镇现种植枸杞17万亩，年产干果2.5万吨，形成了“繁育—种植—采摘—加工—销售”为一体的产业链和园区加工产业集群，成为博州林果产业发展的主要支柱，也是新疆红色产业的重要组成部分，经济效益、社会效益、生态效益三效凸显。2020年，托里镇规划建立了5000亩绿色、有机枸杞种植地，建成枸杞烘干房176座。托里镇通过不断摸索与创新，逐渐做大做强枸杞产业，使枸杞产业成为当地农民致富、带动地域经济发展的支柱产业。

七个星镇是新疆著名的酿酒葡萄产区以及红辣椒色素产区，目前10万亩酿酒葡萄种植区孕育了10余家葡萄酒庄（酒堡），其中乡都、天塞、中菲、轩言等酒庄出品的优质葡萄酒在国内外多项葡萄酒大奖赛中屡次斩获大奖。

新疆生产建设兵团阿拉尔市沙河镇（五团）委托泛华集团，结合中国新型城镇化发展创新模式以及城市、县域、美丽乡村等上百个建设项目的实践经验，协助特色小镇申报并以产城融合模式切实推动沙河镇（五团）特色小镇的发展。沙河镇树立“现代农业”理念，突出发展以新疆“冰糖心”红富士苹果种植为主的水果种植，形成了规模农业格局；以苹果产业为基础、延伸提升产业链条、促进一二三产业联动发展；以大众创新为动力，鼓励居民创业、集聚小镇人口、实现共建共享。通过培育“苹果+”产业体系，实现一业（农业）牵动、多业支撑；品牌营销、旅游推广，形成“3—2—1”三产融合发展路径。新疆铁门关市博古其镇因其盛产驰名中外的“2+8香梨”，被称为“梨镇”。按照相关有机食品认证和出口注册果园认证标准，全力打造绿色有机环保果园，实施果园绿色种植，进一步发挥产品的地方优势。其香梨已远销美国、加拿大、东南亚等，为零售业连锁巨头“沃尔玛”和“欧尚”旗下超市供应香梨，被国际友人认可和赞赏，成功实现“从果园到餐桌”。

资源禀赋型小镇虽有一定的发展，但也面临着小镇建设资金严重不足、缺乏完善的管理机制及配套功能、缺乏科学的管理手段、专业技术人才配备不足、生态环境建设项目较为缺乏、环境保护设施有待提高等问题。

第四节　新疆特色小镇建设发展的规划

特色产业是保持特色小镇生命力最关键的因素。通过发展特色产业，能够充分发挥区域比较优势，形成专业化的产品，提高特色小镇的综合竞争力。特色小镇的产业需培养根植性，利用市场化的各类资源，推动改革创新，多措并举，才能为特色小镇经济社会的发展奠定良好的基础。新疆地区潜在特色小镇的建设规划要考虑小镇城市美化、交通服务、高素质人才引进等一系列要素，最为重要的是小镇特色产业的规划、培育、建设和发展，因此本节关于地区特色小镇的建设规划，主要探究各根据特色产业划分的特色小镇的主产业建设规划。特色小镇产业发展要经历特色产业选择、合理规划、核心培育、产业集群等，最终提升到产业品牌。新疆特色小镇依靠的特色产业类型较多，这里主要讨论具有代表性的旅游型小镇、资源禀赋型小镇以及特色产业型小镇，每种类型均从已批准特色小镇和潜在特色小镇中各选一个进行个案分析。

一、新疆生态旅游型特色小镇建设发展的规划

旅游小镇是因特色文化而产生价值的一类社会经济空间，其丰富的人文内涵、稀缺和特有的资源具备优势旅游功能，能够协调带动旅游经济和相关泛旅游产业在区域空间内的持续发展，由此带来自身发展并刺激区域经济的繁荣。旅游型小镇是特色小镇建设的主力军，全国大部分的特色小镇都是此类型，然而新疆旅游型特色小镇要想在众多小镇中脱颖而出，带动小镇发展，对小镇的旅游产业建设规划分析显得尤为重要。

（一）生态旅游型特色小镇建设发展规划理论要点分析

1. 深度挖掘旅游资源唯一性，保有小镇历史文化，内容植入突出小镇特色

旅游型特色小镇在经济新常态下，供求格局发生逆转，文旅产品作为时尚消

费和精神需求很容易因时代快速变革而遭到淘汰，特别是某些模仿历史的、缺乏产业支持的文旅产品。因此，首先，旅游型特色小镇需深度挖掘资源的唯一性，深挖自然生态资源、历史文化资源、民俗人文资源、特色产业资源等资源禀赋，充分保护文旅型特色小镇的历史文化和所在地资源，为打造特色鲜明的旅游型特色小镇奠定良好基础。其次，特色小镇应尽量保有资源的历史性，坚决不能为了适应热潮而进行迎合游人需求的改造，应保护传统街巷格局、历史风貌，保护不可移动文物，避免破坏具有历史印记的地物，及时修缮历史建筑，修旧如旧；保护小镇非物质文化遗产，挖掘历史价值，弘扬小镇历史文化。最后，忌自然资源、建筑和文化的杂乱堆砌，需结合挖掘的小镇文化、自然等资源和历史渊源，进行主题化开发和内容植入，突出旅游小镇的特色。充分结合当地特色，做到“保有历史、浓缩地域、博物地方”，通过内容植入、印象切割、品牌精准营造等手段，发扬品牌特色，找准品牌定位，打造品牌形象，形成独一无二、口口相传的小镇印象标识，树立差异化印象，使小镇成为某一特色的代名词，形成其区别于其他特色小镇的核心竞争力。通过梳理地区特色文化，以打造主题文化为重点，把多元文化景观化、建筑化、娱乐化，形成文化产业。将小镇特色文化与旅游产业紧密结合，在传统建筑和历史风貌等物质文化遗产的血肉中注入非物质民俗文化的灵魂，避免小镇停留在钢筋水泥浇筑的空壳阶段，植入丰富的文化内涵，打造内容为王的特色小镇。

2. 小镇旅游资源合理分区，块块相连，特色明确，产业集群

小镇的商业设施除了承担吃喝玩乐等基本功能，还承担文化传播、文化体验、互动交流等复合功能。科学合理规划各功能分区，提高土地资源和旅游资源利用效率，有效分流和控制游客活动，减轻和分散小镇接受游客的压力。以核心功能区为主，特色功能区为辅，特色功能区既可以补充核心功能区，也可形成独立的功能区。旅游型小镇在功能分区时要注意以下几点：第一，要合理规划用地布局，确定小镇的基本形态；第二，从小镇核心功能和特色功能出发，对休闲度假、旅游观光、产品消费各功能进行分区规划设计，比如，以休闲农业为主题的农业旅游特色小镇，可以规划建设农业观光、农业种植、农事体验、农业休闲娱乐等特色功能区；第三，依托地域特色串点成面，旅游小镇在规划中需要突出小镇独特的自然地理条件和区域文化特色，在小镇开发尤其是自然景观和房屋建筑开发上体现地域文化特色，创建新的旅游项目节点和游线规划，串点成面构成新的空间布局和功能分区。此外，还需要注意的是，在欠发达地区特色小镇的建设

初期，应当将特色旅游内容作为重点；在建设中期，整合各类资源集中建设特色旅游产业；在建设后期，引进其他新产业，实现真正的产业间融合发展。

3. 加强小镇居民文化素养培养，增强主客共创、共享理念

特色小镇的旅游文化演出多以讲故事的方式呈现，虽然阵容和场面很震撼，但忽略了本土居民在特色小镇文化宣传中的作用，少了本土真实的生活方式展现，难以让游客真正地体会和感受特色文化，特色小镇只实现了经济效益，未实现社会效益。因此，在旅游特色小镇的建设过程中，要让本地居民融入小镇生产生活的网络结构中去，加强小镇居民的文化素养，提升居民的文化熏陶，让人们更多地了解历史，担负起小镇繁荣昌盛的责任。另外，旅游型特色小镇在实际运营过程中，主要扮演文旅产品供给者的角色，却忽略了主客共创、共享的理念。游客在旅游型特色小镇中是最主要的消费群体，重要的文化传播者，小镇文化旅游产品是小镇向外宣传的另一种方式，因此，在文化旅游产品设计和创作中，应增加与游客的互动，增强小镇主客共创的理念，在旅游特色小镇文化产品的供给中充分发挥产销者的作用。

（二）新疆生态旅游型特色小镇建设发展规划个案分析

1. 那拉提特色小镇建设发展规划分析

新疆潜在特色小镇类型中生态旅游型占较大比例，与全国特色小镇类型占比情况相似。

那拉提镇围绕旅游业为主题，大力实施“旅游+”发展战略，通过规划控制，发挥规划引领作用，按照景镇融合、产镇一体和节约集约要求，为草原小镇发展留足空间。那拉提镇的“旅游+”战略（见图6-1）涉及农业增收、民俗文化、康养度假生态建设以及“互联网+”，在农业增收方面，那拉提的特色种植以香料、花卉、中草药为主，基本形成与旅游业融合发展的生态农业和观光农业格局。农作物产品主要有春小麦、马铃薯、胡麻、油葵、油菜等，其中马铃薯种植及加工已成为该镇的特色产业，该镇是全疆最大的土豆淀粉生产基地，淀粉远销沿海和西北五省份；在民俗文化方面，全面展示和开发哈萨克民俗文化，大力宣传该地区的“马背文化”，开发少数民族特色餐饮文化，打造那拉提哈萨克文化产业园；在康养度假方面，依托那拉提草原景区，完善酒店民宿、露营、自驾营地等旅游配套设施，积极延伸镇区的旅游度假功能；在生态建设方面，在减少生态环境破坏程度的前提下，开发特色旅游产业链；结合“互联网+”为农牧业产品、旅游文化产品、手工艺产品提供了全国范围内的市场。

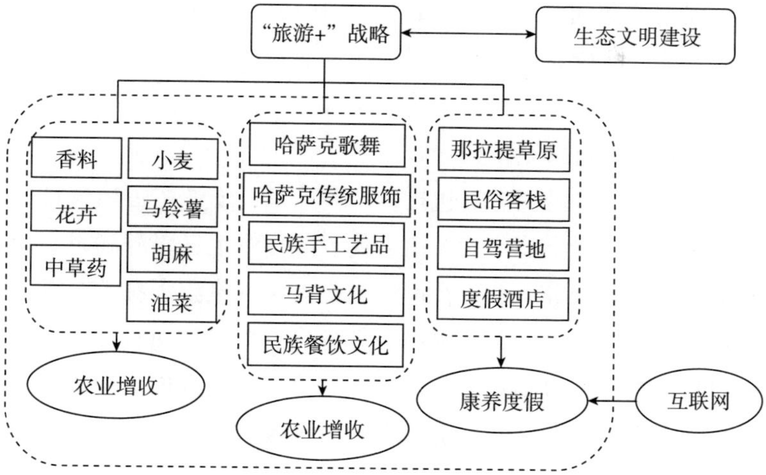

图 6-1　那拉提特色小镇建设发展规划模式

资料来源：笔者自绘。

同时，那拉提镇也创建了新疆非物质文化遗产哈萨克文化生态保护实验区，完成了自来水改造入户工程，新建了 3 座污水处理厂，完成了 14.6 千米污水管网工程，建设了那拉提镇生活垃圾处理场，实施了改善人居环境的贷款项目，镇区得到了绿化美化。

2017 年，那拉提镇深入推进全域旅游创建，全面启动《新源县全域旅游总体规划》《那拉提特色小镇建设总体规划》编制工作；总投资 10.2 亿元实施全域旅游项目 34 个，全年接待游客 229 万人次，旅游综合收入 15.6 亿元，同比增长 34.7%。

2. 尼雅小镇建设发展规划分析

在生态旅游型特色小镇建设发展规划要点分析基础上，结合潜在特色小镇评价结果，本书选取潜在旅游型特色小镇中生态旅游资源丰富的民丰县尼雅小镇进行分析。

此处借鉴《2018 中国特色小镇发展报告》第七章特色产业培育中林峰提出的旅游消费引导聚集的特色小镇发展模式①，为尼雅特色小镇进行规划。结合尼雅镇特色旅游业和农业资源，本章提出的旅游消费引导聚集模式，一方面，以小镇的核心旅游资源为出发点，通过对资源的品牌化包装形成特色旅游产业的吸引

① 资料来源：《2018 中国特色小镇发展报告》。

源，使游客形成人流聚集，促进消费，并将其转化为消费产业的就业供给侧聚集；另一方面，结合特色农业发展，引导加工业发展，加工业同时促进消费产业聚集，最终形成了以旅游产业为核心的三产服务机构，实现了产业之间的相互促进，形成了产业发展的可持续结构。

尼雅镇具有丰富的旅游资源，包括以尼雅遗址、安迪尔古城遗址为代表的历史文化资源，以渔湖、沙漠公路、古树为代表的自然生态资源和以高山牧场度假村为代表的文化体验资源等。首先在深挖尼雅镇各种旅游资源的基础上，合理判断小镇的核心旅游资源，将各种资源按照其各自的功能和现状进行合理分区。其中需要注意的是，在分区时要对资源进行识别，去掉没有价值的资源，植入符合历史文化的主题内容，使分区的各资源之间由主线进行关联。旅游资源功能分区后的第三产业由于人流聚集，可形成消费产业聚集，也进一步促进了小镇相关行业的就业，对小镇社会和经济的发展有着正向的促进作用。尼雅镇有丰富的农业资源，如新疆比较出名的尼雅羊肉、2011 年在第八届中国国际茶业博览会夺得金奖的尼雅昆仑雪菊茶、万亩红枣等。因此，以民丰县民俗风格为主，结合独有的尼雅文化，创建具有尼雅文化的风貌规划，坚持宜林则林、宜畜则畜、宜牧则牧、宜禽则禽的产业布局，做优以核桃、红枣为主的特色林果业，做强以尼雅羊、尼雅黑鸡为主的现代畜牧业。简而言之，丰富的林果业和畜牧业资源带动尼雅小镇第一产业的发展，同时引导工业产业，提高生产产品的附加值，进一步促进消费产业集聚。一二三产业的融合发展，能够促进小镇相关行业的就业及经济等发展，最终实现尼雅镇的振兴和可持续发展（见图 6-2）。

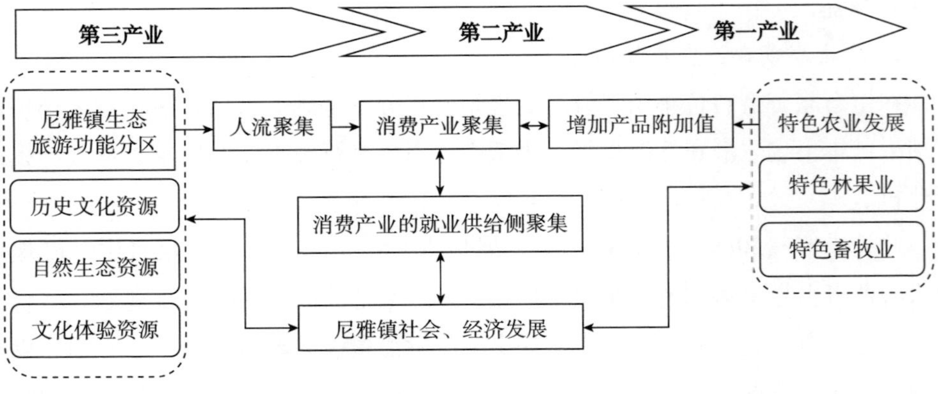

图 6-2　尼雅镇特色产业规划

资料来源：笔者自绘。

综合来说，这种生态旅游型小镇建设发展规划的模式，主要以第三产业导入为前提，人流聚集为重点，带动小镇区域内第一产业、第二产业联动发展的一体化发展结构，最终实现了自然生态、社会生态、经济生态的全面协调发展。

二、新疆资源禀赋型特色小镇建设发展的规划

资源禀赋，是指人力、资本、土地、技术等各种生产要素。资源禀赋型特色小镇建设发展运营的基本要求是优势资源处于领先地位。在新疆最大的优势资源就是土地，肥沃的土地资源为农业、畜牧业等相关产业发展奠定了良好的基础。根据新疆特色小镇的类型，这里我们着重对具有农业资源禀赋的特色小镇建设发展运营要点进行分析，并对具有资源禀赋优势的乌尔禾特色小镇和乌鲁克潜在特色小镇建设发展规划进行分析。

（一）农业资源禀赋型特色小镇建设发展规划理论要点分析

农业特色小镇是特色小镇的重要类型，是指依托农业特色产业基础（如林果经济作物种植业和农业加工业等）和农村特色历史文化资源（如生态景观、地域文化、传统习俗等），打造以农业产业为主导，具有明确农业产业定位，并融合文化、休闲、养生等元素，具有一定社区功能的现代农业发展空间平台①。

特色农业小镇的产业发展，首先，要注意空间布局的全面性，保证其产业资源、基础设施合理分区。除了对区块的具体定位、功能设置以及发展主题等进行规划，还要注意在对土地划分、用途管制等内容进行合规性规划时，应避免出现对农业资源尤其是耕地资源的侵占和破坏。农业特色小镇建设发展时应注意生态环境的保护，不切实际、盲目追求视觉的生态和绿色的规划理念不可取，很容易产生政绩工程和形象工程。坚持在小空间聚集高端生产要素，提高单位面积用地资金，充分借助农村土地改革政策，合理利用土地资源。其次，加强公众参与，切实考虑农民利益。农业特色小镇规划与居民尤其是农村居民的生产生活密切相关，与农民开展合作经营是农业特色小镇建设发展运营的必然路径。农业合作社规模化、专业化的生产，为提高农民经济收入提供了有效途径。农业特色小镇规划、建设发展和运营还必须考虑农业经营承包体制、农村集体经济组织的特点，确保农民利益不受侵犯。再次，农产品加工规模化和品牌化生产。依托特色农产品及深加工产品，向市场推出具有地域特色的农产品品牌、企业品牌和产品品

① 资料来源：《浙江省人民政府关于加快特色小镇规划建设的指导意见》。

牌，提升特色小镇知名度。最后，鼓励农业特色小镇利用新兴信息技术，借助大数据、物联网、云计算等，打造精细智能化的物流网络，通过发展农村电子商务、农商直供、加工体验等新型业态模式，发展农业特色互联网小镇，因地制宜规划建设。

（二）新疆资源禀赋型小镇建设发展规划个案分析

1. 乌尔禾特色小镇建设发展规划分析

素有“金丝玉之乡”“中国观赏石之乡”之称的乌尔禾小镇，依托得天独厚的玉石资源、自然旅游资源和东归文化，通过多方引资，实施“特色产业+旅游”的发展模式，形成了以“金丝玉”产业为主导，以文旅服务为核心，以休闲旅游和生态农业观光为重点产业的“金丝玉文化聚集特色小镇”，通过发展金丝玉产业带动文旅产业，旨在“以产促旅，以旅富民”（见图 6-3）。乌尔禾先后与七师一三七团共同建立“兵地融合发展改革试验区”，共同谋划金丝玉产业和旅游产业的融合发展，进行资源配置与产业规划发展；多措并举，以城乡一体化发展为突破口，协作开展城乡基础设施建设；由村委会出资成立村级公司，负责玉石、文旅产品的销售流通，发展壮大农业集体经济。2017 年，乌尔禾镇有 60%的人口参与金丝玉产业，经营商户达 110 家，2500 余人从事观赏石工作，金丝玉产业销售额达 0. 8 亿元，极大地改变了传统农牧民的生产生活方式，小镇居民人均收入增长超过 10%，生活质量得到明显提高。

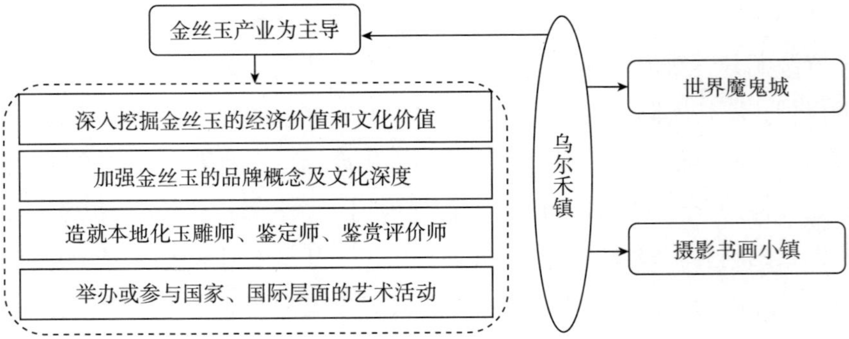

图 6-3　乌尔禾特色小镇建设发展规划

资料来源：笔者自绘。

世界魔鬼城、金丝玉、摄影书画小镇是乌尔禾的三张名片。在金丝玉产业发展的同时，依托乌尔禾丰富的地理资源优势，结合独特的影视文化资源将乌尔禾镇打造成为新疆乃至全国知名的影视拍摄基地、影视文化旅游目的地、生态度假旅游目的地；乌尔禾与华侨城等旅游企业共同开发魔鬼城景区，这些均对展示乌尔禾民俗文化旅游，促进经济发展，提升乌尔禾品牌形象具有重要作用。在发展乌尔禾镇产业的同时，也应注重辖区生态环境和人居环境的改善，乌尔禾镇、查干草村、哈克村被命名为“自治区级生态乡、生态村”。

2. 乌鲁克鹿角小镇建设发展规划分析

新疆鹿角特色小镇——乌鲁克镇，拥有全国最大的马鹿饲养基地和全国最大的原始胡杨保护区，同时也是新疆棉花和红枣的主要产地之一，其具有较为丰富的畜牧业和农业资源优势。我们采用以马鹿全产业链带动商贸旅游型的建设发展模式对乌鲁克鹿角小镇进行建设发展规划，以塔河马鹿为线索进行贯穿，开发中融入军垦资源、生态资源、农业资源等资源，打造塔河马鹿特色小镇，树立起塔河马鹿的品牌形象。构建塔河马鹿全产业链，首先，应扩大马鹿养殖的规模，为马鹿的健康生长提供良好的环境，也为构建马鹿全产业链提供基础条件。其次，全产业链的具体构建主要从三个方面进行规划：第一，通过对鹿皮、鹿角以及鹿肉的加工来提升马鹿的附加值。第二，搭建马鹿展示平台，促进小镇旅游业和商贸业发展。规划建设以马鹿为主题的观光旅游、互动体验，以及融入马鹿文化的特色民宿、特色餐饮、文化产品等，带动小镇更多相关行业发展。第三，在第一阶段提升马鹿附加值及第二阶段带动相关产业发展的基础上，注重乌鲁克塔河马鹿特色小镇品牌的打造，形成乌鲁克镇独有的产业特色，同时也要注重呈现小镇生态人文特色及功能特色。最后，马鹿全产业链的构建和运营，能够有效提升乌鲁克镇的胡杨摄影基地以及果品基地的发展，促进小镇整体经济的发展（见图 6-4）。

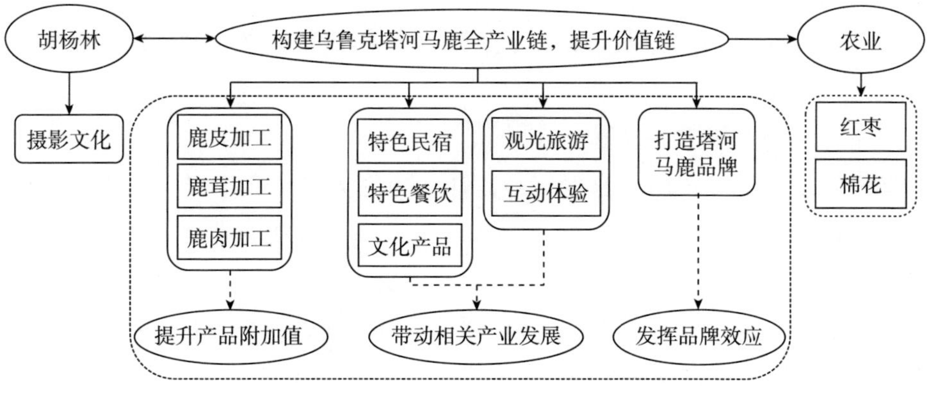

图 6-4　鹿角小镇——乌鲁克镇特色产业规划

资料来源：笔者自绘。

三、新疆特色产业小镇建设发展的规划

（一）特色产业小镇建设发展规划理论要点分析

打造特色产业型小镇，最重要的是小镇产业特点以新颖奇特等为主，小镇规模不宜过大，应是小而美、小而精、小而特。新疆在特色产业方面具有代表性的是文化产业。以文化产业为主导的小镇，首先，应充分挖掘小镇的特色文化资源，大力支持文化基础设施建设，实现地区文化产业与旅游业的深入融合发展，通过旅游业等关联产业带动相关文化产业的发展。其次，应促进西部文化资源优势转变为产业优势。新疆少数民族文化风情色彩斑斓，民族特色元素多样，新疆应充分发挥文化资源优势，变文化资源为文化产业优势。再次，应依托“一带一路”经济走廊建设发展民族特色物品产业。开拓国外市场，促进民族用品国际贸易，通过民族特色工艺业、旅游业产品、歌舞演艺业促进文化产业的发展，民族文化传播和发展的同时地区人员就业问题也得到了解决，促使文化产业成为西部少数地区经济发展的新增长极。最后，延伸文化产业链，提高文化产业之间的关联度。依据新疆各地区文化产业的特点与实际，精细划分各子文化产业的职能与主要发展方向，各产业间分工合作，实现产业间的相互影响和相互促进。

（二）新疆特色产业小镇建设发展规划个案分析

1. 色力布亚特色小镇建设发展规划分析

色力布亚镇以发挥区位优势、品牌优势为重点，巴扎建设和运营为抓手，商贸服务业为发展核心，通过专业市场化发展，扩大色力布亚镇市场的辐射范围，打造南疆地区最具示范性的专业场镇。同时与地域文化优势相结合，发展特色手工业和城镇旅游业，建立工业园区，打造综合性的南疆大巴扎（见图6-5）。

2. 安宁渠镇建设发展规划分析

安宁渠镇旨在以文化产业为核心，打造特色文化产业集群，建成了结构完整、便捷高效、特色鲜明的文化产业链条，包括为文化类企业提供优质的文化产品展示、交流交易服务、文化招商、产业投融资、法律、项目推介等内容于一体的功能性平台；为大学生、留学生提供培训实践基地；为小微企业提供创业孵化基地；提供国内外文化成果交流、创意竞赛等。通过文化的感召力，吸引人才、技术、资金等高端要素聚集，向知识密集、技术密集型产业转变，营造具有突出特色的产业生态。安宁渠文旅小镇的落成，是高新区推动文化的萌新和繁荣，提

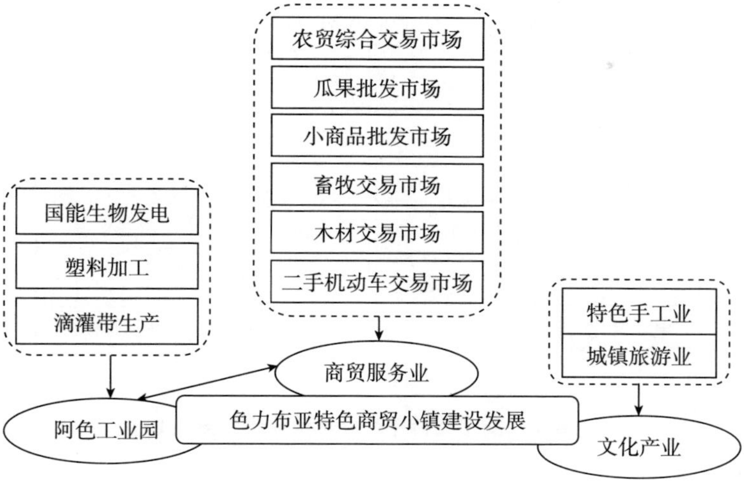

图 6-5　色力布亚特色商贸小镇建设发展

资料来源：笔者自绘。

升区域文化软实力、促进区域经济结构转型和升级换代、带动百姓就业致富的勇敢尝试，是以文化推进中外各民族交流、交往、交融的有力方式。

在安宁渠特色小镇建设发展规划中，主要是建立安宁渠文化产业园区，突出产业特色。安宁渠特色小镇的文化产业有独具特色的电竞产业，也有基于时尚体验的生活美学以及红色文化产业（见图 6-6）。其中独具特色的电竞产业有良好的发展环境，安宁渠镇作为政府电竞官方推荐人才培训机构，拥有多家合作伙伴，与众多电竞企业保持良好合作关系，打造了国内最专业、最正规的电竞培训、教育平台，立志树人，竭尽全力培养各类电竞人才，弘扬绿色健康的电竞文化，完善电竞产业链，促进电竞行业的健康发展。安宁渠特色小镇目前已建设成为“创意时尚·城市记忆”小镇，在全疆乃至全国都具有建设示范性作用。该镇集民族文化特色、时尚创意、休闲观光和特色餐饮等于一体，成为首府周边旅游热地，提升区域居民就业，促其增收致富，得到了政府的高度重视，是高新区在新历史时期和新发展阶段的创新探索和勇敢实践。

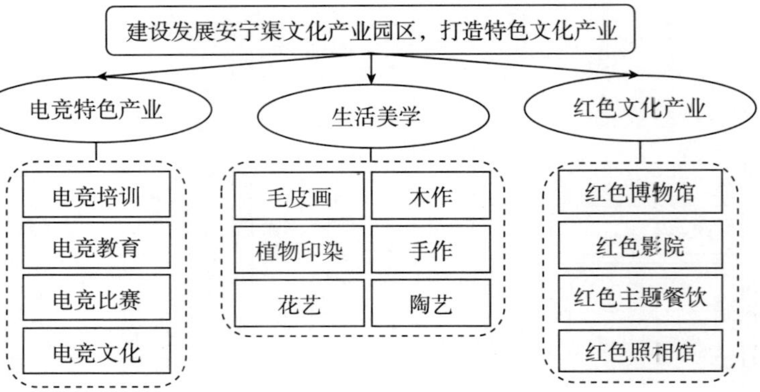

图 6-6　安宁渠特色产业小镇建设发展规划

资料来源：笔者自绘。

第五节　特色小镇建设发展的金融配套支持方案

一、投融资规划目的

（一）规避投资红线和雷区

随着金融监管趋于严格，法律体系逐渐完善，特色小镇建设发展过程中应时刻关注政策动向，规避投资红线与雷区，保证资金正常流入与运作是投融资规划的首要任务。

（二）定制特色金融产品

新疆金融抑制较为明显，主要原因是金融物理排斥、金融价格排斥、金融规模排斥问题突出，然而特色小镇建设发展离不开金融体系的全方位支持。因此，需要金融机构与政府、龙头企业、农户（养殖户、种植户等）达成协议，通过提供商标质押、纯信用贷款等方式为特色产业发展授信。

（三）梳理特色小镇建设发展时序与资金配套安排

特色小镇建设发展是一个庞大的系统工程，通过梳理建设发展时点以及资金需求规模等，有计划地安排资金进入有助于特色小镇建设发展的顺利进行以及未来收益的稳步回笼。

（四）制定收益还款安排

通过梳理项目成本、投资情况、预期收益以及收益还款安排计划，有助于资金的进一步募集，进而有助于特色小镇建设发展。

二、投融资规划原则

系统性原则。通过对特色小镇的政治、经济、历史、文化、地理、区位环境等方面进行系统性分析，总结关键问题所在，制定特色小镇的建设发展目标、发展模式以及投融资方案，进而设计系统的运行管理方案。

可行性原则。项目目标明确、安排得当、权责清晰、融资来源可靠、收益有保障。

成本效益原则。节约成本，提高资金配置效率。将资金投放到必需的、成长快的、收益高的项目上。

可持续发展原则。投资项目运转可持续、产业发展可持续、循环收益可持续。

三、金融资源配置特色小镇建设发展的政策环境

特色小镇建设是中国城镇化建设中的重要组成部分，国家从多层面、多角度展开了支持，尤其是在资金方面，相关文件及具体支持梳理如表 6-3 所示。

表 6-3　新疆特色小镇建设的政策支持与资金来源

文件名称	主要内容	资金来源
《关于深入推进新型城镇化建设的若干意见》	深化与社会资本的合作，放款准入条件； 优化政府投资机构，安排专项资金重点支持，合理发债且向新型城镇化倾斜； 强化金融支持，专项建设基金定向支持特色小镇建设功能提升； 鼓励银行针对新型城镇化创新信贷模式和金融服务产品； 鼓励公共基金、保险资金参与； 鼓励基础和租赁房资产证券化	政府专项资金、社会资本、公共基金合保险资金
《关于加快魅力特色小（城）镇建设的指导意见》	鼓励政府利用财政资金与社会资本共同发起特色小镇建设基金； 鼓励政策性银行和开发银行加大金融支持力度； 鼓励有条件的小城镇通过发债拓宽融资渠道	财政资金、政策性金融、开发性金融、政府债券

续表

文件名称	主要内容	资金来源
《关于推进政策性金融支持小城镇建设的通知》	在促进特色小城镇完善公共服务、发展特色产业的背景下，政策性信贷资金主要支持特色小城镇配套基础设施、公共服务设施和产业支撑配套设施	政策性金融
《关于推进开发性金融支持小城镇建设的通知》	加大开发性金融支持力度； 针对具体项目的融资需求，做好融资规划； 国家开发银行将依据小城镇总体规划，适时编制相应的融资规划，统筹安排融资方式和融资总量； 加强信贷支持，积极发挥“投、贷、债、租、证”的协同作用，创新融资模式，提供综合性金融服务	开发性资金
《关于推进商业金融支持小城镇建设的通知》	支持改善小城镇功能、提升基础设施建设水平； 支持促进小城镇特色发展的工程建设； 支持小城镇运营管理融资	商业金融

通过梳理文件不难发现，金融支持主体主要包括：政府和集体经济、开发性银行、政策性银行、商业银行、龙头企业及各类基金组织等社会资本。主要从编制融资规划开始，有组织、有计划地按照规划安排进行投融资活动及资金退出活动。

四、金融资源配置模式

如果特色小镇金融发展落后于特色小镇建设发展，那么小镇金融体系的不完备性会阻碍特色小镇各方面的继续发展，所以在小镇未来经济发展的过程中，如何用金融产品创新、金融市场的规制设计出一个和特色小镇建设发展过程相匹配的金融系统是我们亟待解决的问题。

特色小镇的基础设施和特色产业平台的发展建设，由于资金需求规模大、期限长、收益低，主要是依靠政府主导模式发展或政府和社会资本合作的 PPP 模式发展。其中，政府主导模式通过政府财政资金投入、运用政府产业基金或引导基金方式引入多元投资主体，利用政策性银行、商业银行贷款等方式融资；PPP 模式通过政府和社会资本合作，在引入专业运营管理能力的同时，吸引社会资本投资特色小镇建设发展。特色小镇建设发展过程中金融支持的方式主要有四种，分别是财政资金、政策性金融、PPP 模式和商业性金融①。

① 主要参考住房和城乡建设部政策研究中心和平安银行地产金融事业部联合编著的《新时期特色小镇成功要素、典型案例及投融资模式》第七部分的分类。

（一）财政资金支持特色小镇建设发展

支持特色小镇建设发展的财政资金主要包括三类，分别是市县级政府的财政资金、省级政府的政策性资金和国家专项建设基金及财政奖励。财政资金主要是政府通过财政预算、安排特色小镇建设发展专项资金、基础设施配套返还、财政返还、股权投入以及设立基金等方式支持特色小镇建设发展。其中，财政专项资金主要用以扶持小镇特色产业发展、科技创新、环境保护、公共服务平台建设等。政府通过注入资本金方式进行股权融资或者采取 PPP 方式与社会资本共同出资。政府的股权投入可以为建设项目利用市场化手段融资提供增信。通过设立特色小镇产业基金，可以利用政府有限的资金投入，撬动社会各类资本参与投入，吸引建设单位、财务投资人、产业投资者、金融机构等多方参与建设运营，政府支持和市场化运作相结合，充分发挥财政资金“四两拨千斤”的杠杆作用和引导作用，带动社会资本投入，为特色小镇投资建设发展提供稳定和充足的资金来源。

（二）政策性金融方式支持特色小镇建设发展

政策性金融一般是由国家出资、得到政府支持、重点用于实现国家战略目标的政策工具。特色小镇的培育和发展是国家政策扶持的方向，属于政策性金融支持对象。开发性金融和政策性金融支持特色小镇的方式是综合的、多元的，主要包括以下几种方式：第一，贷款。以风险可控、商业可持续为前提，把建设项目涉及的特许经营权、收费权和项目未来预期收益作为质押担保申请政策性贷款。同时，政策性银行可联合其他银行、保险公司等金融机构以银团贷款、委托贷款等方式，努力拓宽小镇建设的融资渠道。第二，投资基金。设立产业投资基金，对符合条件的小镇建设单位提供项目建设资金，缓解项目资本金不足的压力。第三，参与 PPP 项目。通过对政府购买服务、特许经营等模式提供信贷支持，探索创新 PPP 模式，吸引大型企业集团参与投资建设，共享投资收益。第四，发挥开发银行“投资、贷款、债券、租赁、证券、基金”综合服务功能和作用，在设立基金、发行债券、资产证券化等方面提供财务顾问服务。

（三）PPP 模式支持特色小镇建设发展

PPP 模式是公共服务供给机制的重大创新，该种融资方式不会增加政府负债。PPP 模式是指政府与社会资本合作，双方按照平等协商原则订立合同，由社会资本承担建设运营和维护工作，提供公共产品和服务，通过使用者付费、政府付费支付社会资本报酬；而政府负责公共产品的价格和质量监管，两者形成利益共享、风险同担的合作关系。

由社会资本发起的特色小镇 PPP 模式是由实业投资人在与政府就具体项目达成框架协议或者整体投资运营协议后，联合金融机构共同发起设立的基金，一般为股权加债权的投资模式。

结合国内先进案例，多以基金为主。基金是特色小镇投融资的主要模式，主要由政府引导基金、产业投资基金、城市发展基金、PPP 基金、实业资本牵头联合金融机构发起设立的基金。其形式主要有公司制、有限合伙制两种。

特色小镇基金运作路径主要是：在特色小镇整体项目的基础上，按照单体项目是否有经营现金流进行划分，由基金针对经营性项目（包括准经营性项目）及非经营性项目，分别设立 SPV（特殊目的机构）平台公司及具体的 SPV 项目公司进行运作。具体而言：

1. 签署特色小镇建设发展总体投资运营协议

总体投资运营协议由特色小镇上级政府与基金发起主体共同签署，明确后续相关事宜，包括不限于各方主体之间的责任与义务、特许经营权的授予、项目的投资运营范围及推出机制、各主体违约责任等。

2. 设立特色小镇建设发展基金

第一，综合确定特色小镇建设发展基金组织形式之后，由实体资本发起设立特色小镇基金，此时 LP（有限合伙人）可以包括企业、政府指定机构及金融机构。

第二，根据项目性质设立经营性项目群操作平台、政府购买服务项目群平台，以便后期的长期运营或退出。

第三，根据 PPP 模式和政府购买服务遵循法律不同，平台公司设立后分别与政府签订具体的 PPP 投资运营协议及政府采购服务协议，细化两类项目的相关约定。具体如图 6-7 所示。

3. 特色小镇建设发展单个项目融资

单个项目的融资可以根据项目自身特点采用：发行公司债、开发性金融与政策性金融贷款、申请专项资金、争取财政补贴支持、传统银行贷款、融资租赁等方式。

4. 特色小镇建设发展基金退出方式

政府购买项目：平台收到政府支付款项，按照《公司法》和有限合伙协议分配基金给各 GP 和 LP。

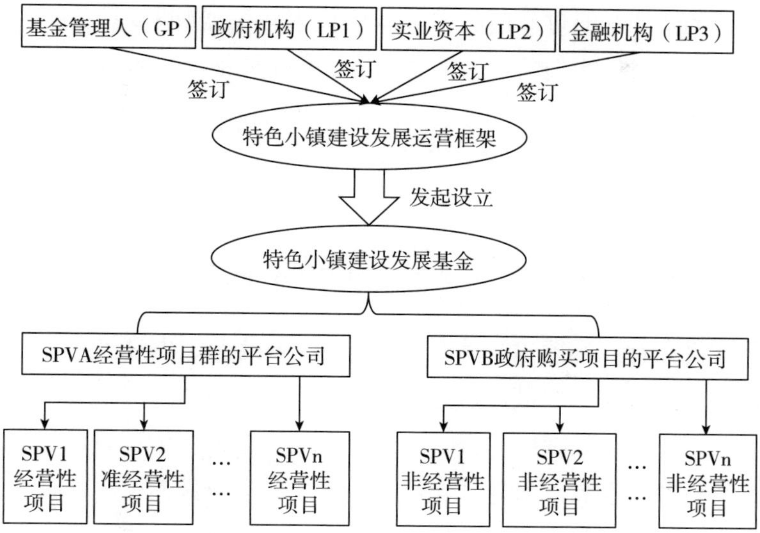

图 6-7 特色小镇建设发展基金运营模式

资料来源：笔者自绘。

经营性项目（PPP 模式）：通过项目公司上市、股权转让或资产证券化的方式退出。

（四）以商业性金融方式支持特色小镇建设发展

商业性金融是特色小镇建设发展融资的主要渠道，主要包括股权、债权和资产证券化融资。股权融资主要分三类：股权投资基金、小镇上市公司的股票融资和股权合作。债权融资包括银行贷款、发行债券、信托和资管计划以及融资租赁等方式。PPP 模式适用的资产证券化类型主要包括三种，分别是中国证券业监督管理委员会主管的资产支持专项计划、中国银行间市场交易协会主管的资产支持票据和原中国保险业监督管理委员会主管的项目资产支持计划。

第六节 特色小镇建设发展的金融配套支持个案设计

特色小镇建设发展规划过程中主要有基础设施和公共服务建设运营融资需求、产业发展平台和配套设施建设融资需求、特色产业发展融资需求等，可以归纳为盈利项目的融资和通过政府付费或政府优惠政策能够实现盈利项目的融资。潜在特色小镇建设发展规划的金融配套支持方案需要根据小镇具体的建设发展情况及建设发展的阶段进行选择。这里我们在已批准和潜在特色小镇中分别选取一个代表性小镇，结合增收致富导向及理论部分的探讨，设计相应的金融资源配置方案。

一、潜在特色小镇建设发展的金融资源配置个案设计

根据前文潜在特色小镇建设潜力水平分析，最终确定先拜巴扎镇库尔班特色小镇作为新疆增收导向中的最优潜力小镇。库尔班特色小镇努力打造成富有南疆特色的红色旅游小镇，发挥库尔班·吐鲁木文化的地域文化资源优势，以特色小镇建设助推特色产业发展。另外，先拜巴扎镇有着全国最大的玫瑰种植基地——万亩玫瑰园，这位于大漠之中壮观的花海景象也是独具特色的。然而先拜巴扎镇的基础设施建设尚不完善，特色旅游业未得到充分发展，其中的重要原因就是缺乏资金及已有金融资源配置效率不高。现根据先拜巴扎镇的建设情况，为其设计一套金融资源配置方案，主要是财政融资为主导的多元融资模式，具体方案如下：

在先拜巴扎镇的基础设施和公共服务建设方面，主要采取政府财政以及 PPP 支持方式。省级政府给予先拜巴扎镇每年一定的财政返还，设置专项财政资金，用以支持先拜巴扎镇的公共服务平台建设，优先对接特色小镇建设，同时还可以设置奖补资金，按照全市中心村建设示范点奖补标准给予小镇建设发展一定的资金支持。另外，先拜巴扎镇在财政收入中，可安排一定比例的资金用于小镇基础设施等的完善，实施基础设施配套费的返还，多角度促进小镇基础设施和公共服务建设。新疆地区设立了地方级 PPP 引导基金用于支持和引导 PPP 项目的发展，政府可为项目风险兜底。因此，先拜巴扎镇可充分利用这一基金支持模式，促进小镇的发展。

先拜巴扎镇的多元融资模式体现在对其独特文化产业的扶持角度，主要采取依靠市场机制的商业融资模式，例如债权融资和资产证券化融资的方式。债券融资的银行贷款中包括小镇专项贷款、委托贷款等，融资租赁可选择分期还款的方式，减轻短期资金压力。

先拜巴扎镇目前的基础设施和公共服务是其首要完善的内容，因此，以财政融资为主导的多元融资模式能够在支持小镇基础设施和公共服务建设的同时

促进产业的发展，比较适合以增收致富为导向的先拜巴扎镇进行小镇建设（见图 6-8）。

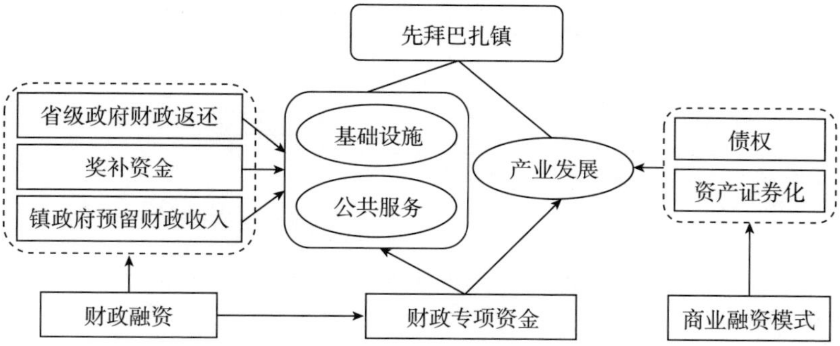

图 6-8　先拜巴扎镇金融资源配置特色小镇建设发展方案设计

资料来源：笔者自绘。

二、增收致富导向下特色小镇建设发展的金融资源配置个案设计

选取乌鲁克鹿角小镇作为分析对象，乌鲁克镇基础设施较为完善，金融资源配置方案的侧重点支持其特色鲜明的塔河马鹿全产业链的建设，当然，其基础设施的不断完善也需要金融资源的支持。因此，乌鲁克镇适合以政策性金融资源配置为主的多元化融资模式。

政策性金融机构的金融支持。第一，明确自身定位，促进乌鲁克镇综合发展。农业发展银行应定位清晰，通过免税、低息贷款等优惠政策有侧重地为各特色小镇道路交通、水电、信息化等建设提供资金支持；鼓励进出口银行加大对马鹿产业的扶持力度，支持乌鲁克马鹿产品生产企业走出去，对其提供中长期信用担保服务，解决中小企业发展的融资问题。第二，服务类型多、范围广，推动城镇化综合发展。通过直接投资及专门投资基金方式支持发展潜力好的中小企业进行规模化生产，解决劳动力过剩问题，推进小镇城镇化建设；在企业收购兼并方面提供战略性咨询服务，还可以支持企业发行债券，提高进行战略性收购兼并成功的概率，促进企业做大做强，从而实现小镇的经济增长（见图 6-9）。

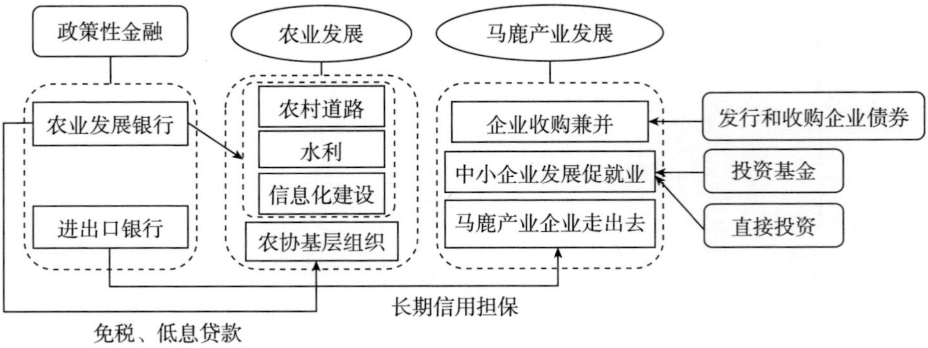

图 6-9　金融支持乌鲁克塔河马鹿产业发展方案设计

资料来源：笔者自绘。

在小镇基础设施和公共产品服务提升方面，基础设施服务情况的审查由专门的政策性金融机构提供专项评估分析和融资业务，推进了城乡基础设施服务均等化。在农村经济发展的推动方面，为了降低农业生产和信贷风险，提高农业经济发展质量，农协银行对农业开展了农业保险业务，对农业进行生产和运销指导。积极鼓励民间资本参与城镇化融资，促进融资的多元化。第一，制定法律吸引民间资本参与城镇化建设融资。规定在公共性较强且规模较大的基础设施领域（公路、铁路、通信设施等），政府享有所有权，民间资本投资者拥有经营管理权。对于公共性较弱且规模相对较小的基础设施领域（汽车站），社会资本投资者拥有所有权和经营管理权。此外，还可通过税收减免、设立信用担保基金等多种方式，吸引民间资本参与小镇基础设施建设投资。第二，采用财政贴息方式诱导民间资本参与乌鲁克镇建设。通过发行政府债，由国家开发银行和商业银行等金融机构将所筹资金贷款给国内企业，鼓励企业参与小镇生产建设。此外，为基础设施建设企业提供低息贷款，由政府承担金融机构存贷款利差。

第七章　基于增收致富导向的新疆特色小镇建设发展障碍分析

特色小镇是国家近几年提出的一种小镇发展模式，对新时代城镇化建设和美丽乡村建设都有一定的助推力，特色小镇有着独特的产业、新颖灵活的机制、齐全优良的配套设施等优势，对引导当地经济快速增长具有很重要的作用，是推动城乡一体化发展的新载体，有助于小镇增收致富，也是助推经济高质量发展的新平台，有助于实现经济的稳增长。但是在特色小镇探索发展过程中，会出现一系列的问题，如特色产业雷同，不能形成集聚效应，不能体现出特色小镇“产业特而强”的特征；特色小镇建设注重经济建设，忽视人文生态建设，不能体现出特色小镇“形态小而美”的特点；甚至还出现偷换、滥用、模糊特色小镇概念的虚假或虚拟小镇，造成资源错配和浪费。这些问题阻碍了特色小镇健康持续发展，因此找出新疆特色小镇建设发展中的具体障碍，提供相应的对策对特色小镇建设发展具有重要的作用。通过构建经济发展指标体系，选出与新疆有对比性的同类型小镇，然后在增收致富导向下对新疆和内地的特色小镇进行对比分析，找出新疆特色小镇的建设发展障碍。

第一节　新疆与我国其他省份同类型小镇的选取

为了分析新疆特色小镇建设发展中存在的障碍，需选取其他省份的特色小镇进行对比分析，为了使对比具有可比性，构建了各省经济发展水平指标体系，并运用熵值法测算出每个省的效用值，进行排名，选择与新疆排名相近的省份，通过对比探讨新疆特色小镇建设发展中存在的障碍。

一、指标体系构建

目前国内关于经济发展水平的测度方法主要有单一指标评价法和综合指标评价法，但尚未形成统一的评价指标体系。由于影响区域经济发展水平的因素复杂多样，此处依据张宁和盛武（2019）在遵循评价指标选取的科学性、有效性、可操作性等基本原则基础上，综合考虑客观事实及学术界现有研究成果，构建新疆经济发展水平评价指标体系，包括地区生产总值、人均地区生产总值、居民人均可支配收入、财政收入、进出口总额等指标，具体如表 7-1 所示。

表 7-1　经济发展水平指标体系

指标	指标解释
地区生产总值	地区生产总值等于各产业增加值之和
人均地区生产总值	地区生产总值比上地区的常住人口
居民人均可支配收入	是居民可用于最终消费支出和储蓄的总和
财政收入	政府为履行其职能、实施公共政策和提供公共物品与服务需要而筹集的一切资金的总和
进出口总额	实际进出我国国境的货物总金额

二、熵值法测算及结果

用熵值法对 2016~2019 年 31 个省份的发展数据进行测算，并给出排名，熵值法的测算步骤详见第六章的新疆特色小镇建设发展潜力水平分析评级方法，数据来自 2017~2020 年的《中国统计年鉴》，测算结果如表 7-2 所示。

表 7-2　2016~2019 年经济发展水平熵值法测算结果

省份	效用值
广东	82. 7851
江苏	66. 8543
上海	64. 6350
北京	57. 7900
浙江	51. 9561

续表

省份	效用值
山东	40. 8576
天津	30. 8646
福建	30. 3582
湖北	20. 9071
河南	20. 0699
辽宁	19. 7333
四川	18. 9193
重庆	17. 8837
湖南	17. 5874
河北	17. 0017
安徽	16. 1697
内蒙古	16. 0934
陕西	14. 6696
江西	13. 5300
广西	11. 1406
吉林	10. 5794
山西	9. 9778
黑龙江	9. 1672
新疆	9. 1356
云南	9. 0614
海南	8. 2948
贵州	7. 0521
宁夏	6. 8075
青海	4. 9563
甘肃	3. 2593
西藏	2. 6040

由表 7-2 可以看出，新疆的经济发展水平与海南、云南、贵州等相近，广东和江苏经济发展水平较高。因各省份在人文地理、历史起点、对外开放等多个方面存在差异，这些差异使各省份的经济发展出现差异性。通过熵值法对各省份的经济发展水平进行测算为选取对比小镇提供了依据。

三、选取小镇的结果

为了使对比具有可比性，根据表 7-2 熵值法的排名结果，选择了与新疆经济发展水平相近的，如海南、云南、贵州等，接着根据新疆小镇的类别，在经济发展水平相近的省份中选择与新疆相同类别、相同状况的小镇。另外，为了更明显地对比分析出新疆特色小镇在建设中存在的障碍，选择了经济发展水平最好的省份——广东的响应小镇进行对比分析。

充分考虑小镇的类别、省份的经济发展情况等方面的因素，如新疆的那拉提镇属于生态旅游类型，可以和海南省琼海市博鳌镇进行详细的对比；新疆的沙河镇属于资源禀赋型小镇，选择同是资源禀赋型的云南省临沧市双江县勐库镇与之对比，选出的小镇如表 7-3 所示。

表 7-3　选取小镇的结果

省份	小镇名称	小镇类别
新疆	那拉提镇	生态旅游型
	托里镇	资源禀赋型
	沙河镇	资源禀赋型
	塔吉克民族乡小镇	生态旅游型
	乌帕尔镇	生态旅游型
贵州	六盘水市六枝特区郎岱镇	生态旅游型
云南	大理州剑川县沙溪镇	生态旅游型
云南	临沧市双江县勐库镇	资源禀赋型
海南	琼海市博鳌镇	生态旅游型
广东	河源市江东新区古竹镇	生态旅游型

表 7-3 所选的小镇中有 5 个处于新疆，其中有 3 个生态旅游型、2 个资源禀赋型。为了能更好地选出与新疆特色小镇具有对比性的小镇，考虑了两方面的因素，选出的 5 个小镇中有一个是广东的，因为广东在经济发展水平排名中是最好的，所以更具有对比性，选择的其他 4 个省份的小镇是与新疆的发展水平相近的，这样具有可比性，并且选择的小镇类型也和新疆的类型一致，以确保对比的结果具有可信度。

第二节　发展较为缓慢的新疆特色小镇与内地小镇的对比分析

发展较为缓慢的小镇选择了新疆的塔吉克民族乡小镇和乌帕尔镇与贵州省的郎岱镇和云南省的沙溪镇进行对比，这 4 个小镇均属于生态旅游型小镇，通过对比，分析出新疆的特色小镇发展中存在的问题（见表 7-4）。

表 7-4　发展较为缓慢的小镇选取结果

省份	小镇名称	小镇类别
新疆	塔吉克民族乡小镇	生态旅游型
	乌帕尔镇	生态旅游型
贵州	六盘水市六枝特区郎岱镇	生态旅游型
云南	大理州剑川县沙溪镇	生态旅游型

如表 7-5 所示，新疆的塔吉克民族乡小镇与贵州省的郎岱镇和云南省的沙溪镇相比，小镇的行政区域面积是最大的，为 501200 公顷，但是常住人口却最少，只有 1062 人，新疆小镇行政区域面积和人口数形成了很大的反差，正符合新疆"地广人稀"的特点，但是人口数量少，很难带动当地小镇经济的发展，是小镇经济发展的制约因素之一。

表 7-5　发展较为缓慢小镇的基本情况　　单位：公顷，人，个

小镇	行政区域面积	常住人口	城镇建成区人口	企业个数	企业从业人员	工业企业个数	规模以上工业企业个数
塔吉克民族乡小镇	501200	1062	—	—	—	—	—
六盘水市六枝特区郎岱镇	18854	40868	4341	564	2987	134	6
大理州剑川县沙溪镇	28700	23743	4776	47	280	6	—

注：因乌帕尔镇数据缺失严重，所以表中删掉。

资料来源：《中国县域统计年鉴（乡镇卷）》（2019 年）。

一、新疆特色小镇产业结构趋同，没有与当地形成良好的互动，缺乏创新点

如贵州省的郎岱镇，除发展旅游产业外，还着力打造郎山岱水的旅游品牌，把郎岱镇的旅游资源，打造成属于小镇独特的名片，形成具有核心竞争力的旅游产业。云南省的沙溪镇着力发展乡村文化体验旅游，发展多元化融合的产业格局，围绕“产业+旅游”的思路，秉持人文沙溪、生态沙溪、智慧沙溪的理念，带动全镇的发展。

新疆的皮山县塔吉克民族乡小镇，利用其特有的少数民族特色基础，具有自然、人文和民俗等多样化的资源。具有民族特色的塔吉克民族风情园和天然的高原牧场是比较闻名的景点，此外还有彩虹瀑布、布琼温泉度假村、垴阿巴提岩画、原始森林公园、康阿孜村吊桥、引阿瓦提水库等旅游资源。乌帕尔镇有著名的四十泉眼，是由南北两岸的艾子毛拉山和库玛塔格山天然形成的清泉，泉眼集中，水量较大，水质清醇，也是著名的避暑胜地，自然风光秀美，民族风情浓郁。与贵州省和云南省的小镇相比，新疆的小镇资源比较丰富，但是在利用这些资源形成特色产业的发展中，没有与当地的产业发展形成良好互动，产业结构趋同，没有明显的创新点和核心竞争力，这样很难支撑小镇的长远发展。

二、新疆特色小镇文化没有得到充分的挖掘和宣传，文化和特色产业没有很好的融合

贵州省郎岱镇依托其独特的历史文化资源作为特色产业，并衍生出一系列产业链，如把夜郎文化故事出版成《郎岱古镇》丛书，加大了郎岱镇的知名度。经常创办如抢状元、东山对歌等此类文化节庆活动，弘扬其历史文化。云南省的沙溪镇重视古镇的保护与开发，实施沙溪复兴工程，使“茶马古道上唯一幸存的古集市”这块金字招牌得到精彩的绽放，努力打造地方文化品牌，实现旅游带动发展。

新疆的塔吉克民族乡小镇，具有浓郁的少数民族风情，着力发展少数民族旅游产业，但是对当地民族文化的发掘和开发力度较小，没有充分利用独特的少数民族文化优势打造独特的文化品牌，没有用文化和旅游特色产业形成联动发展。

三、新疆特色小镇基础设施日趋完善，但是还比较薄弱，在绿化覆盖上还有所欠缺

贵州省的郎岱镇基础设施良好，是全国重点镇，是贵州省100个示范小镇之一，100个旅游景区之一，还开展种植猕猴桃的基地。云南省的沙溪镇完成了道路硬化、污水处理、旅游道路建设、片区景区改造，建成了垃圾磁化热解站2个，扩建了供水管网，完善了全镇的基础设施，并配置了城乡教育、医疗、卫生、文化等公共资源，建设政府主导、覆盖全镇、可持续的基本公共服务体系。

新疆的塔吉克民族乡小镇和乌帕尔镇的基础设施正在完善中，近年来，乌帕尔镇不断有公路建设、小学建设、旅游服务中心建设等多个招标项目，其设施服务日趋便捷完善。但是针对旅游片区的改造和绿化覆盖度等的投入有所欠缺，还需不断完善和优化。

第三节　发展较为迅速的新疆特色小镇与内地小镇的对比分析

发展较为迅速的小镇选择了新疆的那拉提镇与海南省的博鳌镇和广东省的古竹镇进行对比，这三个小镇均属于生态旅游型小镇；选择新疆的托里镇和沙河镇与云南省的勐库镇进行对比，这三个小镇均属于资源禀赋型小镇；通过对比，分析出新疆的稳增长类小镇在发展中存在的问题（见表7-6）。

表7-6　发展较为迅速的小镇选取结果

小镇类别	省份	小镇名称
生态旅游型	新疆	那拉提镇
	海南	琼海市博鳌镇
	广东	河源市江东新区古竹镇
资源禀赋型	新疆	托里镇
	新疆	沙河镇
	云南	临沧市双江县勐库镇

如表 7-7 所示，对于稳增长下生态旅游型小镇，新疆那拉提镇的行政区域面积和常住人口以及小镇建成区人口与经济发展同等水平的海南省博鳌镇相差不大，但是与经济发展水平较好的广东省的小镇，人口上就有一定的差距；另外，海南省和广东省小镇的企业个数以及企业从业人员数量是新疆小镇的十几倍。对于资源禀赋型小镇，2018 年，新疆托里镇的行政区域面积是 232424 公顷，是云南省勐库镇的 5 倍，但是常住人口却是它的 1/2，存在着地广人稀的问题。

表 7-7　发展较为迅速小镇的基本情况　　单位：公顷，人，个

小镇	行政区域面积	常住人口	城镇建成区人口	企业个数	企业从业人员	工业企业个数	规模以上工业企业个数
那拉提镇	159946	31035	7671	3	73	—	—
琼海市博鳌镇	8696	30407	4860	465	6956	2	0
河源市江东新区古竹镇	27810	67750	25716	81	7820	25	4
托里镇	232424	15823	15823	130	1319	12	—
临沧市双江县勐库镇	44691	28994	4104	136	700	5	3

注：因沙河镇数据缺失严重，所以表中删掉。

资料来源：《中国县域统计年鉴（乡镇卷）》（2019 年）。

一、新疆特色小镇特色产业发展比较单一，在发展特色产业的衍生产业或衍生产品方面需改进

针对生态旅游型小镇，海南省的博鳌镇将乡村旅游与休闲观光结合起来，打造安静闲适的风情小镇。2018 年，博鳌镇的 GDP 已达 17.55 亿元，其中第三产业产值为 4.55 亿元，财政中一般预算收入为 12767.98 万元，农民人均纯收入为 16843 元。博鳌镇坚持创新发展特色旅游产品，努力开发乡村旅游和文化旅游，建设“花梨人家”模式的农家庄园和开心农场。广东省的古竹镇用特色的产业即全局旅游业带动城郊商贸服务和农业发展，发挥吸纳游客长期逗留与外来转移人口集聚的特色功能，坚持旅游旺镇战略，用“旅游+农业”“旅游+文化”“旅游+生态”塑造缤纷的旅游品牌。

新疆的那拉提镇拥有国家 5A 级景区——那拉提旅游风景区，着力打造旅游名镇，大力实施“旅游+”战略，但是与经济发展水平相近的海南省博鳌镇还有一定的差距，“旅游+”的战略要结合当地的其他产业，用旅游带动全局发展。

针对资源禀赋型小镇，云南省的勐库镇有冰岛茶小镇之称，茶资源丰富，这里的冰岛茶属于大叶乔木树茶，是普洱茶的一种，其茶叶硕大而肥厚，呈墨绿色，品质独特，茶香浓郁。利用茶资源发展一系列的衍生品，如茶史、茶文化、茶俗、茶艺、茶道、茶人、茶事、茶歌、茶风情等，使这一特色资源得到充分利用。

新疆的托里镇依托其大规模的枸杞产业，通过不断摸索与创新，开发了一系列枸杞产品，形成一条枸杞产业链，逐渐做大、做强、做好枸杞产业，以此带动托里镇的发展，解决当地农民就业和提高收入，把枸杞发展成为托里镇的支柱产业。托里镇获得过“中国枸杞之乡”的荣誉，这里素来就有“中国枸杞看精河，精河枸杞数托里”的美誉，现已开发出枸杞酒、枸杞浓缩汁、枸杞叶茶、枸杞花蜜、枸杞精等产品。新疆的沙河镇最著名的是红富士苹果，以肉质酥脆、酸甜适度、耐储存而享誉全国，在苹果这一资源优势下，延长苹果产业链，连年举办“天山玉苹果节”提升小镇名声，并与“苹果节”配套开发了沙河镇万亩苹果观光、民俗和旅游，共接待游客 100 多万人次，增加了当地人民收入。

在稳增长条件下，新疆的特色小镇在特色产业方面发展较单一，没有发展特色产业的衍生产业。例如，云南省勐库镇的特色产业是茶，但是却发展了茶资源的一系列衍生品，如茶史、茶文化、茶俗、茶艺、茶道、茶人、茶事、茶歌、茶风情等，把勐库镇茶这一资源利用得淋漓尽致。新疆地区特色小镇的特色产业没有与当地其他产业形成联动发展，如广东省的古竹镇的特色支柱产业是旅游业，但是古竹镇坚持发展全局旅游，用特色产业带动其他产业的发展，如农业、文化产业、商贸服务业等，坚持旅游旺镇战略，用“旅游+农业”“旅游+文化”“旅游+生态”塑造缤纷的旅游品牌等。

二、新疆特色小镇文化没有与当地小镇的特色产业很好地结合起来

海南省博鳌镇结合自身的实际情况，把琼海的民居文化、渔民文化、下海洋文化、万泉河文化与现在时尚休闲元素巧妙结合，融入城镇建设中去。并且博鳌镇还举办了多种民俗活动，如博鳌端阳文化节、博鳌端阳摄影书画展、喜闹元宵系列文化活动、海南年俗展、琼海首届农民艺术节等。广东省的古竹镇挖掘越王山南越文化遗产，以南越王赵佗的高寿为主题，传承孝道文化，建设民俗文化体验区，举办北地巡游节、中国客家文化节等。

新疆的那拉提镇有着哈萨克文化，将哈萨克文化纳入正规的教育教学，开展传统的文化知识，充分利用那拉提镇的哈萨克文化特色，如果把这些文化和特色

旅游产业结合起来，既能传承文化，更为旅游产业加入了新的亮点。

云南省勐库镇的特色产业是茶产业，除了衍生出一系列茶产品之外，还进行产业间交叉融合，以茶为主题和现代旅游业结合，开发出一种茶主题旅游，通过茶主题旅游，不仅可以销售茶产品，而且可以宣扬当地的茶文化。

新疆托里镇虽然从建设标准化文化活动场所、提高农村公共文化组织化程度、壮大文化队伍、推动各类文化活动常态进行四个方面推动文化网络建设，经常开展各种文艺演出活动，但是并没有把枸杞文化推展出来。文化的影响力对特色产业的发展是不容小觑的，托里镇应该打造枸杞文化，为小镇的特色产业枸杞的发展助力。

新疆沙河镇是南疆重要的苹果产区，随着苹果种植向精深加工、观光方向的发展，形成了独特的苹果文化，举办了苹果文化旅游节、少数民族民俗活动、文艺演出等多项文艺活动。但是沙河镇属于五团，有着丰厚底蕴的军垦文化、少数民族文化，沙河镇应该充分利用这些文化，来促进特色产业的进一步发展，应该将苹果文化、军垦文化和少数民族文化融合在一起，这样既能体现民族风情，也能展示沙河镇独特的文化。

针对新疆特色小镇文化方面的现状，存在一些问题，一个问题是单一地举办文艺活动，没有将文化与当地小镇的特色产业结合起来，如新疆托里镇虽然建设了文化活动场所，开展各种文艺演出活动，但是没有将特色产业枸杞融合在一起，产业和文化相分离。新疆小镇文化方面另一个问题就是除了与特色产业形成的文化结合，还要与当地独特的其他文化结合，如新疆沙河镇特色产业是苹果，除了举办苹果文化旅游节，还应该融合当地的军垦文化和民族文化，形成沙河镇独特的小镇文化。

三、新疆特色小镇没有引入高档的娱乐设施

海南省博鳌镇在开发旅游业的同时，完善了道路、电力、通信、水电等基础设施，融入了五星级酒店、十强地产、高尔夫球场等高档健身娱乐场所，建设国际级的交通及医疗配套设施，道路交通及停车设施完善便捷。此外，生活污水是统一处理经过检测达标后排放，绿化覆盖率较高。广东省的古竹镇注重生活环境治理，建立卫生维护长效机制。

新疆托里镇政府也在不断完善自身的基础设施建设，盖了一座座富民安居房，为百姓提供了更方便的服务。新疆的沙河镇公路覆盖面较好，环境干净，教

育医疗卫生设施较完善，绿化率达40%。但是小镇的其他基础设施还需加强，如在污水处理方面的加强、道路停车设施的完善、绿化的建设等，小镇的基础设施还没有引入高端的娱乐设施，丰富人民的休闲生活，吸引更多的人口。

四、新疆特色小镇资金、人才方面有待加强

广东省古竹镇通过政府、乡村与民间资本多方合作建设美丽的小镇，能充分吸纳资金，并出台相关引入优秀人才的政策以支持优秀人才加入小镇。

新疆特色小镇在资金吸收和人才方面还需要加强，可以培育专业技术人才来提高各个领域技术人员的专业技术水平，应该对现有产业进行整合、对新产业进行投资招商孵化，形成适应现阶段发展的投融资体系。

第四节 增收致富下新疆特色小镇建设发展的障碍分析

通过在增收致富导向下把新疆特色小镇和内地特色小镇分别在特色产业发展、小镇文化建设、基础设施建设和资金人才引入等方面进行对比，找出了新疆特色小镇建设过程中存在的障碍，为后面小镇建设提供了依据和支撑。

一、新疆特色小镇建设发展过程中存在地广人稀的难题

新疆的地域辽阔，地域面积有166万多平方千米，占全国国土面积的1/6，但绝大部分地区都是沙漠和戈壁滩，适合农业生产的绿洲只占总面积的5%，且人口稀少。新疆自古以来就以地广人稀闻名遐迩，同样地广人稀这个难题也制约着新疆的发展。新疆特色小镇发展同时面临着这个难题，没有临海的地缘优势，也没有高度的工业化基础，距离内地的市场又太远，人口数少成了新疆特色小镇发展的一大障碍。

二、新疆特色小镇建设发展过程中存在企业数量少的障碍，难以带动当地的就业和经济

新疆绝大多数企业属于中小型企业，目前在经济进入新常态发展、经济结构

有待优化升级、就业压力增大、政府债加剧需增加税收的情况下，中小企业成为解决这些问题的关键和中坚力量，发挥着越来越重要的作用。然而，中小企业的进一步发展却面临着瓶颈，出现了规模小、寿命短等弊病。与其他省份小镇的企业数量相比新疆小镇企业的数量较少，小镇的企业数量在一定程度上决定了小镇经济的发展，带动当地居民的就业问题，同时增加政府的税收。而新疆小镇的企业数量制约了小镇的进一步快速发展，是特色小镇建设中的一大障碍。

三、新疆特色小镇建设发展过程中地方特色产业不明显，并且没有形成与区域的良好互动

在特色小镇的建设过程中，容易出现互相攀比、盲目建设，或重复建设的问题，不结合当地的实际情况，结果造成资源的浪费。另外，在小镇的建设过程中，一些原始的房屋风格被破坏，亲切宜人的街道小巷被类似大城市的宽广街道所代替，小镇的风貌趋于雷同，没有创新点。新疆特色小镇大多数属于生态旅游型小镇，着力点放在了旅游上，对其他的产业关注度难免会减小，在旅游旺季的时候，会带来较大的收入，但是旅游淡季呢？收入就会减少，不利于小镇当地经济合理健康的发展。还有在发展旅游特色产业的时候，与小镇当地的文化或特色结合不够，这样既显示不出当地的特色，又使小镇趋于平庸。在特色小镇建设过程中，与当地特色融合不够，地方特色不明显，没有与区域形成良好的互动成为新疆特色小镇发展的一大问题。

四、新疆特色小镇建设发展过程中对资金和人才的吸纳能力较弱，融资体系不完善

特色小镇的独特性是小镇持续健康发展的关键，关系着小镇能否高效地获得发展所需要的资金、技术以及人才资源，因为新疆特色小镇的发展还不够完善，公共设施网络还不健全，交通也存在进一步发展的空间，居住环境不够优化，信息技术应用和综合服务效力、服务质量刚刚起步，且新疆特色小镇的人口规模偏低，服务对象不多，从投资回报率以及回报周期来看，投资回报周期较长，所以对投资商的吸引力小，只靠政府对小镇的补贴，资金少，资金的运作能力低，导致人口与产业集聚向小镇集中的趋势不明显，特色小镇的作用得不到充分的发挥。

五、新疆特色小镇建设发展过程中，由于政府财力不足，小镇基础设施资金投入比例较低

小镇政府的资金主要来源于上级政府的税收返还，其自身的收入较少，难以支撑小镇各类基础设施建设的巨大费用，并且新疆特色小镇的企业数量少、规模小，难从金融机构贷款，对小镇的基础设施建设投入的资金也会较少。

六、新疆特色小镇建设发展过程中特色产业发展缺乏核心竞争力和创新点

特色小镇建设发展是否能长久保持活力，关键在于它是否具有自身的特色，是否能够以“特色”集聚发展要素、以“特色”来形成核心竞争力。但是新疆小镇特色产业比较单一，小镇特色产业开发还处于初级阶段，还未形成较长的特色产业链，开发层次和深度有待加强，如生态旅游型小镇会存在同质性、种类单一、产品更新慢等问题，旅游产品和模式缺乏核心竞争力，容易被模仿。有的小镇产业难以和文化结合，为了利用当地独特的人文环境，强行把两者结合导致开发的产品缺乏文化内涵和持续的吸引力，这样也很容易导致重复建设、恶性竞争、出现同质化产品等风险。此外，新疆特色小镇在特色产业方面发展比较单一，缺乏特色产业的衍生产业和衍生产品。

七、新疆特色小镇建设发展过程中文化支撑力薄弱，没有很好的将文化和特色产业融合起来

特色小镇是以特色产业为支撑而发展起来的，与传统意义上的乡村、小镇或行政区域有所区别，因为其发展时间较短，没有传统小镇的悠久历史和深厚文化底蕴，在发展过程中如果不能很好地和当地悠久的文化融合，会由于文化支撑力薄弱而制约其自身发展。新疆特色小镇的文化支撑力相对来说比较薄弱，但新疆本身又具有其独特的民族文化、军垦文化和其他文化底蕴，小镇在发展的过程中没有将特色产业和当地的文化融合起来，导致小镇文化对特色产业的作用影响不大。特色小镇“特色”的核心和灵魂表现为文化特色，应贯穿在特色小镇发展过程中的各个环节中。新疆特色小镇缺乏把当地的独特文化运用在小镇的建设中的各个环节中去，目前在文化支撑方面，主要是通过举办各种活动，将文化和特色产业完全融合在一起还有待进一步的发展。

第八章　基于增收致富导向的特色小镇建设发展的金融资源配置经验与启示

特色小镇建设发展具有项目投入资金额度大、投资回报率低、投资周期长等特点，且特色小镇融资需求多元、金融服务要求高，而对于欠发达地区特色小镇来说，纯市场化的金融支持模式难以实现。因此，特色小镇建设需要在政策性资金支持的前提下，通过引导社会资本和金融机构资金流入，实现特色小镇的建设运营。面对增收致富导向下金融支持新疆特色小镇建设中存在的障碍，如何促进金融支持地区特色小镇建设，既是地区特色小镇发展的重大课题，也是解决我国特色小镇融资问题的重要举措。首先，总结国内外优秀特色小镇金融支持经验；其次，探索增收致富导向下金融支持地区特色小镇建设的路径；最后，在路径机制分析的基础上，设计出合理的实施方案。

第一节　国内外先进地区经验借鉴

一、国外先进经验借鉴

发达国家各具特色的小镇大多是和当地的自然环境、社会经济、历史文化及重要事件等有关，其能建设成功离不开金融资源的支持。通过对美国、欧洲、日本和韩国金融支持特色小镇建设案例的分析，可以发现这些特色小镇在项目融资和资金配置方面有着各自的路径模式，典型案例如下：

（一）美国：市场主导下优惠金融模式

以市场竞争促进优惠金融实施，政府协助建立优惠金融体系。美国城镇化处于高水平阶段，城镇化建设与信息化、工业化伴随发展。城镇化发展的主要动力是市场需求，通过市场利益诱导金融资本支持城镇化建设。通过城市金融反哺模式推进农村城镇化建设，鼓励城市商业银行、保险公司、城市建设基金助力农村金融发展。

美国小城镇的基础设施建设大部分是通过发行市政债券筹集资金，以地方政府收入、项目收入和特定税收进行担保和偿还。美国纳帕谷葡萄酒特色小镇主要发展全域旅游产业，为了避免内部同质化竞争，由纳帕郡会议与游客管理局牵头，与产业链上下游企业合作成立“纳帕立旅游业提升区”，由指定非营利组织统一管理，通过 PPP 模式进行项目融资及宣传推广，对其 8 个小镇提出不同的“葡萄酒+”产业发展定位，为葡萄酒产业及旅游产业增值。“对冲基金之都”——美国格林威治小镇的对冲基金规模位列世界第三，优惠的个人所得税税率、物业税、超高网速吸引了大量对冲基金落地，金融业发展水平、信息时效性、高端人才、地理位置等因素对其发展最为重要，对上海陆家嘴的建设具有借鉴作用。美国硅谷作为高科技产业特色小镇，其成功发展离不开当地政府、风险投资对创新型技术的支持和金融资助。

（二）欧洲：市场与政府相结合模式

法国采用农村金融合作社的形式为特色小镇提供投资补贴、低息贷款。在落后地区新建的工厂和企业只要提供足够数量的就业岗位，就能得到政府的奖励金和税收减免政策。闻名的“世界香水之都”格斯拉小镇在政府资金支持下，成功转型为农业、工业、服务业融合一体的特色小镇。在金融支持方面，法国政府健全特色小镇的相关法律和监督体系，优化其投资环境；格拉斯借助政府资金的支持积极延伸产业链，发展专业化的高端香水产业；政府的免费资金、亏损补贴、财政专用款等优惠政策吸引了更多的企业加入香水产业建设；机构投资者、证券私募公司等市场参与主体为香水小镇发展提供了建设资金。

英国大多数特色小镇建设中使用了 PPP 融资模式，最有代表性的是温莎小镇，温莎小镇是英国最著名的王室小镇，为了该小镇的发展，英国对它的金融支持主要表现在以下几个方面：①通过政企合作中的政府资金吸引社会资本参与小镇建设。②财政部提供长达 60 年的基础设施项目贷款。③给予新城建设公司用地价格优惠。④借助私募基金、共同基金等风险投资资金发展特色产业项目。英国政府还对地方化产业采取政策支持：从事环保型农业和观光旅游农业的乡镇可以从欧盟和英国政府得到相应的环境保护补贴。

（三）日本和韩国：综合农协促进模式

政府宏观调控是日韩特色小镇发展的重要支撑，日韩政府通过"政府财政资金资源"调控小城镇发展进程。日韩农业特色小镇以精品农业和文化产业为着力点，通过财政支持、下设开发公司参与城镇基础设施建设，在特色小镇建设和管理中，农业协会合作经济组织帮助农业生产和销售，提供农村金融、信用业务等金融支持。1979 年日本发起"一村一品"运动，旨在振兴日本农村经济，依托本地资源优势，发展地域鲜明的特色产品和特色产业。在特色小镇建设中，日本政府尽量避免直接的资金补助，而是提供人才培养和技术指导，农协组织负责提供农业生产资料、农业新技术的培训和推广、产品的统一包装以及产品的储存和运销。"一村一品"运动的开展显著提高了日本大分县农特产品的数量及质量，农特产品总产值高达 10 多亿美元。

二、国内先进经验借鉴

自 2015 年 1 月 21 日浙江省委、省政府首次提出创建特色小镇战略以来，一个个特色小镇纷纷落地，并取得了一定成效，特色小镇是我国经济转型升级的一个新亮点。根据开发和运营模式的不同，特色小镇主要有政府主导、企业主导和政企合作三大类，浙江基金小镇、云栖小镇、菁蓉小镇、古北水镇、贵州天文小镇等特色小镇建设在金融资源配置方面取得较好成效，具体金融资源配置方式如下：

浙江特色小镇建设非常注重发挥市场决定性作用，在融资方式创新方面，探索 PPP、股权众筹、投资基金等融资模式，为入驻企业提供资金支持、技术孵化、供应链整合等服务，推动小镇发展。我国有 8 个城市提出打造"基金小镇"，发展高端金融产业，这其中最具代表性的就是浙江玉皇山南基金小镇。玉皇山基金小镇是集基金、文创和旅游三大功能为一体的特色小镇，该镇集聚了各类基金机构，管理的资产规模超 1 万亿元，吸引并带动了上千家企业的发展，是全国私募基金人才最活跃的地方之一。在金融资源配置基金小镇建设方面，浙江省实施财政收入返还优惠政策，增加的财政收入前 3 年全额返还、后 2 年返还一半给当地财政；管辖玉皇山南基金小镇的上城区政府，为企业提供所得税返还、营业税等方面的优惠政策；上城区政府为降低入驻企业沟通成本，在培育各类私募对冲基金等核心业务时，配套引进与其核心业务密切相关的上下游产业，着力打造完备的私募基金产业链，提供私募基金产品注册、设计、发行、销售一体化服务；2018 年 1 月，“一带一路”亚太基金项目落户小镇，为小镇资本与优质项目对接创造了良好的合作条件。

以云计算为核心的云栖小镇吸引了阿里云、华数、趣拍等数百家高科技企业入驻，早在 2015 年就实现涉云产值近 30 亿元，完成财政总收入 2.1 亿元。云栖小镇在招商引资方面做得非常出色，打破传统完全由党政部门主导的引资方式，实行由政府引导、以市场为导向、以产业为支撑的招商引资方式，政府（政府提供优质服务）、企业（企业打造基础设施）、创业者（创业者在政府和企业搭建的平台上进行创业就业）共同协作，发挥各自的积极能动性。诸暨市袜艺小镇以发展袜艺产业为核心，吸引了数百家企业入驻，有效带动了小镇就业。该镇通过股改、创业板、新三板挂牌等形式创新投融资模式，采取 PPP 模式在开发运作中进行配套设施建设，拓宽了企业融资渠道，降低了融资成本，推动了小镇产业发展。

四川省在特色小镇金融资源配置方面也取得了一定的成效，探索出“产业+金融”发展模式，推动城商行、农商行、担保公司、基金公司等地方金融机构参与和研发各类金融产品，解决特色小镇建设资金问题。北有中关村，南有菁蓉镇。四川省郫都区菁蓉特色小镇是一个聚焦“双创”的特色小镇，依托电子科技大学、西南交通大学等知名院校和科研机构，将双创模式与农业、工业、服务业结合，打造双创生态环境。在金融资源配置方面，郫都区不仅每年提供 5000 万元的财政支出促进双创产业发展，还为入驻项目提供房租物管全额补贴，并向处于不同创业阶段的双创企业提供金额不等的投资基金；菁蓉特色小镇在“基金+管理机构”、“菁蓉贷”、PPP 项目、信托、债券等融资渠道下，满足了初创企业融资需求；菁蓉小镇成立了专门的金融服务工作组，鼓励金融机构为双创企业提供“孵化器”服务，满足不同主体的资金需求，还出台上市奖励政策以鼓励企业上市融资。

位于北京市密云区的古北水镇是一个文化特色小镇，当地政府对开发古北水镇基础设施建设、道路交通、征地拆迁、水电供暖等方面提供了大力支持，古北水镇运用“整体产权开发+多元化复合经营投融资”模式解决其项目融资问题（见图 8-1）。

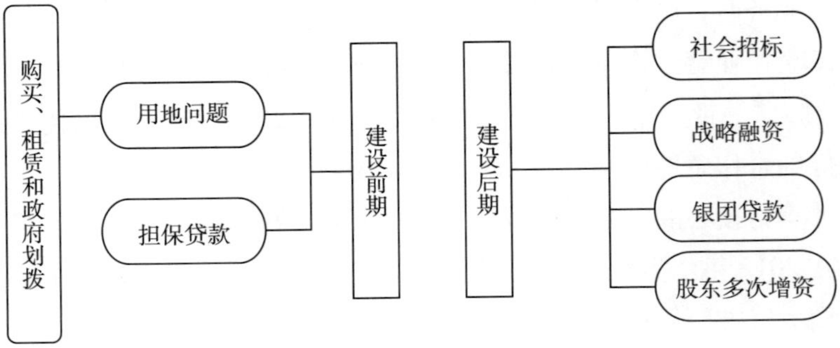

图 8-1　古北水镇“整体产权开发+多元化复合经营投融资”模式

资料来源：笔者自绘。

位于贵州的天文小镇，依托 FAST 射电天文设备及黔南州产业结构和旅游特色，全力打造世界知名的特色天文小镇。在金融资源配置天文小镇建设方面，贵州省政府支持使用 PPP、BT、BOT、TOT、TBT 等融资模式对道路交通、天文观测站、科技馆、旅游接待及服务进行投资建设。

第二节　特色小镇建设方案的金融资源配置
——经济发展较慢小镇的方案

金融资源的有效配置能够引导各类资源要素向欠发达地区转移，提高该地区的生产生活水平，对特色小镇建设并促进其增收致富具有重要的战略意义和现实意义。特色小镇建设的金融资源有效配置主要表现在基础设施、特色产业平台和特色产业建设上面。住房和城乡建设部联合金融机构出台了相应的金融资源配置政策，为包括道路、供水、电力等各方面的基础设施建设给予政策支持。增收致富导向下特色小镇建设的金融资源有效配置，更侧重以普惠金融方式支持小镇基础设施建设，本书以资源禀赋型特色小镇和历史文化型特色小镇为例，探讨具体的金融资源有效配置方案（见图 8-2）。

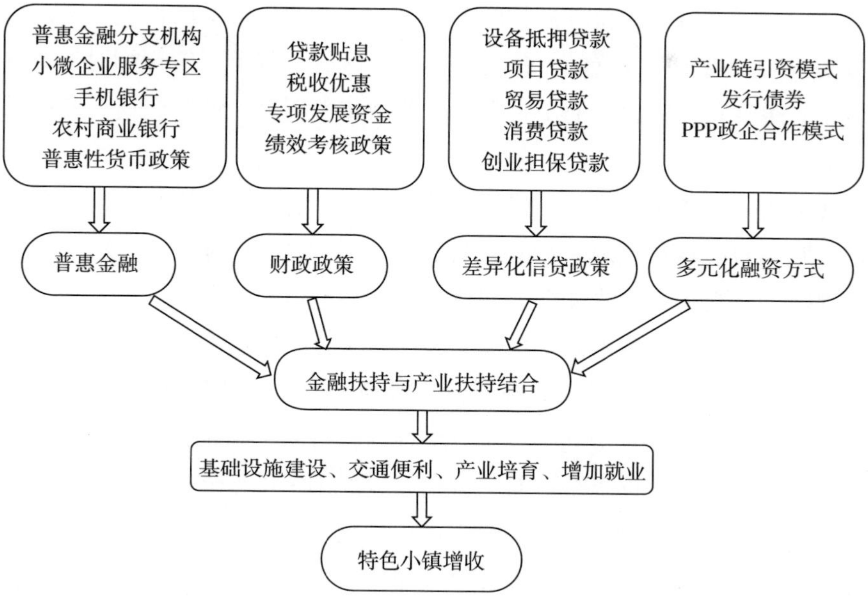

图 8-2　特色小镇增收的金融配置

资料来源：笔者自绘。

一、增强金融服务便利性，加强货币政策倾斜

我国少数民族多分布在丘陵、高原、山地等地区，独特的自然地理环境使少数民族的生产生活方式及民俗文化别具一格，少数民族地区更适合创建农业生产型、文化旅游型特色小镇。新疆盛产棉花、小麦、制酱番茄等多种高效优质农作物，是全国重要的农作物生产基地，丰富的资源是新疆资源禀赋型小镇的基础。农业型特色小镇是通过整合农村生产、生态、文化等资源，以农业的生产、加工、休闲观光旅游及农业服务业为主导产业，融合发展一二三产业的建制镇或者产业创新创业平台。

（一）采取财政政策支持特色小镇发展

特色小镇建设是由政府统一布局，有意识、有规划、有步骤、有目标推进的系统工程，金融支持地区农业类特色小镇离不开政府财政资金的支持，农业特色小镇的融资主要来自开发性银行、商业银行、政府、PPP 项目。葡萄酒小镇等农业类特色小镇基础设施建设及产业链构建过程中，政府、财税部门和政策性金融机构给予贷款贴息、税收优惠、保险等优惠政策。政府贴息贷款资金具有资金量少、融资成本低、资金支持周期长的特点，发挥引导和牵头的作用。要加大市县级地方财政对特色小镇发展的支持力度，各级政府在制定年度预算时，设立专项发展资金，重点扶持特色产业培育发展、酿酒技术创新、道路交通等基础设施及公共服务平台的建设。

对于花卉、水果种植业及农作物种植业，财政资金重点用于龙头企业的发展、新品种培育、科技创新、相关人员教育和培训方面，扩大原住民收入来源，促进此类产业从单纯的观光型向参与体验型的新型业态转变。

此外，特色小镇地区财政部门应实施绩效考核奖励惩罚政策，对处于初步建设阶段的农业小镇提供启动补助资金，并对资金的使用情况进行中期绩效考核，给予考核达标的小镇以资金奖励，责令考核不合格的小镇按期整改，如果整改不达标，就要收回启动补助资金。对于创建完成的小镇进行终期考核，达标则给予补贴奖励，不达标则限期整改，整改不达标，则收回全部补助资金。由于以不同生产作物为基础的各特色产业的成长模式和速度不同，因此，在评价考核各特色小镇产业绩效时，政府应根据不同产业的特点，设计差异化的评价标准和考核期限。

（二）发展普惠金融支持特色小镇增收

欠发达地区金融普惠水平、金融市场发展及金融服务水平相对较低，对于资源禀赋类特色小镇来说，金融基础设施的建设完善对其产业发展和贸易往来非常重要，因此有必要加强资源禀赋类特色小镇的普惠金融建设，强化基础金融服务供给。需要商业银行、政策性银行、保险公司、农村合作金融机构、互联网金融机构等在特色小镇地区设立普惠金融分支机构，实现更精准地扶持增收致富工作。增加特色小镇银行网点，推进设立专营机构，增设个贷、小微企业服务专区、社保金领取专柜，为小镇企业及居民提供更加方便快捷的金融服务。重点推动银行卡、手机银行结算等非现金支付业务的覆盖面，鼓励支付产品和服务的创新。引导农村商业银行支持特色小镇“农村淘宝”等电商产业的发展，加大对特色小镇基础生活用品的支持，鼓励地方特色产品利用电商平台“走出去”，对外销售特色农产品、手工艺品等，借鉴日本和韩国“一村一品”的发展模式，大力支持特色小镇特色产品的生产推广，鼓励金融机构填补农村金融服务的空白，扩大农村金融服务覆盖面，助力资源禀赋类特色小镇实现脱贫。

以葡萄产业为例，葡萄生产周期长，规模化的生产需要长期资金支持，人民银行可以提供长短中期借贷便利等货币政策工具，鼓励金融机构加大对葡萄种植企业的信贷支持，缓解农业生产企业的融资压力。此外，实施差别化的货币政策有助于中小银行信用扩张，使商业银行有针对性地支持特色小镇民营及小微企业，满足它们基本的资金需求。中国人民银行也要开展常备借贷便利、同业存单等业务，运用再贷款、再贴现等工具，引导商业银行将信贷资金流向小镇重点建设和基础设施建设项目。鼓励金融机构提高利率定价能力，根据贷款对象自身的特点灵活定价，减少特色小镇贷款成本；引导农业银行、“三农”金融事业部增加并单列信贷规模、降低达标县域机构存款准备金率等方式为农业生产特色小镇发展提供金融支持。

（三）创新贷款品种支持特色小镇增收

特色小镇是在特色产业的基础上发展起来的，发展特色产业离不开信贷支持。经济主体之间的资金借贷在民营企业融资方式中较为常见，一般性商业银行可以向特色小镇的农业发展领域提供大型农机具和农业生产设施抵押贷款、畜禽货梯抵押贷款、项目贷款、贸易贷款、文化消费贷款等，银行对其在建设和运营期间发生的贷款利息可给予贴息补偿。在贷款定价和审批中，为中小微企业提供优惠贷款利率，企业贷款利率低于基准利率上限的30%；实行差异化担保费率，粮食经营主体最高担保费率为1%，农业产业化龙头企业最高担保费率为2%，其他经营主体不超过1.5%，银行只收取贷款利息、担保费，不再收取其他费用，以此减轻企业的资金压力；贷款银行应根据企业项目生产周期、现金流及抵质押物等情况，对种植养殖业、大型生产设备等资金回收期限长的贷款申请项目，适当延长贷款和担保期限。

新疆地理位置和自然气候非常适宜葡萄酒产业链的发展，在产业链扶持过程中，可借鉴美国纳帕谷葡萄酒特色小镇建设经验，开展科普教育、葡萄酒观光、葡萄酒制作、娱乐体验等新型农业旅游项目，运用市场机制和“农业生产+”思维，以“农业生产+产业链支撑”“农业生产+科技”“农业销售+互联网支撑”“农业+旅游”“农业+民宿”等形式，实现农业生产的跨界深度融合，延长产业链，走差异化道路，促进农业生产与脱贫工作的深度融合。在此过程中，商业银行还可以与小镇合作推出葡萄酒小镇App，游客通过App就可以完成采摘观光、订酒店、农产品订购等服务，通过完善的预订、支付、消费信贷等消费金融服务来吸引游客。民族地区商业银行应根据企业属性适当放宽创业担保贷款申请条件，在一定程度上缓解特色小镇小微企业融资难的问题。在特色小镇产业优势的基础上，商业银行以批发贷款的方式支持特色小镇的龙头企业、中小微企业发展，借助特色项目鼓励农户主动参与生产建设。

（四）政企合作模式支持特色小镇增收

农业生产容易受天气、季节等自然因素影响，且受资金和项目约束，农业特色小镇普遍存在基础设施配套落后、公共服务水平低、农业组织程度低等问题，农业特色小镇可持续发展的资金需求量大、资金收益率低，需要长期低成本金融产品及服务的支持。在政府主导、企业为主体的发展思路下，鼓励政府利用财政资金吸引社会资金，合作发起设立特色小镇建设基金。

PPP 模式从供给角度解决了特色小镇金融资源配置问题，主要用于特色小镇基础设施的建设。基础设施的完善和公共服务水平的提高是农业特色小镇吸引人才、投资、项目和可持续发展的基础，学者研究发现，目前 PPP 模式是农业特色小镇较为适宜的融资模式。PPP 模式是政企合作的一种融资模式，以特许经营权协议为基础，界定政府与企业的角色和权益，为政府和企业共同提供某种公共物品和服务（见图 8-3）。在 PPP 模式中，政府作为公共产品的主要提供者，资金有限，且在相关领域缺乏相应的技术和管理经验，政府采取招标方式吸引企业参与基建等项目，使有能力、专业化的运营商成为参与特色项目市场化运营的重要力量，弥补了技术、运营管理方面的不足。同时，特色小镇建设项目投资体量大、回收周期长、参与主体众多，PPP 模式通常会确定一个运营期限，且该模式的风险分散机制能有效分散项目的风险。

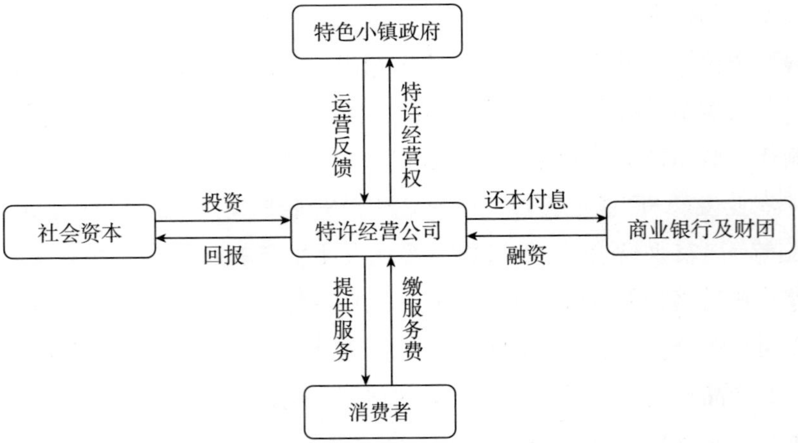

图 8-3　PPP 模式

资料来源：笔者自绘。

在农业特色小镇建设中使用PPP模式，由社会资本融资、建构、运营，间接节省了政府财政支出，社会资本能利用自身的资本运作能力促使更多主体参与农业特色小镇建设。政府通过税收优惠、贷款担保、土地优先开发权等优惠政策扶持，提高社会资本参与农业特色小镇的积极性。同时，当地财政部门要对农业特色小镇项目进行估值，统计特色小镇范围内PPP项目的财政支出，估算政府财政承受能力；加强政府参股及付费项目的建设并严格控制其运营成本；政府或政府指定机构不得回购或兜底社会资本投资本金；政府不得向社会资本承诺固定或最低收益回报。

二、财政支持特色小镇增收

历史文化型特色小镇资源丰富，拥有优秀民俗文化及非物质文化，新疆历史文化特色小镇建设要依托区位优势、民俗习惯、历史文化资源开发特色文化产业，少数民族具有独特的习俗、饮食、服饰、建筑等，独特的文化资源能够吸引特定类型的细分市场。这类特色小镇集文物古迹、社会风情、风味特产、现代设施于一身，可以通过举办乡村音乐节、手工大赛等一系列活动挖掘并传承非物质文化，延伸民族服饰、手工艺品产业链的服务化，鼓励小镇构建民族文化体验、艺术文化休闲度假与原乡生态休闲三大旅游产品，吸引国内外游客前往体验其中最真实、最质朴的民族风情、地域风情。

（一）财政支持历史文化型特色小镇增收

政府为入驻企业实行前期免租、免税收、承诺入驻文化产业基地等一系列政策，降低企业融资成本。降低景区门票价格支持文旅消费，举办文化和旅游消费季、消费月，提升旅游环境，激发居民文化旅游消费潜力。文化创业企业的发展能够解决小镇剩余劳动力的就业问题，实现“一人就业带动全家增收致富”的目标。对于非物质文化遗产特色项目，如节庆业，小镇要宣传非物质文化的内涵，依托政府财政资金支持，引导节庆文化与小镇特色建筑、餐饮、服装、生活用品等领域融合发展，形成一批社会效益好、影响力广的节庆品牌，落实国家支持特色文化产业的各项税收政策，并对税收政策实施情况进行跟踪问效，助力特色小镇增收致富。

（二）贷款支持历史文化型特色小镇增收

具有历史文化特色小镇的土地住房、文教卫设施、商业设施、交通网络等尚未完善，仍需要大量贷款资金投入。小镇建设初期的基础设施项目，可利用地方政府的平台投资公司在商业银行得到信贷支持，将资金投向特色小镇的绿化、交通、给排水、电力等基础设施项目。另外，还可以借鉴浙江玉皇山南基金小镇的做法：为节约企业间的沟通成本，在吸引龙头企业的同时，为其提供业务密切的服务机构等配套支持，形成特色产业集聚，为特色产业规模化和持续化提供金融资源的有效配置，解决该特色小镇居民的就业问题，助力经济稳增长。特色小镇建设项目可优先申请农发行的资金支持，住房和城乡建设部公布的第一批特色小镇可申请国开行和建设银行的信贷政策，纳入全国小城镇建设项目储备库的优先推荐项目可优先申请国开行的中长期信贷支持。

农村合作银行可对符合贷款条件的项目或主体给予优先受理贷款调查、优先审批授信、优先落实资金等信贷政策倾斜。同时实行优惠贷款利率，降低中小微企业融资成本，提高小镇企业资金利用效率和盈利能力，促进小镇经济发展。鼓励当地商业银行推出新型文化消费贷款品种，一次申请，循环使用；鼓励发行有商户折扣、可消费分期的银行卡，设置不同的首付比例、期限和还款方式，创新消费贷款抵质押形式，方便游客消费购物，带动小镇文化产业发展。

为解决文化初创企业融资时缺少可供抵押资产的问题，政策性融资担保机构倾向于为其提供融资便利。国家开发银行、中国农业发展银行通过成立专项基金或向邮储银行定向发行长期债券助力特色小镇发展，特色小镇专项基金实质上是一种长期贴息贷款，能为文化项目企业提供优惠资金支持。通过发行债券，将居民手中零散的储蓄和市场中的短期社会资金集中转化为长期大额资金，再由国家开发银行、中国农业发展银行集中投向特色小镇文化产业，解决初创企业融资困难。国家开发银行还积极发挥“投贷债租证”的综合金融优势，在风险可控、商业可持续的前提下，为特色小镇建设提供以小镇建设项目的特许经营权、收费权和购买服务协议下的应收账款为质押担保的贷款等综合金融服务。

（三）产业链招商引资支持历史文化型特色小镇增收

建设历史文化特色小镇，首先要开发特色产业，开发特色产业是招商引资的前提。可通过与对口助援省市、各企业单位召开招商引资座谈会，促进特色小镇产业项目负责人与相关企业洽谈产业开发事宜，集中精力发展龙头产业，发展特色小镇特色产业链，推动地区经济增长。

围绕某个产业的上下游行业进行招商的产业链招商是一个高效的方法，也是当今各地最为重视、使用最为频繁的招商方法。该方法主要通过研究和分析产业的发展和转移规律，谋求上下游产业的共同发展，实现倍增效应，提升项目产品、产业，乃至整个地区的综合竞争力。主要有针对专业化产业集群的招商、针对优势特色产业链的招商、针对产业链高端项目的招商以及针对产业链补缺部分的招商。

历史文化特色小镇主要依靠旅游项目，通过建设休闲娱乐、购物消费及具有居住功能的商业地产，为游客提供餐饮、演艺、购物消费、养疗等服务。历史文化特色小镇借助自身特色产业和环境，打造具有明确产业定位的开发项目，集聚本地区未形成规模的特色产业或者是传承率低的特色手艺，推动生产方式从分散式单一作业方式向集中化转变。通过招商引资培育和发展特色产业，不仅缓解特色产业融资困难，还能解决当地人民就业问题。

三、以特色项目为导向的差异化信贷政策

根据各地区的区位条件、资源禀赋、产业现状、经济发展水平等因素，坚持因地制宜原则，开展特色小镇助力增收致富建设试点，鼓励结合政策支持实现先行先试，着力打造一批资源禀赋丰富、区位环境良好、历史文化厚重、产业集聚发展、增收致富效果显著的示范特色小镇，以便为其他地区特色小镇建设的全面推广提供经验借鉴（见图 8-4）。

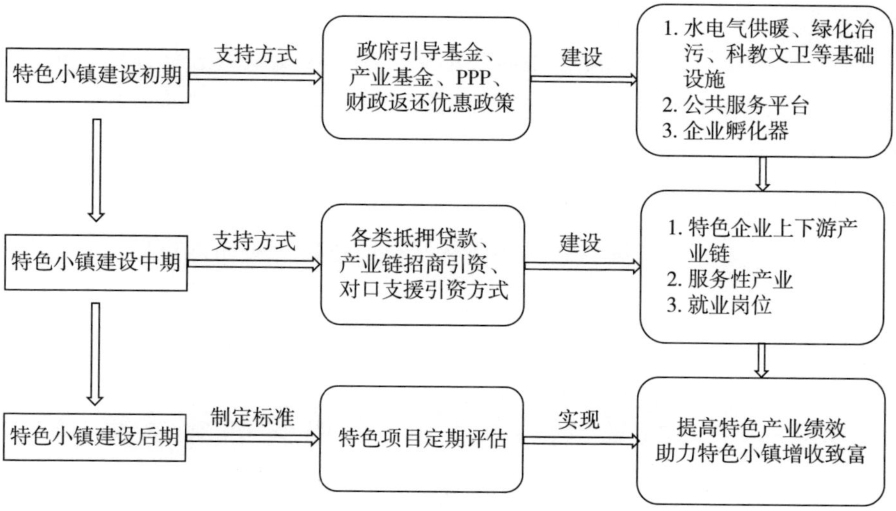

图 8-4 金融资源的有效配置下特色小镇建设方案

资料来源：笔者自绘。

首先，在特色小镇建设初期，资金需求量最大且融资最难。采取政府引导基金、产业基金和PPP模式等股权融资方式能满足项目启动的资金需求，以进行水电燃气供暖等公共基础设施建设，以及污水垃圾处理、绿化生态工程、科教文卫等设施建设。地方政府通过专项资金搭建公共服务平台，创建企业孵化器，为中小微企业提供工商注册、税务登记、人才引进、经济合作等全方位专业服务。由该特色小镇增加的财政收入，前3年全额返还给该特色小镇，后2年返还一半财政收入给当地政府，鼓励特色小镇积极进行产业发展建设。鼓励政策性金融机构、商业银行参与PPP项目建设，对特许经营、政府购买服务提供信贷支持，引导大型企业参与投资，由民营企业负责基建项目的投资和管理，减轻政府的财政资金压力，项目建成后，企业将资产收益权和运营权移交给政府。

其次，在特色小镇建设中期，通过政策性银行及商业银行的各类抵质押贷款向特色小镇提供中长期建设贷款。在吸引企业入驻时，通过产业链招商引资模式，给特色产业龙头企业提供上下游产业配套服务支持，实现原材料供应、生产加工包装、批发零售专业化、一体化的运作模式。特色小镇在交通、观光、住宿、餐饮、购物等环节吸纳众多劳动力，尤其是特色小镇的低收入人口，通过对口支援招商引资模式，低收入农户可通过土地租让、免息贷款资金的入股分红、务工等方式获得经济收入，实现“一人就业带动全家增收”的生态致富，同时使入驻企业与低收入农户成为利益共同体，提高参与主体的主动性和积极性。

最后，金融资源的有效配置主体要定期对小镇产业项目进行评估，根据不同产业的成长速度和生命阶段，制定不同的绩效评价标准，对绩效不达标、经营不善的企业或产业，降低其企业信用等级和资金支持力度，把最重要的金融资源配置到重点产业项目中去。特色小镇要坚持市场经济发展规律，挖掘和培育特色资源优势，发展政策支持力度大、市场前景好、示范效应明显的特色产业，增强民族欠发达地区经济发展的内生动力。

第三节　特色小镇建设方案的金融资源配置

——经济发展较快小镇的方案

特色小镇致力于发展一个最有基础、最具特色、最具潜力的细分产业，特色小镇在促进产业集聚的同时，还能吸引先进的生产技术、大量金融资源等生产要素，有利于产业转型升级，起到引领示范作用，是经济高质量发展的新平台。中国经济进入高质量发展模式，特色小镇已成为县域新的经济增长点。提高特色小镇发展质量，推进特色小镇健康有序发展，必须在清晰定位特色小镇功能的前提下，明确发展方向、加快发展步伐、调整发展偏差，使特色小镇成为区域经济增长的新引擎。本章认为在致富导向下，可以按图 8-5 中不同金融资源融资方式支持特色小镇建设。

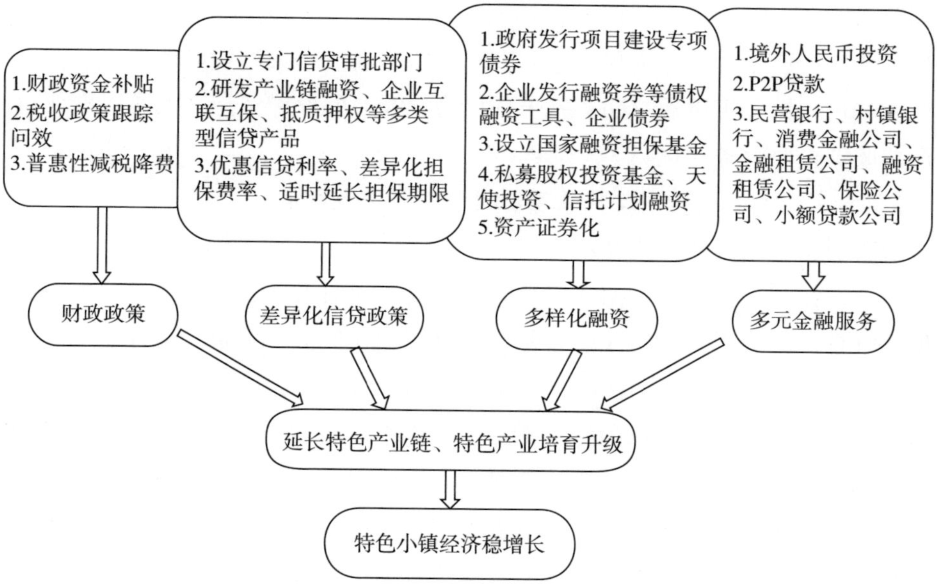

图 8-5　金融资源的有效配置下特色小镇致富路径

资料来源：笔者自绘。

一、金融支持新型产业型特色小镇致富

本书根据已有研究和实际情况，认为新型产业型特色小镇主要位于经济发展程度较高的区域，科技和互联网产业突出，并且有一定的新型产业基础积累。金融支持地区新型产业特色小镇致富可以有以下几条路径：

（一）项目融资支持新型产业型特色小镇致富

在创新驱动发展战略、新一轮产业发展机遇和新型城镇化的多重背景下，

“科技型特色小镇”逐渐成为“特色小镇”的中流砥柱，以科技创新和产业带动，驱动特色小镇信息化、产业化和新型城镇化的综合发展，是推动产城融合的新引擎。对新型产业发展来说，项目融资是较为合适的融资方式，本质是政府以其信誉为担保，以项目未来收入和资产作为报酬。项目融资产生的风险不是项目投资人或发起人自己独自承担，而是由投资者或发起人和贷款银行、供货商、承包商等一起承担。新型产业型特色小镇通过项目融资方式建设该区域的道路、桥梁、机场、供水等投资规模大、具有长期稳定预期收入的大型基础建设项目。融资租赁集金融、贸易、服务于一体，可通过转移与特色小镇建设相关的全部或绝大部分风险和报酬缓解小镇产业初建期的资金压力，满足特色小镇的融资需求；通过工业生产设备进行融资租赁，可以解决购置高成本大型设备的资金困难；新型产业特色小镇还可以通过购买有可预见稳定收益的设施资产并回租，盘活存量资产，改善企业财务状况。

（二）引资引智支持新型产业型特色小镇经济稳增长

引资引智相结合的模式在新一线、二线城市应用较多，从过去比产业、比优惠政策、比招商到比人才，招才引智政策是政府吸引人才、培养人才、发挥人才价值的杠杆。招商引资和招才引智密不可分，相互促进，引资、引才和引智的有机组合，是提升经济竞争力的必然要求。应用到特色小镇中，对小镇特色产业的发展，尤其是对科技型产业的技术开发、孵化投产等环节至关重要。新疆色力布亚镇作为新兴产业型特色小镇可与其对口支援城市——上海共同召开招商引资座谈会，积极促进特色小镇产业项目负责人与相关企业洽谈开展产业发展，集中资金和智力发展龙头企业，助力特色小镇持续发展。特色产业开发主要从完善公共配套设施以及形成具有自身优势的产业链入手，首先，建立特色小镇产业科研基地；其次，建立可为科研基地培养人才的教育培训基地；再次，建立记录产业发展的历史产业博物馆；最后，建立康复疗养医院、休闲娱乐场所等其他配套设施。

需要强调的是，特色小镇在进行招商引资之前，要做好宣传工作，突出特色小镇的产业亮点，充分挖掘小镇的独特优势；由于政府对招商引资所需的经贸、金融知识知之甚少，缺乏专业的谈判技巧，对项目可行性等问题缺少深入的论证，可能会对招商引资工作产生影响；此外，还要解决特色小镇建设中用地问题，避免入驻企业与原住民对建设用地产生矛盾，因此，小镇在这些方面要做好充分的准备。

（三）财政支持新型产业型特色小镇致富

实施普惠性的减税降费政策，在特色小镇范围内实施上下联动的财政支持体系，为企业创造良好的发展环境。辖区政府要对软件、物联网等企业提供财税优惠政策，规范企业收费行为，向社会公开收费项目和标准，加强收费监督检查，减轻小镇企业资金压力，有利于中小企业“轻装上阵”实现产业升级转型。优化土地资源配置，增加对特色小镇建设用地的支持，减免开发用地的土地税费。

特色小镇在第二产业、第三产业生产中的资金需求，由政府设置专项资金并扩大其规模，规定由特定部门管理和分配专项资金，对其用途进行规划，并监督专项资金的流向、使用情况。对运营良好的产业项目给予奖励，将奖励基金纳入专项资金中，激发生产建设人员的积极性。《政府出资产业投资基金管理暂行办法》的出台为特色小镇股权融资找到了一个新渠道，来自财政的政府出资资金，可用于非公开交易企业股权的股权投资基金和创业投资基金，并且要充分发挥基金在贯彻产业政策、引导民间投资、稳定经济增长等方面的作用。

（四）发行债券支持新型产业型特色小镇致富

随着资本市场的发展，发行债券也是特色小镇重要的融资方式之一。特色小镇可以发行项目建设专项债券融资，这类债券的特点是：地方政府以特色项目的未来收入作为专项债券的担保，不用政府为它兜底、承担最后的清偿责任。既减轻了政府的财政负担，又有效利用了社会资本。鼓励资产质量和现金流状况好的优质企业发行短期融资债券、中期票据、项目首期票据等债权融资工具，支持企业发行“双创”专项债务融资工具，积极引导社会资本参与特色小镇建设。企业通过非银行金融机构或平台，以抵押担保或信用担保的方式发行债券，政府企业可通过平台发行企业债务，也可以发行地方债务进行融资。债券融资流程如下：首先，特色小镇的项目公司先对自身资产状况、诚信状况进行评估；其次，选择相应资质的债券承销商设计相关产品；再次，寻找合适的担保人，增加发行公司的信用级别；最后，对筹融资金进行托管和备案，并实行专款专用。

（五）民间资本支持新型产业型特色小镇致富

加快引导有实力的产业资本进入特色小镇，努力打通民间资本引入通道。在地方法人银行类机构增资扩股过程中，积极引进民间资本，实现农村商业银行和村镇银行的专业化和民营化发展，鼓励民间资本参与推进中小金融机构充实资本、完善治理的改革，发挥银行地缘优势，更好地服务小镇企业，从而推动企业生产要素实现质和量的提升；支持保险机构为科技型企业的知识产权融资提供保证保险服务。

通过引进新型创业服务机构，如财会、法务、产权保护等各类中介服务机构，完善企业配套服务，促进企业规范化、持续化经营。利用私募股权投资基金、天使基金、信托投资计划、互联网金融等途径，通过政府基金运作强化资质对接，有效撬动社会资本，构建覆盖企业不同发展阶段的金融服务体系。

设立私募股权投资基金。私募股权投资基金的投资者主要是政府、机构投资者（投资公司、保险公司、养老基金、社会福利基金等金融机构）、大型企业和个人。特色小镇可以引入天使基金、创投基金、风险资本等股权类投资基金进入，此类基金的投资期限通常较长，注重企业的长期发展，与企业一起成长，能在短期内减轻中小科创型企业的付息压力。私募股权投资基金不仅能优化金融资源配置，还能促进特色小镇大批的中小企业进行产业结构调整，如旅游特色小镇的相关企业可以通过提供景点门票、生态农业观光、有机农副产品、农业种植体验服务等各种形式的产品以股权众筹的形式面向机构和个人消费者进行融资。

鼓励金融市场发展程度高的特色小镇借助天使投资等风投资金进行科创投资、产业升级，支持双创企业发展，依托投资资金加大研发投产，着眼于产品更新和技术升级，推广科技成果在特色小镇产业领域中的应用范围，促进发展前景好但尚未盈利的创新型企业上市或在新三板、区域性股权市场挂牌。

信托计划融资方式。信托筹融资周期较短，只需委托人和受托人自主商定，设计发行速度快；财务成本低，企业通常一年付一次利息；筹资时间较为灵活，企业可根据自身经营情况安排筹资时间。主要通过三种方式参与项目的融资：直接投资于项目公司，这种方式直接将投资者委托的资金以社会资本的形式投资到项目公司中，并通过项目的分红获得收益；间接投资于政府引导基金，指信托公司通过信托计划参与到政府引导基金中，作为政府引导基金引导的社会资本的一部分；间接投资社会资本方，这种方式和间接投资政府引导基金有点相似，在这种模式下，信托主要为社会资本方中某一运营主体配置资金，成为社会资本的重要组成部分。特色小镇以信托方式融资发展特色产业，能撬动更多的社会资本，使投资主体和经营主体实现双赢。

二、金融支持生态旅游型特色小镇致富

生态旅游型特色小镇以生态观光、健康养生、休闲度假为主，该类特色小镇生态环境良好，宜居宜游，具备生态养生度假条件。地区开发程度低、自然资源

丰富，旅游资源开发价值大，旅游特色小镇建设对新型城镇化探索及乡村振兴战略的实施产生巨大的推动作用，能够解决地区的发展问题。本课题认为金融支持生态旅游特色小镇经济稳增长有如下几条路径：

（一）地方政府产业投资基金支持生态旅游型特色小镇致富

地方政府产业投资基金具有融资成本低、融资效率高的特点，在发挥财政资金杠杆作用、引导金融资本和社会资本投资方面具有相对优势，经营性和公益性基础设施建设项目适合采用地方政府产业基金的方式融通资金（见图 8-6）。

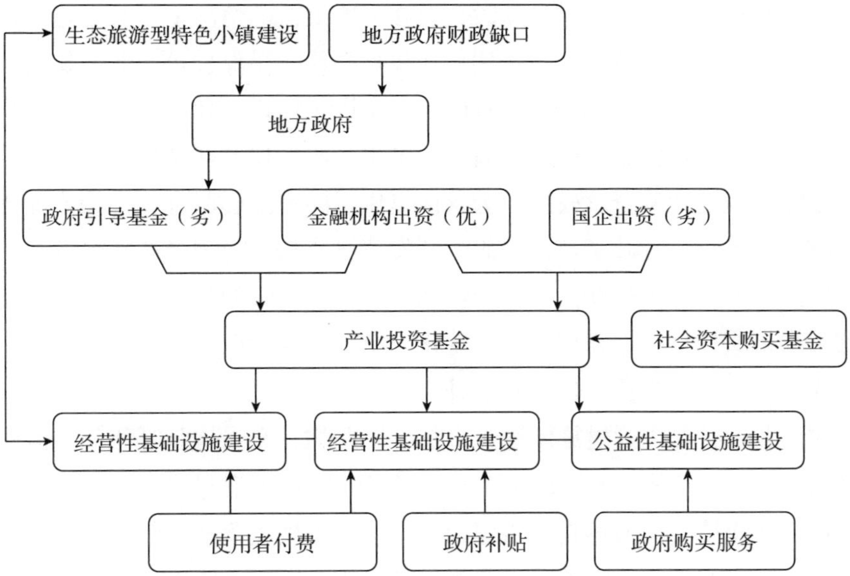

图 8-6　地方政府产业投资基金的融资模型

资料来源：笔者自绘。

（二）信贷政策支持生态旅游型特色小镇致富

建设生态旅游型特色小镇的资金绝大部分来源于间接融资渠道，特色小镇可搭建政银对接服务平台，由开发性、政策性金融机构在债务风险可控前提下提供融资支持。政策性金融机构是特色小镇的主要借贷方，最有代表性的是国家开发银行和中国农业发展银行，通过为特色小镇发展提供中长期贷款支持小镇建设。

商业银行应主动与当地政府、工商部门、企业管理部门联系，较全面地掌握生态旅游产业发展状况，对每个企业建立信用档案，为其提供合适的信贷产品，加大对特色产业的信贷支持力度；为特色产业项目设立专门的信贷审批部门，制定独立的信贷发放标准、授信额度和考核机制，简化业务流程；研发产业链融资、企业互联互保等多类型信贷产品。同时，要组织信贷人员进行走访，根据企业所属的行业、经营状况、信用等级等，为每个企业建立详细的档案，并定期进行档案的更新，进行信用评级，避免产生不良资产等。由于企业信贷风险可能会导致企业资金链断裂，影响产业链上下游企业之间互信，从而增加企业融资成本，甚至影响企业转型升级，因此，地区特色小镇的中小企业要制定合理的投融资规划，将信贷资金专款用于主业，按时还本付息，加强企业的诚信建设。

商业银行向特色小镇提供贷款时，要在风险最低的情况下进行金融资源的有效配置，因此有必要支持银行与信用担保机构合作。担保公司与商业银行开展的担保贷款业务，降低了中小企业融资门槛。中国工商银行和中国农业银行实行的旅游贷款模式也值得借鉴，中国工商银行推出的收费权质押加保证担保、收费权质押加在建工程抵押等贷款模式，为景区提供了融资配套服务；中国农业银行推出了旅游景区行业信贷政策、县域旅游开发建设贷款、管理办法等，并在信贷产品、担保方式上实现了创新突破。企业在进行产业升级的过程中，商业银行可推出在建工程抵质押贷款、知识产权、碳排放质押权等新型信贷产品，鼓励企业改进生产线，增加环保投资，促进企业升级改造。

农村商业银行可以通过旅游观光、住宿、购物、娱乐体验等环节，借助“旅游业+特色农业”实现金融服务全覆盖，利用区位和政策支持优势，实现贷款支持与产业引导相结合；通过贷后跟踪，引导小镇积极经营，带动特色农业的产业升级，为同类型特色产业发展形成引领示范作用；农村商业银行与特色小镇联合推出一卡通业务，推出智慧旅游建设，为游客提供线上线下购票、文化产品消费等服务。促进互联网金融发展，鼓励符合条件的企业申请互联网支付许可从事第三方支付业务。

（三）资产证券化支持生态旅游型特色小镇致富

资产证券化融资方式，是指将目前缺乏流动性但未来能带来预期可支配收入的资产，组建成资产池，在资本市场上以发行证券的方式进行出售，目的是最大化资产的流动性。资产证券化支持特色小镇融资需求的流程如下：确定基础资产、设立资产支持专项计划（SPV）、认购资产支持证券、向原始权益人支付对价完成基础资产交割、SPV 设立备案、资产支持证券的转让及挂牌、基础资产管理及资金监管与托管、收益分配（见图 8-7）。特色小镇可用来证券化的基础资产有收益权、债权和股权资产，因此，以资产证券化方式融资，首先需要区分特色小镇的资产属性，确定哪些资产会产生预期稳定现金流。特色小镇的收益权资产，比如公用事业（水、电、污水处理、燃气、网络宽带等）收费的收益权、道路桥梁通行费的收益权、旅游景区的收益权、湿地公园门票的收益权等均可以作为基础资产进行资产证券化。资产证券化中的股权资产，是指特色小镇基金持有的经营性项目群平台公司（SPVA）的股权，SPVA 下辖的多个经营性项目的经营利润通过股权分红的形式聚集到经营性平台公司，从而使经营性平台公司产生稳定现金流，也使 SPVA 平台公司的股权具备资产证券化的条件。

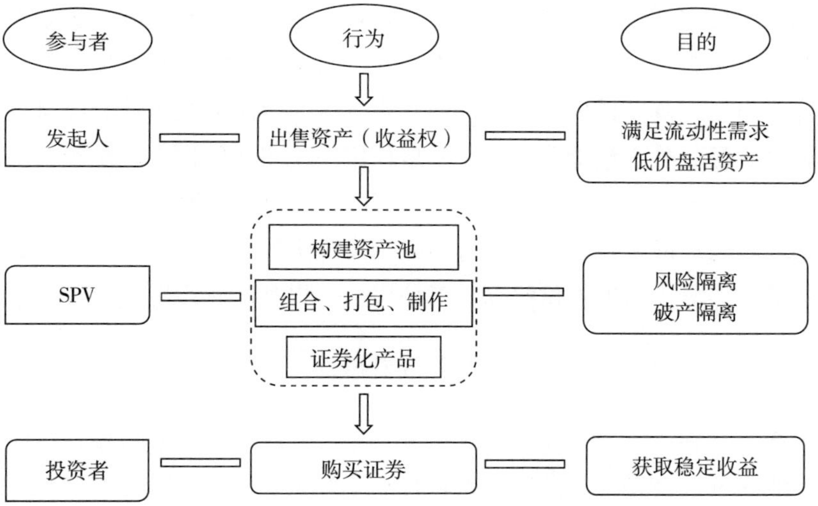

图 8-7 资产证券化流程图

资料来源：笔者自绘。

资产证券化支持特色小镇建设中，资产证券化可实现短期资本的有效退出；社会公众可以选择认购好的特色小镇证券，降低投资风险；资本与运营隔离，政府和小镇原住民的权益得到了保障。目前，“PPP+ABS”的模式在特色小镇项目融资中应用得较为普遍，通过资产证券化，发起人可以变现基础资产、降低融资成本、剥离不良资产等，项目企业以资产证券化方式退出融资，为特色小镇公共基础设施建设、产业升级发展提供良好的运作方式。

（四）直接融资支持生态旅游型特色小镇致富

支持地区生态旅游型特色小镇与丝绸之路沿线国家展开人民币投融资合作，

鼓励境外人民币以贷款等直接融资方式投资疆内特色小镇产业项目；特色小镇还可以通过募集海外人民币资金，依法发起设立公募或私募产业基金支持特色小镇建设。

旅游龙头企业可通过资本市场进行股票首次融资、再融资和发行公司债券等直接融资，投资者可根据企业经营和项目运营进行客观公正的市场评价，有利于龙头企业和特大项目的经营与发展。

（五）社会资本支持生态旅游型特色小镇致富

合理引导有意愿、有实力的村镇银行、金融租赁公司、融资租赁公司等民间社会资本参与发起设立民营金融机构，鼓励社会投资，加大金融企业对特色小镇企业贷款的投放力度，实行金融机构中小企业贷款风险补偿，减小金融机构融资风险，为特色小镇中的高收入群体提供个人消费金融服务。

保险是市场经济条件下风险管理的基本手段，保险资金是社会经济发展的重要长期资金来源。鼓励保险公司开发出口信用保险产品可为特色小镇产品出口沿线国家提供保险支持，在货物运输、工程保险等领域加强合作。借助融资担保基金，各地方可采取股权投资、再担保方式稳步推进融资担保业务，健全融资担保体系，为旅游服务型企业提供担保、增信服务，提高生态旅游业的发展质量。

三、以特色产业培育升级的多样化融资模式

特色小镇作为产城乡一体化的新型城镇化模式，是实现乡村振兴战略的平台和路径。为实现经济稳增长的目标，特色小镇建设要依托自身资源禀赋优势，发挥地域特色优势，优化生产要素配置，加大培育优质企业，促进特色产业转型升级，实现区域经济的稳步增长。本部分以新疆稀有金属小镇——可可托海镇为例，设计了特色小镇经济稳增长的金融资源配置方案。

可可托海镇拥有丰富的矿产资源和自然资源。“三号”矿坑的稀有金属、宝石等非金属资源、野生动植物资源和三神泉、桦林公园、野鸭湖、季兰德温泉等自然景观，为该镇旅游产业发展提供了得天独厚的资源优势。但小镇财力有限，旅游产业发展仍处于培育阶段，旅游基础设施建设较为薄弱。利用金融手段促进可可托海镇旅游产业的长效发展可从以下几个方面进行：

第一，设立政府专项资金用于龙头企业发展。专项资金用于建立人才培养基地和产业研发基地，延伸特色小镇产业链，促进工业及旅游业发展。通过增值税返还、创新研发税收减免等财政政策，降低特色工业企业运营成本，支持企业招

贤纳士和高新产品开发，实现从低技术含量、低附加值、加工型产品向高技术含量、高附加值、自有品牌型产品转变，促进企业转型升级。

第二，设立旅游产业投资基金整合旅游资源，促进旅游产业的升级发展。旅游产业投资基金主要投资于市场发展前景广阔的旅游企业或项目，以优化股权结构和专业化的管理实现投资增值，通过赎回、上市或转让方式回笼资金，与目标企业或项目共同成长、共担风险和收益。可可托海镇的工业、红色及生态旅游资源分散，旅游企业小而散，借助产业投资基金可有效整合旅游资源，实现特色旅游产业的升级。

第三，发行中小企业集合债券。通过把一些优质中小企业“捆绑”在一起的中小企业集合债券，不仅可促进优质企业直接融资，有效降低企业融资成本；也可提高企业的知名度，推动特色企业做大做强，促进特色优质产业的升级发展。

第四，政策性商业银行向中小微企业提供中长期贷款，以项目的特许经营权、收费权和政府购买服务协议预期收益为质押担保对象，实现贷款支持与产业升级相结合；联合其他金融机构以银团贷款、委托贷款方式为特色小镇建设提供资金支持。鼓励商业银行探索新型贷款抵质押方式向特色小镇提供信贷支持，如结合特许经营权、景区门票收费权、知识产权、碳排放质押权等新型信贷产品，并积极实行主办银行制度为特色小镇企业提供综合金融服务，降低企业的融资成本，为特色产业转型升级提供动力。

第五，鼓励社会资本参与设立民营金融机构，设立信托公司、消费金融机构、融资租赁公司、小额贷款公司等支持特色产业发展建设。民营金融机构通过信贷支持、项目融资租赁、发行债券等方式解决中小企业的融资问题，鼓励金融机构在特色项目设计阶段就提前介入，为企业和经营者提供方案设计的咨询服务，提升企业融资的可行性。依托矿产资源，借助现代科技手段，建设符合小镇资源特色的交易所、期货交易所等平台，形成特色小镇的产业集聚和产业升级，促进区域经济增长。加大旅游保险产品创新力度，为产业升级提供分散风险的保障。可可托海镇旅游龙头产业的发展升级和农牧业的发展均离不开保险的支持。

通过“PPP+ABS”方式，在项目运营后期，盘活 PPP 资产实现再融资，通过资产证券化方式对其后续经营提供金融资源的有效配置；吸引外资企业参与投资特色小镇建设项目，支持特色小镇旅游企业境外融资，鼓励更多投资主体参与特色小镇建设，深入挖掘特色资源，促进可可托海稀有金属小镇实现经济长效增长。

第九章 基于增收致富导向的金融支持新疆特色小镇建设发展的对策建议

作为微型产业集聚区的特色小镇在推动我国经济转型升级和新型城镇化建设中具有重要作用，国家及相关部门高度重视特色小镇建设工作，自2016年以来，陆续出台了多份政策性文件指引特色小镇建设发展。本章主要从金融资源支持特色小镇建设发展的政策和企业、产业、居民、人力资本、地方政府等相关主体的配合等多方面入手，分析小镇政策在小镇建设发展中所起的作用，并给出相关建议。

第一节 金融资源支持特色小镇建设发展

近年来，对特色小镇建设的金融支持政策无论从总额上还是从结构上来看都呈现出蓬勃发展的趋势，尤其是对一些优势项目、特色产业体现出了金融支持的倾斜政策，差异化信贷支持的理念也对一些项目的质量进行了区分和归类，更利于各地区、各小镇的经济发展。本书结合新疆实际对金融资源有效配置小镇建设发展的政策进行了总结和分析，主要分为充分发挥金融配置作用以增加支持规模、创新融资方式引导社会资本参与、鼓励金融机构倾斜政策并拓宽融资渠道、加强项目建设和管理并给予差异化信贷支持四个部分。

一、充分发挥金融配置作用，增加支持规模

对于特色小镇的金融支持力度越来越大，2016年7月住房和城乡建设部等发

布的《关于开展特色小镇培育工作的通知》是中央政府第一次明确说明财政资金将大力支持特色小镇的发展工作，奠定了小镇建设的金融支持政策的基础，同年10月，住房和城乡建设部与光大银行等金融机构共同签订合作协议，指出要不断加大金融机构对小镇的支持力度，利用政策性金融支持更好地推动小镇的发展。“十三五”规划提出要大力发展普惠金融，普惠金融将农村的弱势群体作为服务对象对农村地区增收致富发挥着重要的作用。由于农村的特殊性使进入农村地区的民营企业达不到要求从而影响当地的发展，政府鼓励大型商业银行发展农村信贷员从而降低信息不对称的成本，针对不同的人群进行差异化的金融服务；金融配置不仅体现在金融机构利用普惠金融政策的便利性服务农村，网上金融的新型服务模式也将成为未来欠发达地区小镇金融资源配置的发展方向。2017年，国家发展改革委和国家开发银行发布相关意见，要求各级发展改革部门和开发银行各分行加强机制创新、强化人才培育力度、开展试点探索、增加金融支持规模，确保特色小镇建设发展取得更好的成效。建立政银企对接的长期有效机制，对符合条件的特色小镇投资运营企业给予金融支持，鼓励其发行企业债券。在风险可控的前提下，鼓励开发性、政策性和商业性金融机构增加中长期融资支持，加大中央预算内投资对特色小镇建设的支持。国家发展改革委2020年9月发布的《关于促进特色小镇规范健康发展的意见》中提到，鼓励中小银行和地方银行分支机构入驻特色小镇或延伸服务，创新科技金融产品和服务模式。色力布亚镇把新型理念运用到科学规划、城镇建设、经营管理、产业发展等方面，争取国家项目和援疆资金的支持，制定了不同阶段的规划及工作目标，注重镇区规划建设。积极推进项目落实，扎实推进招商引资，争取通过PPP项目进行公共服务设施建设。采取多元投入，在城镇经营中筹取资金。

二、创新融资方式，引导社会资本参与

政府的财政投入在特色小镇前期建设过程中在所难免，但政府负债的增加就说明不能持续投入。所以有必要积极引导社会资本进入，创新金融产品和融资方式。各级政府通过发挥财政投资的杠杆作用，通过贴息、信贷、减税和PPP模式等方式来吸引社会资本，参与特色小镇建设。在建设初期，辅之政府财政扶持，充分发挥财政投资的杠杆性，全面调动社会资金参与投资。在特色小镇建设中期，应创新开发各种适应小镇融资需要的金融工具和产品，优化和调整政府融资结构。地方层面的政策主要体现在各省利用财政资金或者鼓励社会资本积极参

与特色小镇的建设，鼓励地方通过新增建设用地计划指标或者安排资金、发行地方政府专项债券，对特色小镇的产业配套设施、公共服务设施以及市政公用设施等项目建设予以支持和激励。四川省财政三年对特色小镇建设投入专项资金15亿元，“以奖代补”的运行模式完善基础设施建设，并运用PPP、财政贴息、直接补助、发行地方债等方式激励社会资本投入小镇建设；山东省2012年出台了《关于开展“百镇建设示范行动”》的意见，确立了加大资金投入、扩大财权等创新性的优惠政策，并计划每年安排10亿元的示范镇建设专项资金；福建省、辽宁省、西藏自治区等也在金融支持小镇建设方面做出了许多努力，对特色小镇给予债券、贴息支持，省财政不断改善财政支出结构，充分发挥社会资金和民间资本的支持作用。

国家通过鼓励一些融资模式积极促进社会资本能够参与到特色小镇的项目建设中，如社会资本合作（PPP）模式、政府购买服务模式及重点发展的政府和特许经营模式，这些融资模式有效地推进了项目落地。

国家发展改革委2020年9月发布的《关于促进特色小镇规范健康发展的意见》中提到，特色小镇多具有明显的区位优势，可承接城乡融合发展探索出特色小镇高质量可持续发展道路。同时各地因地制宜建设便企政务服务设施，加快“放管服”改革，优化营商环境，允许特色小镇进行整体项目立项以及子项目灵活布局的可行做法。改革用地方式，有效激活存量建设用地和低效用地，寻求建设用地多功能复合利用。探索投融资机制改革，谋划与新型城镇化建设项目相匹配、财务可持续的投融资模式。

三、鼓励金融机构倾斜政策，拓宽融资渠道

特色小镇建设发展由于资金投入多、周期较长等特点需要政府、金融机构及社会的三方配合。而政府在小镇建设中扮演着引领的角色，如2017年6月农业部下发的《关于组织开展农业特色互联网小镇建设》，强调小镇建设试点应该采取政府和社会共同参与的模式，政府主要负责宏观指导，投入少量的资金，鼓励社会资本投入资金并参与小镇的企业和项目建设和运营，积极争取金融机构的支持，拓宽融资渠道；为了发挥乡村旅游对增收致富的作用，国家旅游总局2016年提出的乡村旅游增收致富八大行动之一是金融支持该行动的实施，建立健全现代农村信用体系、风险准备金制度、第三方融资平台等金融基础设施，有针对性地对某一些贫苦农户进行贷款贴息和财政补贴，对一些可以实际推动小镇发展的

企业提供长期的贷款支持，让金融机构和政府共同助力农村增收致富。

除了政府的引导作用和社会资本的支持，住房和城乡建设部 2017 年 4 月发布的《推进商业金融支持小镇建设的通知》中也对金融机构提出了新的要求，住房和城乡建设部与中国建设银行总行签署的合作协议表明要建立信息共享机制，降低信息成本，共同解决小镇建设中资金短缺、资金配置不合理、风险控制等问题，中国建设银行加大了对小镇建设的信贷支持力度及完善综合金融服务体系。中国农业发展银行也为拓宽小镇建设的融资渠道做出了具体的方案，如普及政策性金融贷款知识，加大宣传金融知识力度，和政府、商业银行等机构加强合作，提升小镇公共服务水平。在风险可控的前提下，鼓励开发性、政策性和商业性金融机构增加中长期融资支持，加大中央预算内投资对特色小镇建设的支持。

PPP 模式是小镇建设发展非常重要的资本运营模式，即政府提供部分资金，撬动商业金融的支持以及社会资本的大力参与。平安小镇的建设便是一例，广东长盈科技公司在打造小镇时采取这种运营模式，大力发挥民众和金融机构的作用，发动群众自主安装后政府用少量的资金填补缺口，最终实现了良好的经济效益和社会效益，为小镇融资模式树立了典范。国家发展改革委 2020 年 9 月发布的《关于促进特色小镇规范健康发展的意见》中指出，积极深化小镇入驻企业与电商平台的合作，不断在产品、工艺及模式等方面创新商业渠道。

四、加强项目建设和管理，差异化信贷支持

我国为特色小镇建设发展的项目出台多项优惠政策，对于特色小镇建设发展过程中的不同项目，采取差异化的融资模式。

关于特色小镇建设发展的项目政策主要集中在对特色小镇的优势项目进行资金支持，如 2016 年 7 月三部委负责组织小镇培育的工作，大力支持符合要求的小镇项目申请专项建设基金，政府利用财政税收着重支持项目的开发与建设，要求县级人民政府完善体制机制，统筹项目安排，落实好政策的实施工作；“十三五”规划提出要在 2019~2020 年减少 1 万个建档立卡低收入村，实现 347 万低收入人口顺利增收致富，借助乡村旅游增收致富工程带动全国制定区域旅游增收致富规划，文化和旅游部要求加快乡村旅游增收致富库建设，加强金融机构创新金融服务，创造与旅游增收致富相符的信贷产品以支持项目建设，每年金融支持旅游增收致富项目不少于 1000 个，资金应不少于 3000 亿元；住房和城乡建设部与中国农业发展银行在其 2016 年 10 月《关于推进政策性金融支持小城镇建设》的

通知中提到，要建立贷款项目库，加强项目管理，对重点项目提供基金支持，中国农业发展银行允许项目涉及的特许经营权、收费权和政府购买协议预期收益等作为贷款的质押担保，为项目融资提供了新路径。

第二节　其他主体的配合

近年来，我国陆续出台了国家层面政策、地区层面政策、支持特色产业和优势项目的政策以及土地政策等，以支持特色小镇的培育与发展。本书在原有政策的基础上，结合新疆具体情况将这些政策整理融合相对完善的特色小镇建设政策支持体系，提出以下四条建议：一是聚力发展主导产业，突出企业主体地位；二是提高居民参与意识，创新小镇治理机制；三是坚持“人才强镇”理念，加强人才培养力度；四是政府立足特色禀赋，准确把握发展定位。

一、聚力发展主导产业，突出企业主体地位

特色小镇建设发展为高质量创新创业提供了重要平台，同时也为经济转型升级和新型城镇化建设提供了新载体。2017 年，国家发展改革委和国家开发银行提出建设特色小镇的意见，提出联系增收致富工作，不断优化产业结构，完善城镇基础服务设施的建设，借助特色小镇建设发展促进区域增收致富和健康发展。同年 6 月，农业部为贯彻落实党中央及国务院关于农业农村信息化发展和特色小镇建设的部署要求，提出加快产业融合、合理布局、增收致富、信息技术应用等建设原则，并要求各地的农业互联网特色小镇要体现农业特色，遵循共建共享的互联网发展理念。特色小镇建设不仅可以通过吸纳农村富余劳动力进城就业生活，增强地区竞争力和吸纳就业能力，还可以通过做精做强一个细分产业，推动产业转型升级和全要素生产率提高。

特色小镇建设发展是一项投资建设期长、投资规模大的复杂系统工程，全靠政府大包大揽并非长久之计。浙江省等特色小镇建设取得明显成效地区的经验表明，特色小镇建设既需要产业运营能力也需要资金实力，小镇建设过程中应充分发挥企业的主体作用，以企业投入为主、政府有效精准投资为辅，同时还应关注市场因素，积极推进市场化运作，依法合规建立多元主体参与的特色小镇投资运

营模式，构建多主体协同、多要素联动的产业生态系统，推动特色小镇高质量发展。新疆地区在特色小镇建设发展过程中积极向取得明显成效的地区学习，国家发展改革委2020年9月发布的《关于促进特色小镇规范健康发展的意见》中提到，突出企业地位，培育一批特色小镇投资运营优质企业，鼓励有条件有经验的大中型企业独立或牵头发展特色小镇，实行全生命周期的投资建设运营管理，探索可持续的投融资模式和盈利模式，带动中小微企业联动发展，实现特色小镇的健康长远发展。

聚力发展主导产业，将行业门类进行细分，准确把握小镇主导产业，通过提高产业质量效益能够有效提高其核心竞争力。错位发展先进制造类特色小镇，金融、科教、信息、生态、康养、娱乐、文旅、田园体验等现代服务类特色小镇，建设具有较强竞争力的“单项冠军”特色小镇。专注于高端产业以及高端环节，加大现今要素的集聚发展，促进产业的健康发展，实现从产业的高级化和现代化。针对小镇建设发展所需，不断完善相关配套软硬件设施，创建良好的发展环境和平台。建立健全智能化生产设施，为企业提供相关生产场地于基础设施，有效缩短生产周期，降低企业成本。建设高新技术成果转化制度与设施，将技术研发平台与中试基地结合，有效促进科研技术的转化。

新疆紧跟国家支持小镇建设发展的政策导向，出台了明确特色小镇培育和发展方向、路径的相关政策，以推动新疆新型城镇化和城乡一体化进程的加快，将“一带一路”建设与特色小镇培育紧密联系起来，共同助力新疆地区如期如实增收致富，在基础设施建设上给予了许多支持，促进特色产业发展，显著改善增收致富现状，提高人民生活水平。喀什地区巴楚县的色力布亚镇充分发挥“南疆商贸重镇”的品牌优势，该镇借助上海对口援建的有利时机，建成了总面积达20万平方米（310亩）的六大市场：占地49200平方米（74亩）的农贸综合交易市场、占地35000平方米（52亩）的小商品批发市场、占地33300平方米（50亩）的畜牧交易市场、占地33300平方米（50亩）的新建二手机动车交易市场以及瓜果批发市场。该镇每周的“周四巴扎（市场）日”商贩云集，购物者源源不断，农忙时节的人流量可达8万~10万人，农闲时节的人流量可达10万~15万人，日交易额500万元以上，市场平均的日交易额达115万元，平均年交易额4.2亿元以上。特色产业发展是特色小镇振兴最为关键的因素，是特色小镇的立足之本，依靠小镇资源优势，大力发展特色产业和优势项目，形成产业集聚和规模效应，实现产城融合发展，助力特色小镇振兴。在特色产业发展方面作出了一些指示，如2016年中国共产党新疆维吾尔自治区第九次代表大会提出要壮大特色优势产业，优化产业结构，构建现代产业体系，将乌鲁木齐建设成为现代化的新型国际大都市，着力培育特色小镇的建设，在南疆和天山北一带建设城市圈和城市群，形成结构优化、布局合理、层次有序的特色城镇、小城市、国际大都市协调发展的新格局。2017年6月，新疆昌吉州积极响应“十三五”规划中提出的增收致富、推进新型城镇化的任务要求，重点扶持和打造文化旅游项目，随着特色小镇的不断涌现，目前已建好的园区一期占地50亩，建筑面积4.2万余平方米，已投入资金2.2亿元。

二、提高居民参与意识，创新特色小镇建设发展治理机制

居民作为地方特色小镇发展的关键因素和小镇建设发展过程中的核心利益相关者，使居民参与特色小镇的建设体现了利益相关者的“共治”。通过对新疆北泉镇的调查研究，居民对小镇振兴的感知得分最低，表明要加快特色小镇建设的速度，完善基础设施建设，利用特色产业优势，打造特色产业经济带，在创造就业渠道的同时，也促进特色小镇居民的增收，实现特色小镇持续健康发展，促进当地经济稳定增长。

第一，特色小镇居民参与建设，鼓励发展体验经济。居民的参与能够有效促进创建特色小镇。一方面，注重基层工作的管理便于特色小镇居民参与到小镇的建设，提高管理决策的科学性；另一方面，发挥小镇居民的载体作用，积极参与到旅游发展和文化宣传中，体现了特色小镇居民的主人翁意识，培养了对家乡的自豪感，积极展示本地文化的精髓，共同创建特色小镇名片，为旅游者提供更完整、更深层次的传统生活方式、民风民俗体验。激活小镇相关的民俗体验、美食品尝、特产宣传、田园体验、文化等特色旅游活动，直接促进特色小镇相关农业的转型升级。加强小镇的文化内涵的发掘与宣传，有效调动居民的积极性，从人文环境与文化内涵等多方面进行宣传。具体包括自然景观、历史人文、非遗等多方面努力，积极引导小镇居民的参与共建作用，构建群力群策多方共建的良好发展机制，有效促进特色小镇健康发展新格局。

第二，坚持以人为本，强化特色小镇居民权利意识。政府转变角色，由原来的行政主导干预转变为积极引导，提供相关政策支持的同时做好监管、审核与推广工作，通过相关奖励激励制度推进特色小镇建设资源的聚集和可持续发展。尊重特色小镇居民权力，广泛听取群众的意见和建议，面对重大决策时，采取公示

和听证等制度，能够保证各项建设工作科学合理地展开。制定完善参与制度，培育特色小镇居民参与意识。建立城镇社区公共权力机构，逐渐建立社区公共事务平等协商机制，从而保障社区成员的平等权利。提高特色小镇居民参与意识，实现特色小镇居民政治参与的自觉性。以人为本是核心，充分调动特色小镇居民参与社区治理的积极性和能动性。特色小镇居民以主人翁的角色积极参与小镇当地建设和经济发展，一方面增强了对小镇的自豪感，另一方面增强了其在小镇文化旅游产业发展中的文化载体作用，增强了产业的多样化，以此完善小镇的治理机制，使特色小镇建设和社会治理互相促进，能够有效加快文明乡村和文明城镇建设的进程，例如新疆色力布亚镇实施棚改项目，加大力度做好公共服务设施建设和公用设施建设，休闲广场、交流中心、广播站、文化宫、敬老院、幼儿园等配套设施一应俱全，保证了小镇居民日常生活各方面需求。

第三，创新治理机制，提升特色小镇居民生活品质。社会治理机制只有在以人为本的基础上才能使发展道路得到创新和完善，特色小镇居民的生活水准也能够因特色小镇的建设而得到良好的提升。居民是社会治理机制的中心，居民首先就要具备自我管理和自我服务的能力以及意识，建设特色小镇不仅依赖于政府或者企业，而与每一个小镇居民都相关，每个居民都做到位了，才能够减少特色小镇建设问题。国家发展改革委 2020 年 9 月发布的《关于促进特色小镇规范健康发展的意见》中指出，促进创业带动就业，因地制宜培育特色小镇创新创业生态，提高就业吸纳能力。结合主导产业加强创业就业技能培训服务，提高创业者和劳动者技能素质。发展创业孵化器等众创空间，强化场地安排、要素对接等服务功能。

三、坚持“人才强镇”理念，加强特色小镇人才培养力度

人才作为人力资本也是发展特色小镇的关键，特色小镇建设发展需要在人才引进的政策、科技、市场环境优化上下功夫，加快政策体系化一体化建设，构建人才、技术与产业相互促进、共同发展的良性格局。在分配中提高知识发挥市场调节功能，引导人才推进产业链，以人才链成就产业链，发挥市场机制作用，提高知识价值在分配中的比重，让人才集聚的知识溢出成为产业集聚持续创新发展的关键因素。多方面提升特色小镇城镇水平，建设高水平管理、教育、医疗、商业等资源，吸引人才，打破人才缺失壁垒。一方面，完善人才引进制度，包括人才的培养、流动与保障未来发展，注重人才工程建设、人才政策完善、人才项目

支持、人才服务设施等方面的工作；另一方面，针对小镇建设发展中紧缺的相关专业人才进行大力引进，完善人才队伍档案，制定相关奖惩制度，跟进人才发展路径，做到围绕产业引人才、围绕特色用人才、围绕服务留人才。实施本地乡土人才队伍培育工程，针对小镇居民职业类型制定培养规划，通过专业带头人、外出调研培训、集中授课培训等途径打造一支专业、实干的人才队伍。

第一，政策落实到位，加强人才培养。特色小镇政府应根据本地发展实际情况出发，在深入研究相关政策的情况下，因地制宜，制定相关生产与管理制度，并在特色小镇建设发展过程中不断创新，针对出现的困难不断改进，为特色小镇建立起体系完善、政策标准的制度保障机制。根据特色小镇特色产业，政府发挥主导作用，吸引创新型人才和高素质人才，线上与线下结合招聘，实现从人才缺失到高素质人才团队的转变。特色小镇建设发展的关键是加强专业高素质人才队伍的建设，主要包括了政府中的人才和市场中的人才。具体来说，对原有的地方和小镇领导干部进行培训，增加他们的市场经济知识，从而能够更合理地为小镇建设和居民服务。对于应届毕业大学生工作热情高，可引导进入基层干部行列，能够迅速提升实践经验，对于新技术、新理念、新信息接受能力较强。

第二，在人才管理上应积极建设优良的平台与环境，优秀的专业技术和高素质的管理人才可制定“一人一策”的个性化政策，吸引更多的创新与稀缺人才。对于忠诚于特色小镇建设的人才资源，应多了解其诉求，在小镇建设发展中实现其自我价值。在特色小镇发展过程中，创新是小镇竞争力的关键因素，因此需要吸引创新人才和培育本地人才创新理念，打造一支创新型人才队伍。在其他方面，实行人性化的管理制度，通过工作福利待遇、旅游团建等方式吸引人才，留住人才。工作待遇是吸引专业人才的一种优势，未来的个人发挥在哪，空间与前景也是关键因素。特色小镇在建设发展过程中，应明确发展方向，确定发展前景，不仅有利于小镇自身发展，也有利于吸引大量的优秀人才加入，进而实现小镇建设与个人发展的双赢局面，为特色小镇的建设提供保障。新疆特色小镇在资金吸收和人才方面，还需要加强，可以培育专业技术人才，提高各个领域技术人员的专业技术水平，北泉镇通过大力招商引资、鼓励自主创业、完善就业保障体系等方式大力引进人才。

第三，特色小镇建设过程中涉及战略规划、各部门沟通、产业招商、产品宣传、运营管理等方面，在此基础上组建人才战略体系，坚持“人才强镇”的理念，加强战略综合性人才和战略方向性人才的培养。一方面，培养本土党员队伍，制定相应的人才培养规划，支持青年党支部建设，为特色小镇发展培养一批优秀的青年人才；另一方面，对于企业家和管理人才队伍，政府则按照本地特色小镇产业人才需求定位，制定人才引进战略，并为优秀人才提供在小镇干事创业提供平台和创造机会。国家发展改革委 2020 年 9 月发布的《关于促进特色小镇规范健康发展的意见》中指出，打造多功能的产城人文融合。推进特色小镇建设，创造小镇宜居新型空间。参考现代新型社区功能，结合文旅、娱乐、教育、医疗等资源提供优质公共服务，完善社区服务、商业服务和交通站点。

四、政府立足特色禀赋，准确把握发展定位

2016 年 10 月，住房和城乡建设部公布了我国第一批特色小镇名单，并提出加快建立美丽特色小镇的要求，为城镇带动农村经济发展注入了新动力，促进供给侧结构性改革。企业的发展是一个地区的经济支柱，企业资本参与建设特色小镇会对当地的经济起到带动作用，同时市场化运作思维的运用在一定程度上辅助小镇的培育与发展，2016 年 12 月发起的“千企千镇”工程正是利用这样一种“政府主导、企业主体、市场化运作”的新型城镇化模式，让政府、企业、小镇三者有机结合、有效对接、协调发展。政府在小镇建设发展中不仅要充分发挥小镇的资源优势，推动小镇产业发展和地区经济发展，还要统筹全局利益，引导开发企业以社会价值最大化进行开发活动。为促进新疆特色小镇建设的顺利开展，增强新疆地区经济发展的内生增长动力，进而带动新疆地区经济增长，首先，政府应把握对开发企业的支持“力度”，政府支持力度过高易导致开发企业的开发成本过低或话语权过高，虽有利于开发活动的开展，但也易侵犯其他利益相关者尤其是当地居民的利益，有悖于政府以社会价值最大化为目标的初衷；其次，应建立健全监督机制和相关法律法规，避免小镇建设发展过程中相关主体以破坏生态环境、加重污染为代价追求短期收益最大化的短视行为；最后，政府应引导特色小镇建设发展的主要参与主体——开发企业、银行类金融机构、特色小镇居民在特色小镇建设问题上形成共识，即非任意一方单方面的利益最大化，而是多方主体的利益最大化，各利益相关者均参与开发活动才能达到总体利益的最大化。

基于实践统筹推进“五位一体”总体布局的要求，加快体育供给侧结构性改革和增收致富的落实，2017 年 5 月，体育总局颁布了《关于推动运动休闲特色小镇建设工作的通知》，这对满足人民日益高涨的体育运动需求具有重要意义，增加就业岗位和收入，同时也在一定程度上推动了新型城镇化战略的落实，带动

农村经济的发展。此外，开发特色农业资源，运用互联网思维，与信息进村入户工程落户紧密结合起来，让农产品电商真正利民惠民，打破城乡二元化格局，促进城乡一体化发展。

虽然国家不断出台多项扶持政策，但由于特色小镇的提出时间较短，社会上对特色小镇的认知不够充分等原因，导致特色小镇在建设发展过程中出现数量盲目扩张、同质化、虚假化等问题，为此，国家发展改革委会同其他部门分别于2017 年、2018 年、2020 年印发了《关于规范推进特色小镇和特色小城镇建设的若干意见》《关于建立特色小镇和特色小城镇高质量发展机制的通知》《关于促进特色小镇规范健康发展的意见》等数份纠偏性文件，推动各地区有关部门强化规范管理，促进特色小镇走上理性健康发展轨道。

目前，新疆特色小镇建设发展规划主要特点是准确把握特色小镇建设发展定位，重点培育并依托主导产业发展。各地区根据总体规划的要求结合自身区域特色和优势文化，建设文化旅游、运动休闲、新型农业等多领域的小镇，2017 年新疆共有 10 个小镇入选特色小镇名单，其中新疆石河子北泉镇，位于石河子市周边，具有培育发展的区位优势；吉木萨尔县作为新疆首个以北庭文化为主题的小镇启动；吐鲁番市的鲁克沁镇是吐鲁番十二木卡姆艺术的发源地，传统文化氛围浓厚，且少数民族占到总人口的 88%，因此在特色小镇建设发展规划中更多地考虑民族文化会更好地落实小镇建设政策。

特色小镇建设发展是国家实现增收致富和乡村振兴的主要路径，起到了推进新型城镇化和城乡一体化的作用。随着特色小镇的不断涌现，小镇的建设发展效果却不尽如人意，特色小镇土地规模大成为了现有的一大突出问题，人口的不断涌入和土地供给不足使人口和土地指标错配导致土地集约化程度低，土地利用方式粗放，大大降低了土地利用效率。目前关于特色小镇地方层面的土地政策多集中于较早建设小镇的发达地区，而新疆作为少数民族聚居地，土地支持政策较少，但从许多会议和指导文件上可以看到其政策方向和国家基本一致，即政府加强规划管理，严格节约集约利用土地，根据小镇类型严格控制特色小镇规划面积。

针对解决特色小镇土地利用问题，第一，加强监管土地利用情况，对城镇用地、农村用地规模的变化实行挂钩制度，规范村庄治理，整合利用城乡土地资源，可以在监测基础上辅之先进的信息技术以便更好地落实政策的下达；第二，提高土地利用效率，适当放开城镇一些低效土地资源的二次开发权限，允许一些存量土地使用权人对土地进行再利用，借鉴其他地区的成功经验模式，高效利用土地，增加土地潜力；第三，对一些低丘缓坡地进行适度开发，增加可利用土地规模，但前提是要在土地承载力范围内做好地质灾害的防护措施，合理地进行开发利用，并且对低丘缓坡地的开发门槛、规模、用途等进行限制，以防地质灾害的发生对生态环境及小镇居民安全造成不利影响；第四，完善和健全土地转让机制及土地权利，试点探索农民有偿自愿转让土地承包权、宅基地使用权等权利，提高土地利用效率。国家发展改革委 2020 年 9 月发布的《关于促进特色小镇规范健康发展的意见》中提到，需要准确把握特色小镇发展定位，在城市周边、城市群或其他具有优势区位的区域进行发展，应把握特色小镇建设发展内涵，发掘小镇要素成本低、生态环境好等优势。以高质量可持续发展为目标，打造特色小镇新空间，促进传统文化保护和城乡融合发展。

参考文献

［1］ Diego Restuccia，Richard Rogerson. Policy Distortions and Aggregate Productivity with Heterogeneous Establishments ［J］ . Review of Economic Dynamics，2008，11 (04)：707-720.

［2］ Graham Parlett，John Fleteher，Chris Coop. The Impact of Tourism on the Old Town of Edinburgh ［J］ . Tourism Management，1995，16 (05)：355-360.

［3］ Kirsty Sherlock. The Role of Community in Tourism Studies ［J］ . International Journal of Contemporary Hospitality Management，1999 (11)：126-127.

［4］ Robert Madrigal. Residents' Perceptions and the Role of Government. Annals of Tourism Tran，Tuyen Quang；Nguyen，Son Hong；Vu，Huong Van；Nguyen，Viet Quoc. A Note on Poverty Among Ethnic Minorities in the Northwest Region of Vietnam ［J］ . Post-Communist Economies，2015，27 (02)：268-281.

［5］ Wendy Carlin，Colin Mayer. Finance，Investment，and Growth ［J］ . Journal of Financial Economics，2003，69 (01)：141-190.

［6］ 安颖 . 试论民族文化保护与民族文化旅游可持续发展 ［J］ . 黑龙江民族丛刊，2006 (03)：94-97.

［7］ 白钦先 . 金融可持续发展研究导论 ［M］ . 北京：中国金融出版社，2001.

［8］ 蔡莉，郑亚平 . 教育投入与民族地区经济发展水平关系的实证研究——以四川省三个民族自治州为例 ［J］ . 贵州民族研究，2013，34 (03)：114-118.

［9］ 曹骏杰 . 特色小镇建设国际经验比较与借鉴——以英、美、西欧为例 ［J］ . 南方企业家，2018 (02)：215.

［10］ 曾江，慈锋 . 新型城镇化背景下特色小镇建设 ［J］ . 宏观经济管理，2016 (12)：51-56.

［11］曾小春，李娟．城镇化建设中地方政府与当地企业的协调机制——基于陕西省的调研结果分析［J］．社会科学研究，2013（04）：8-13.

［12］陈燕，陈昌健．“精准脱贫”的包容性创新机制研究［J］．福建论坛（人文社会科学版），2019（03）：42-51.

［13］陈扬乐．加快小城镇建设：贫困县脱贫致富之路——以隆回县为例［J］．经济地理，2000（05）：67-71.

［14］陈一静．中国城镇化创新发展探究：特色小镇发展模式及机遇［J］．天津行政学院学报，2018，20（05）：11-18.

［15］陈宇峰，黄冠．以特色小镇布局供给侧结构性改革的浙江实践［J］．中共浙江省委党校学报，2016，32（05）：28-32.

［16］陈振环，杨海平，冯亚娟．社会资本、家庭收入与城镇居民幸福感：基于中国大样本微观数据的实证研究［J］．科学决策，2016（12）：24-44.

［17］陈祖海，雷朱家华，刘驰．民族地区能源开发与经济增长效率研究——基于“资源诅咒”假说［J］．中国人口·资源与环境，2015，25（06）：98-106.

［18］崔龙燕，姚翼源．乡村振兴视角下民族地区庭院经济发展模式研究［J］．农业经济，2019（04）：25-26.

［19］代岑颖．少数民族地区经济发展的现状与对策研究［J］．时代金融，2017（29）：58.

［20］代敏，王鹏，李豫新．西北少数民族地区经济差异及其影响因素分析［J］．财会月刊，2017（12）：108-113.

［21］戴治勇，高晋康．金融可得性、融资成本与法律实施［J］．财经科学，2015（07）：19-29.

［22］单德朋，王英．金融可得性、经济机会与贫困减缓：基于四川集中连片特困地区扶贫统计监测县级门限面板模型的实证分析［J］．财贸研究，2017，28（04）：50-60.

［23］单德朋，郑长德．中国少数民族地区经济活动的空间集聚特征与影响因素［J］．西南民族大学学报（人文社科版），2018，39（06）：115-123.

［24］邓慧博．特色产业小镇建设的金融支持［J］．中国金融，2017（16）：44-45.

［25］丁建军，张海燕，杨宗锦．社会资本、商业集群与少数民族地区经济发展［J］．重庆工商大学学报（西部论坛），2008，18（06）：24-29.

[26] 丁赛，李文庆，李霞．民族地区精准脱贫退出机制的实施、效果及问题——以宁夏永宁县闽宁镇为例［J］．宁夏社会科学，2017（05）：141-146.

[27] 董秦男．中国居民幸福感影响因素分析［J］．合作经济与科技，2019（12）：139-141.

[28] 杜金富，张红地．关于进一步加大我国金融支持精准扶贫力度的研究［J］．上海金融，2019（05）：71-77.

[29] 甘晖容．特色产业——民族地区经济发展的新增长点［J］．贵州民族研究，1997（04）：46-50.

[30] 甘团粒，欧文忠．甘肃庄浪县金融支持精准扶贫精准脱贫的现状与思考［J］．山西财经大学学报，2016，38（S2）：133-136.

[31] 高树军．特色小城镇建设发展研究——以青岛海青茶园小镇为例［J］．农业经济问题，2017，38（03）：40-44.

[32] 高志刚，刘伟．西北少数民族地区区域经济差异与协调发展——以新疆为例［J］．南开学报（哲学社会科学版），2016（03）：147-160.

[33] 关中美，单卓然，李春辉，姚文萃．基于文化空间理论的历史文化特色小镇发展研究——以云南昭通盐津县豆沙关镇为例［J］．现代城市研究，2019（05）：37-42.

[34] 郝身永．提升居民幸福感：政府的职责、角色与对策［J］．广东行政学院学报，2014，26（04）：42-47.

[35] 何莽．基于需求导向的康养旅游特色小镇建设研究［J］．北京联合大学学报（人文社会科学版），2017，15（02）：41-47.

[36] 贺东航，牛宗岭．精准扶贫成效的区域比较研究［J］．中共福建省委党校学报，2015（11）：58-65.

[37] 胡晨沛，朱玮强，顾蕾．个人收入、家庭资产与农村居民幸福感：基于 CGSS 2013 的实证研究［J］．调研世界，2017（04）：41-49.

[38] 胡海峰，陈世金．创新融资模式　化解新型城镇化融资困境［J］．经济学动态，2014（07）：57-69.

[39] 胡继亮，陈瑶．精准扶贫之特色产业培育探析——以秦巴山区竹溪县为例［J］．中南民族大学学报（人文社会科学版），2018，38（04）：166-170.

[40] 黄健英．当代少数民族地区经济发展简要回顾及几点思考［J］．中央民族大学学报（哲学社会科学版），2016，43（02）：17-23.

［41］黄健英. 论少数民族经济与少数民族地区经济［J］. 学术探索，2009（01）：38-43.

［42］姜杰. 谱写京津冀协同发展特色小镇建设新篇章［J］. 中国战略新兴产业，2017（03）：16-17.

［43］蒋辉，王兆峰，唐新平. 民族地区高等教育发展与区域经济增长的协调性研究——兼论民族地区高等教育经济推动效应的传导机制［J］. 西北第二民族学院学报（哲学社会科学版），2008（06）：128-132.

［44］蒋蔚. 金融投资影响居民主观幸福感的影响研究：基于 CFPS 数据［J］. 南华大学学报（社会科学版），2019，20（04）：81-90.

［45］金虹. 旅游特色小镇融资模式选择［J］. 学术交流，2018（08）：98-106.

［46］静霞. 国外经典特色小镇的“特色”启示［J］. 房地产导刊，2017（06）：48-51.

［47］雷卫. 宗教信仰、经济收入与城乡居民主观幸福感［J］. 农业技术经济，2016（07）：98-110.

［48］李柏文，曾博伟，宋红梅. 特色小城镇的形成动因及其发展规律［J］. 北京联合大学学报（人文社会科学版），2017，15（02）：36-40+47.

［49］李红梅. 非正式制度约束与西部民族地区经济发展［J］. 湖北社会科学，2008（02）：100-102.

［50］李晋枝，赵晶. 民族地区教育投资与经济增长关系的研究——基于多民族 8 省（区）面板数据分析［J］. 民族教育研究，2013，24（02）：110-115.

［51］李俊杰，马楠. 产业资源相对承载力视角下民族地区产业发展与经济增长路径研究［J］. 中国人口·资源与环境，2017，27（03）：123-129.

［52］李泉. 中国西部少数民族地区经济增长与制度创新的特殊性研究［J］. 兰州大学学报，2002（04）：19-23.

［53］李宛聪，袁志刚. 中国金融资源配置模式及其影响［J］. 学术研究，2018（12）：90-98+2.

［54］李霞林. 民族文化旅游与贵州民族地区经济发展［J］. 贵州民族研究，2005（06）：77-82.

［55］李先伦，金一兰，张海伟. 少数民族地区经济文化与旅游产业互动发展研究［J］. 经济纵横，2016（12）：35-38.

［56］李秀芬，姜安印．民族地区人力资本对经济增长的贡献分析［J］．贵州民族研究，2016，37（08）：206-209.

［57］李燕，张新美．脱贫视角下广西特色小镇建设与县域特色产业发展［J］．商业经济研究，2019（10）：145-149.

［58］李忠斌，郑甘甜．特色村寨建设、民族文化旅游与反贫困路径选择［J］．广西民族研究，2015（01）：153-159.

［59］李忠斌．民族地区精准脱贫的“村寨模式”研究——基于10个特色村寨的调研［J］．西南民族大学学报（人文社科版），2017，38（01）：9-16.

［60］厉新建，傅林峰，时姗姗，宋昌耀．旅游特色小镇的内生发展与路径［J］．旅游学刊，2018，33（06）：7-9.

［61］林峰．未来旅游资本的扩张方向［J］．中国房地产，2017（23）：24-27.

［62］林桂英．西部民族地区经济发展滞后原因与对策［J］．北方经贸，2007（11）：4-5.

［63］林海．特色小镇需要怎样的资产证券化［J］．清华金融评论，2017（11）：90-92.

［64］林毅夫，巫和懋，邢亦青．“潮涌现象”与产能过剩的形成机制［J］．经济研究，2010，45（10）：4-19.

［65］刘传江，赵晓梦．新型城镇化背景下环境污染的博弈分析［J］．经济问题，2014（07）：1-5.

［66］刘贵清．少数民族地区人口、资源、环境与经济协调发展问题研究［J］．贵州民族研究，2013，34（03）：79-82.

［67］刘国斌，高英杰，王福林．中国特色小镇发展现状及未来发展路径研究［J］．哈尔滨商业大学学报（社会科学版），2017（06）：98-107.

［68］刘建民．农村金融制度创新支持精准脱贫的难点与对策——基于我国中西部金融扶贫的调研［J］．学术论坛，2018，41（05）：96-102.

［69］刘泉钧．特色小镇推进PPP融资模式探讨［J］．中共乐山市委党校学报，2017，19（06）：44-48.

［70］刘淑萍．江苏特色小镇PPP融资模式探讨［J］．合作经济与科技，2018（22）：44-46.

［71］刘晓春．民族旅游与民族地区旅游业发展问题探讨［J］．黑龙江民族丛刊，2016（04）：76-80.

［72］刘馨秋．农业特色小镇：如何定位与怎样建设［J］．中国农史，2019，38（03）：132-138+122.

［73］刘鑫．西南少数民族地区县域经济发展实证研究——以四川省阿坝藏族羌族自治州为例［J］．贵州民族研究，2012，33（04）：106-109.

［74］刘学敏．打好“三大攻坚战”/“精准脱贫机制创新”系列笔谈之一　精准脱贫考核评估机制的关键议题［J］．改革，2017（10）：52-54.

［75］刘子宁，郑伟，贾若，景鹏．医疗保险、健康异质性与精准脱贫——基于贫困脆弱性的分析［J］．金融研究，2019（05）：56-75.

［76］柳劲松．民族地区科技投入、技术进步与经济增长的协调性分析——基于广西等4个民族地区面板数据的实证［J］．科技进步与对策，2009，26（23）：65-68.

［77］卢盛峰，陈思霞．户籍身份、公共服务政策与居民幸福感［J］．中南财经政法大学学报，2014（05）：39-45.

［78］卢亚娟，张龙耀，许玉韫．金融可得性与农村家庭创业：基于CHARLS数据的实证研究［J］．经济理论与经济管理，2014（10）：89-99.

［79］陆汉文．打好“三大攻坚战”/“精准脱贫机制创新”系列笔谈之二　贫困退出机制完善的有效途径［J］．改革，2017（10）：55-57.

［80］罗娟，王露露．金融可得性、金融知识与城镇居民短期消费信贷［J］．消费经济，2017，33（05）：36-43+76.

［81］吕君丽．民族地区村寨旅游扶贫路径选择［J］．贵州民族研究，2015，36（04）：132-135.

［82］马斌．特色小镇：浙江经济转型升级的大战略［J］．浙江社会科学，2016（03）：39-42.

［83］梅世文．金融支持、脱贫攻坚与特色小镇建设［J］．国家治理，2017（15）：18-24.

［84］孟昭荣，徐淑梅．社区居民参与旅游小城镇发展之策略［J］．学术交流，2016（02）：134-137.

［85］莫光辉．五大发展理念视域下的少数民族地区多维精准脱贫路径——精准扶贫绩效提升机制系列研究之十一［J］．西南民族大学学报（人文社科版），2017，38（02）：18-23.

[86] 宁亚芳．我国民族关系现状评价及其影响因素——基于7341份问卷的实证检验［J］．贵州民族研究，2016，37（08）：6-14.

[87] 潘秀珍，周济南．集中连片特困地区精准脱贫长效机制构建研究［J］．广西社会科学，2018（11）：138-142.

[88] 庞洪伟，巩艳红．幸福感对城镇居民就业、创业能力的影响［J］．经济问题探索，2017（10）：48-56.

[89] 彭妮娅．教育扶贫成效如何？——基于全国省级面板数据的实证研究［J］．清华大学教育研究，2019，40（04）：90-97.

[90] 彭越．精准脱贫首当加速发展职业教育［J］．吉首大学学报（社会科学版），2017，38（S2）：184-187.

[91] 秦兆祥，张薇．"产城融合"对少数民族旅游经济发展的影响［J］．社会科学家，2018（04）：100-105.

[92] 任嘉浩．特色小镇的国际比较［J］．河南教育学院学报（哲学社会科学版），2018，37（03）：35-42.

[93] 任晟姝，曾薇佳．2018年中国戏剧热点现象述评［J］．民族艺术研究，2019，32（02）：74-80.

[94] 盛世豪，张伟明．特色小镇：一种产业空间组织形式［J］．浙江社会科学，2016（03）：36-38.

[95] 施正一．民族经济学教程［M］．北京：中央民族大学出版社，2001.

[96] 史灿．特色小镇旅游目的地形象与游客满意度、忠诚度关系研究：以雄安新区周边特色小镇为例［J］．河北企业，2018（05）：93-94.

[97] 宋耀辉，王宁．新疆西北部沿边民族地区经济发展模式探讨［J］．西北民族大学学报（哲学社会科学版），2019（01）：160-165.

[98] 苏海红，杜青华．"十三五"期基于精准脱贫视角的青南藏区产业脱贫路径研究［J］．青海社会科学，2016（03）：121-127.

[99] 苏斯彬，张旭亮．浙江特色小镇在新型城镇化中的实践模式探析［J］．宏观经济管理，2016（10）：73-75+80.

[100] 孙光慧．民族地区金融服务与特色产业精准扶贫耦合模式探索［J］．西北民族大学学报（哲学社会科学版），2016（03）：154-159.

[101] 孙红，张乐柱．美英日三国城镇化路径比较分析［J］．亚太经济，2016（03）：86-90.

［102］孙娜，张梅青，陶克涛．交通基础设施对民族地区经济增长的影响——兼论民族地区高铁建设［J］．中央民族大学学报（哲学社会科学版），2019，46（01）：98-107.

［103］孙庆刚，秦放鸣．中国西部少数民族地区经济社会全面发展的影响因素——综述与评价［J］．经济问题探索，2010（04）：188-190.

［104］谭荣华，杜坤伦．特色小镇“产业+金融”发展模式研究［J］．西南金融，2018（03）：3-9.

［105］汤凤林，甘行琼．中国居民幸福感影响因素分析［J］．统计与决策，2013（24）：87-90.

［106］汤凤林，雷鹏飞．收入差距、居民幸福感和公共支出政策：来自中国社会综合调查的经验分析［J］．经济学动态，2014（04）：41-55.

［107］唐刚．发展特色产业与实现新型城镇化——“特色小镇”模式的理论机制与经济效应研究［J］．商业研究，2019（06）：73-80.

［108］唐鹏．国外金融支持城镇化的理论实践与经验启示［J］．经济研究导刊，2016（06）：98-99+105.

［109］田钒平，王允武．民族地区经济增长视阈下习俗变迁的意义与路径分析［J］．西南民族大学学报（人文社科版），2010，31（08）：159-163.

［110］田树喜，白钦先．金融约束、金融倾斜与经济增长——基于中国金融资源配置的经验研究［J］．上海金融，2012（12）：3-7+120.

［111］田树喜，恽晓方，王毅．中国金融资源配置对经济增长作用的实证分析［J］．东北大学学报（社会科学版），2012，14（05）：399-405.

［112］佟光霁，关国才．新型城镇化进程中地方政府与农民的利益博弈分析［J］．内蒙古社会科学（汉文版），2016，37（01）：133-137.

［113］图登克珠，袁中华，潘明清．中国少数民族经济发展学术研讨会会议综述［J］．经济学动态，2012（09）：156-157.

［114］万树，徐玉胜，张昭君，张欣．乡村振兴战略下特色小镇 PPP 模式融资风险分析［J］．西南金融，2018（10）：11-16.

［115］汪仁洁．打好“三大攻坚战”／“精准脱贫机制创新”系列笔谈之五　金融扶贫机制创新的四个维度［J］．改革，2017（10）：65-67.

［116］王大为，李媛．特色小镇发展的典型问题与可持续推进策略［J］．经济纵横，2019（08）：69-75.

［117］王佃利，刘洋．政策学习与特色小镇政策发展：基于政策文本的分析［J］．新视野，2018（06）：62-68.

［118］王飞．边疆民族地区精准脱贫中的主要问题及建议［J］．中央民族大学学报（哲学社会科学版），2018，45（04）：45-53.

［119］王海燕，蒋建华，袁晓文．少数民族特色村寨旅游开发对文化传承的影响与思考——以川西北桃坪羌寨与上磨藏寨为例［J］．广西民族研究，2018（02）：105-111.

［120］王嘉毅，封清云，张金．教育与精准扶贫精准脱贫［J］．教育研究，2016，37（07）：12-21.

［121］王杰．少数民族经济发展政策的现状及完善［J］．西北民族大学学报（哲学社会科学版），2017（04）：143-148.

［122］王京烈．伊斯兰教与中东现代化［J］．中央社会主义学院学报，2018（05）：84-93.

［123］王景新，支晓娟．中国乡村振兴及其地域空间重构——特色小镇与美丽乡村同建振兴乡村的案例、经验及未来［J］．南京农业大学学报（社会科学版），2018，18（02）：17-26+157-158.

［124］王军，王昆．我国金融发展与经济增长的非对称效应研究［J］．统计与决策，2018，34（09）：150-154.

［125］王美英．凉山彝区特色产业精准扶贫实践经验——以会理县特色烤烟产业助力精准脱贫为例［J］．民族学刊，2018，9（06）：18-23+101-102.

［126］王仕忠．特色农业小镇满意度分析与高质量发展［J］．山东社会科学，2020（03）：129-134.

［127］王思博，陈秋红，李冬冬．中国农民多维福祉的结构与特征分析：基于结构方程模型［J］．农村经济，2019（06）：8-14.

［128］王伟，孙芳城．金融可得性及其空间变化：基于31个省际面板数据［J］．当代经济管理，2018，40（09）：90-97.

［129］王晓雅．从英国的田园风光到美国的特色小镇［J］．决策探索（上半月），2013（02）：18-20.

［130］韦复生．耦合与创新：民族文化创意与区域旅游发展——西部民族地区经济结构调整与发展的新视角［J］．广西民族研究，2011（01）：174-179.

［131］卫龙宝，史新杰．浙江特色小镇建设的若干思考与建议［J］．浙江社会科学，2016（03）：28-32.

［132］魏梦瑶．实物期权模型在特色小镇 PPP 项目估值中的应用［D］．北京：首都经济贸易大学，2018.

［133］魏蓉蓉，邹晓勇．特色小镇发展的 PPP 创新支持模式研究［J］．技术经济与管理研究，2017（10）：125-128.

［134］魏婷，张怀川，马士龙，赵文姜，曲淑华．基于“PPP 创新金融支持模式”视野下我国运动休闲特色小镇建设研究［J］．沈阳体育学院学报，2018，37（05）：1-7.

［135］文峰．新疆经济和谐发展：现状、问题和对策［J］．西北民族大学学报（哲学社会科学版），2010（01）：74-82.

［136］吴碧波，张协奎．民族地区特色小镇脱贫攻坚的机理和模式——以广西为例［J］．广西民族研究，2019（01）：133-139.

［137］吴海伦．基于实践视角的民族文化旅游创意产业发展研究——以湖北省武陵山少数民族经济社会发展试验区为例［J］．中南民族大学学报（人文社会科学版），2016，36（01）：92-96.

［138］吴丽民，陈惠雄．收入与幸福指数结构方程模型构建：以浙江省小城镇为例［J］．中国农村经济，2010（11）：63-74.

［139］肖龙铎，张兵．金融可得性、非农就业与农民收入：基于 CHFS 数据的实证研究［J］．经济科学，2017（02）：74-87.

［140］晓诺．英国小城镇的开发经验［N］．西部时报，2007-08-28（4）．

［141］谢晓红，郭倩，吴玉鸣．我国区域性特色小镇康养旅游模式探究［J］．生态经济，2018，34（09）：150-154.

［142］熊正贤．特色小镇政策的区域比较与优化研究：以云贵川地区为例［J］．云南民族大学学报（哲学社会科学版），2019，36（02）：104-116.

［143］徐虹，王彩彩．旅游特色小镇建设的取势、明道和优术［J］．旅游学刊，2018，33（06）：5-7.

［144］徐杰，朱承亮．资源环境约束下少数民族地区经济增长效率研究［J］．数量经济技术经济研究，2018，35（11）：95-110.

［145］徐梦周，王祖强．创新生态系统视角下特色小镇的培育策略——基于梦想小镇的案例探索［J］．中共浙江省委党校学报，2016，32（05）：33-38.

[146] 许毅，柳文．少数民族地区经济发展的路径选择［J］．财政研究，2004（07）：25-27.

[147] 许源源，彭馨瑶．基于系统思维的精准脱贫实施机制：一个分析框架［J］．行政论坛，2016，23（03）：14-18.

[148] 薛曜祖．新型城镇化背景下城乡基本公共服务均衡配置的制度创新研究［J］．大连理工大学学报（社会科学版），2016，37（02）：88-93.

[149] 严红．中国西部民族地区经济发展路径转型研究——基于改革开放以来的考察与分析［J］．云南社会科学，2017（04）：40-46.

[150] 杨靖三，何建敏．精准扶贫与特色小镇建设的对接研究［J］．云南社会科学，2019（03）：71-75+187.

[151] 杨云．论人力资本积累视野下西部民族地区经济增长方式的转变［J］．经济问题探索，2006（12）：114-119.

[152] 姚旻，陈厚义．开放经济下欠发达的西部民族地区优势产业选择［J］．贵州民族研究，2008（04）：124-129.

[153] 尹贻梅，鲁明勇．民族地区旅游业与创意产业耦合发展研究——以张家界为例［J］．旅游学刊，2009，24（03）：42-48.

[154] 尹志超，栗媛．金融设施与家庭收入：基于京津冀地区微观数据的实证研究［J］．首都经济贸易大学学报，2019，21（04）：34-41.

[155] 尹志超，吴雨，甘犁．金融可得性、金融市场参与和家庭资产选择［J］．经济研究，2015，50（03）：87-99.

[156] 余构雄，曾国军．特色小镇专项政策文本传递的流变研究：基于内容分析法［J］．城市发展研究，2019，26（05）：102-109.

[157] 郁建兴，张蔚文，高翔，李学文，邹永华，吴宇哲．浙江省特色小镇建设的基本经验与未来［J］．浙江社会科学，2017（06）：143-150+154+160.

[158] 张爱芹，高春雷．教育扩展、人力资本对民族地区经济增长的影响［J］．民族研究，2019（03）：61-72+140.

[159] 张奥婷，刘菁，王赓．特色小镇 PPP 模式物有所值（VFM）评价研究——以湖州特色小镇为例［J］．建筑经济，2018，39（07）：61-65.

[160] 张吉福．特色小镇建设路径与模式——以山西省大同市为例［J］．中国农业资源与区划，2017，38（01）：145-151.

［161］张凯娟．杭州都市经济圈里的特色小镇［J］．浙江经济，2016（02）：58-59.

［162］张雷．运动休闲特色小镇：概念、类型与发展路径［J］．体育科学，2018，38（01）：18-26+41.

［163］张宁，盛武．基于贝叶斯网络的安徽省经济发展水平研究［J］．太原学院学报（社会科学版），2019，20（06）：43-50.

［164］张祺午．职业教育助力精准脱贫［J］．职业技术教育，2016，37（09）：1.

［165］张千友，王兴华．民族地区：自然资源、经济增长与经济发展方式的转变研究——基于2000—2009省际面板数据的实证分析［J］．中央民族大学学报（哲学社会科学版），2011，38（04）：24-30.

［166］张睿，杨建红．基于地缘优势的少数民族经济发展研究——以西藏地区为例［J］．贵州民族研究，2017，38（06）：199-202.

［167］张细移．制约我国民族地区经济发展的非正式制度分析［J］．商场现代化，2006（23）：243-244.

［168］张晓磊，宋歌，李海．体育旅游小镇助推“人的城镇化”的路径与对策研究［J］．沈阳体育学院学报，2019，38（06）：16-22+49.

［169］张译心，周宇斌．借鉴欧美小镇探索中国特色小镇的优势［J］．山西建筑，2017，43（10）：23-24.

［170］张莹．找准金融服务特色小镇建设的着力点［J］．农业发展与金融，2017（09）：101.

［171］张颖举，程传兴．中西部农业特色小镇建设的成效、问题与对策［J］．中州学刊，2019（01）：50-55.

［172］赵华．旅游特色小镇创新开发探析［J］．经济问题，2017（12）：104-107.

［173］赵清源，谢富华，臧微．新型城镇化背景下农村征地价格研究［J］．城市发展研究，2015，22（06）：26-29.

［174］赵芮．四川特色小镇发展的金融支持研究［D］．成都：中共四川省委党校，2018.

［175］赵韡，焦建彬．西部脱贫攻坚小康化医疗卫生精准脱贫模式研究［J］．中国软科学，2016（07）：172-181.

［176］赵兴国，张东强．特色小镇乡村旅游资源的深度开发——施甸摆榔金布朗风情小镇的实证研究［J］．中国农业资源与区划，2018，39（10）：164-170.

［177］郑长德．西部大开发以来民族地区的经济发展与未来展望［J］．民族学刊，2010，1（01）：63-71+164.

［178］郑长德．中国少数民族地区金融中介发展与经济增长关系研究［J］．西南民族大学学报（人文社科版），2007（01）：54-58.

［179］郑长德．中国少数民族地区经济发展质量研究［J］．民族学刊，2011，2（01）：1-11+83.

［180］郑长德．中国西部民族地区贫困问题研究［J］．人口与经济，2003（01）：7-11.

［181］钟诚，尹金，毛小明．工业园区产城融合中政企演化博弈分析［J］．企业经济，2019（05）：140-146.

［182］周凯，刘帅．金融资源空间集聚对经济增长的空间效应分析——基于中国省域空间面板数据的实证分析［J］．投资研究，2013，32（01）：75-88.

［183］周烁，金星晔，伏霖，等．幸福经济学视角下的居民创业行为：来自中国的经验发现［J］．世界经济，2020，43（03）：26-45.

［184］朱宝莉，刘晓鹰．全域旅游视域下民族特色小镇发展策略研究［J］．农业经济，2019（03）：15-17.

［185］朱嘉磊．全龄化生命健康养老模式规划设计策略及实践［J］．规划师，2019，35（S1）：61-64.

［186］朱映惠．我国金融资源配置的结构与效率研究——基于泰尔指数编制［J］．技术经济与管理研究，2017（06）：60-65.

［187］朱玉福，王军旗，伍淑花．可持续发展视角下的人口较少民族经济发展模式研究［J］．贵州民族研究，2016，37（07）：131-135.

［188］左停．打好“三大攻坚战”／“精准脱贫机制创新”系列笔谈之四 乡土资源、知识体系与精准脱贫的内源扶贫机制［J］．改革，2017（10）：61-64.